倾听生命成长之声

——生命文化教育专题作品集

贾 栗 主编

·广州·

图书在版编目（CIP）数据

倾听生命成长之声：生命文化教育专题作品集/贾栗主编.—广州：华南理工大学出版社，2019.5
　　ISBN 978-7-5623-5951-7

Ⅰ.①倾…　Ⅱ.①贾…　Ⅲ.①生命哲学-文集　Ⅳ.①B083-53

中国版本图书馆CIP数据核字（2019）第050467号

倾听生命成长之声——生命文化教育专题作品集
贾栗　主编

出 版 人：卢家明
出版发行：华南理工大学出版社
　　　　　（广州五山华南理工大学17号楼，邮编510640）
　　　　　http：//www.scutpress.com.cn　　E-mail：scutc13@scut.edu.cn
　　　　　营销部电话：020-87113487　87111048（传真）
策划编辑：吴兆强
责任编辑：吴兆强
印 刷 者：虎彩印艺股份有限公司
开　　本：787mm×960mm　1/16　印张：14　字数：272千
版　　次：2019年5月第1版　2019年5月第1次印刷
定　　价：38.00元

版权所有　盗版必究　　印装差错　负责调换

前　言

生命是什么？

生命是世间最奇妙的东西。它离我们那么近，但又那么远。

这个世界上，有多少人思考过我们的生命是什么？为什么我们有着独立的思想？拥有着别人无法轻易入侵的生命给予的世界？

我们来到这个世界这么久，又有多少人倾听过自己生命之声以及别人生命之声呢？

生命是稍纵即逝的，或许稍不留神，它便会离你而去。

你留意过你身边那些为了保全自己的生命而在不断努力的人吗？

你留意过生命的美妙和可爱之处吗？

你留意过生命的离去给你或他人带来了什么吗？

你倾听过生命之声吗？

在我读高中的时候，我的英语老师曾问过我一个问题：你为谁而活？当被问到这个问题的时候，我也很诧异，我一时半刻也不知如何回答。大家看到这个问题的时候，应该会和我一样自问，我们到底为谁而活？我们这么努力读书到底是为了什么？我们这一生到底是为了什么？难道我们仅仅是为了生活而生活吗？生命的意义、价值又是什么？我该如何在有限的时间内活出闪亮的人生？人的一生，生老病死谁能幸免。从出生到死亡，无论你这一生多么辉煌，最后都一样只剩一具冰冷的尸骨。这样说来，的确如此。但是更多的人还是在努力为这短暂的生命染上绚丽的色彩。爱迪生曾花了整整十年时间研制蓄电池，其间不断遭受失败的他一直咬牙坚持，经过了五万次左右的试验，终于取得成功，发明了蓄电池，被人们授予"发明大王"的美称。即便是一株草、一朵花也有它存在的价值和意义：初春的绿叶因为对生命的渴望而努力探头，抽出了生机盎然的那抹绿；冬天的梅花因为不畏严寒，所以开出了冬日最美的花朵。

《倾听生命之声》这本书将从生命的意义和价值、生命的美妙以及由生命而引发的人间事展开，讲述生命的意义、价值以及如何对待自己的生命，让自己的一生焕发光彩。愿广大读者能在此书中悟出：我该为谁而活？生命价值何在？我如何能让生命闪耀，不愧对自己？

编　者

2018 年 12 月

目 录

第一篇　生命的狂想曲

扬起生命之帆(节选) ……………………………………… 潘金华(1)
生命不同,价值同在 ……………………………………… 邱硕文(2)
生命的价值 ………………………………………………… 赵杰薇(4)
生命是一朵迷人的花 ……………………………………… 邢锦明(6)
生命狂想曲 ………………………………………………… 范登霞(8)
生命的价值 ………………………………………………… 叶俊英(10)
生命的价值 ………………………………………………… 郭淑梅(13)
生命的哲学之意 …………………………………………… 蔡子晴(15)
生命的思考 ………………………………………………… 李美莹(17)
生命的意义:追随内心 …………………………………… 梁晓霞(18)
用心感受生命的律动 ……………………………………… 陈　平(21)

第二篇　生命的交响曲

生如夏花之灿烂 …………………………………………… 谢秋霞(24)
医学的人文温度(节选) …………………………………… 罗　超(26)
一群在病魔背后顽强的生命 ……………………………… 杜劲霖(29)
生命的归巢 ………………………………………………… 唐川惠(31)
人鱼的悲伤(节选) ………………………………………… 朱诗润(33)
寻觅 ………………………………………………………… 陈思涵(35)
生命的奏章 ………………………………………………… 黄海婷(37)
生命这么糟糕,活着就好了啊 …………………………… 刘晓敏(39)
泥鳅 ………………………………………………………… 叶　慧(41)
白色希望 …………………………………………………… 郑开巧(43)
行走·拾遗·在人间 ……………………………………… 郑嘉怡(45)
生命中的美好 ……………………………………………… 罗惠蓉(49)
蓦然理解生命 ……………………………………………… 黄少莲(51)
我不想再"听话照做" ……………………………………… 罗晓彤(53)
生命产物之亦步亦趋 ……………………………………… 申金旦(58)
牵一只蜗牛去散步 ………………………………………… 高晓华(61)

1

第三篇　生命的轻音乐

莫让生命无聆听 …………………………………… 廖广林(63)
生命如歌,且歌且行 ………………………………… 陈　泳(65)
独特的声音 …………………………………………… 范淇欣(67)
生声不息(节选) ……………………………………… 潘金华(68)
声之音 ………………………………………………… 陈静凡(70)
杂音? Yes or No? …………………………………… 梁家恩(72)

第四篇　生命的夜曲

生命碎谈 ……………………………………………… 李幸梅(75)
愿生如夏花般绚烂,死如秋叶之静美 ……………… 刘丹萍(77)
直视死亡,活出意义 ………………………………… 陈珊虹(79)
生与死、阴与阳 ……………………………………… 莫仲爱(81)
无声告白(节选) ……………………………………… 温冰娜(82)
花开花落,我一样会珍惜 …………………………… 许芷茵(84)
你怕死吗 ……………………………………………… 鲁小迅(86)
倾听生命之声 ………………………………………… 张柳原(91)
你的微笑 ……………………………………………… 温璐璐(93)
我还想你,却没法再见了啊 ………………………… 余钰璇(95)
自解 …………………………………………………… 陈关山(97)
关于生命的思考 ……………………………………… 李芳婷(99)
花落花开(节选) ……………………………………… 周恬华(102)
敬畏生命,直面死亡 ………………………………… 陈晓清(104)

第五篇　生命的赋格曲

我所有文章里的人都是你 …………………………… 梁　晶(106)
还不都是你 …………………………………………… 冯亚威(108)
听听心跳吧 …………………………………………… 容淑怡(109)
爷爷,坚强地活着 …………………………………… 戴国清(111)
倾听生命之声 ………………………………………… 张晓明(113)
你和它的两三年 ……………………………………… 黄纪平(115)
感悟生命 ……………………………………………… 赖美伶(117)
黑色咒语,黑色生命 ………………………………… 黄海群(120)
时间都去哪了 ………………………………………… 李腾飞(122)

谁的花开柔了谁的岁月	梁　晶(124)
一生的执念	黄涌波(126)
叔叔,把我卖了吧	黄佳鹏(128)
左耳,听到紫荆花开的声音	王炯亮(131)
说给自己听,做给自己看	麦康婷(133)
她的"生"音,自带芳华	唐一丹(135)
母亲！母亲！（节选）	赵亮熹(137)
倾听老呆的生命之声	胡海应(139)

第六篇　生命的变奏曲

即便轻微,依然芬芳	唐玲燕(142)
星光	王梓流(144)
夹缝里开出的花	潘莹莹(146)
生命,顽强拼搏着	林晓俊(149)
那段品尝生命的日子	马炫芝(151)
你	郑帮英(153)
蒲公英漂流记	黄晓丹(155)
生当灿烂如夏花	林颖熹(157)
生命的精致	吕敏怡(159)
何畏生命	陈晓佳(162)
敬畏生命	蔡少芝(164)
敬畏生命	陈文青(166)
生命的尊严	梁丽霞(168)
使生命固若金汤,坚如磐石	梁丽霞(170)
敬畏生命,解放生命	陈文珍(172)
生命是脆弱,也是坚强的	蔡秋慧(174)
生如夏花	付皓埚(176)
听,生命之声	何远程(177)
当谈论生命时我们可以谈什么	谢逸芳(179)
生命多么美妙	黄烯桐(182)
生命的足迹	陈飞婉(185)
倾听生命最深处的声音	音　奕(187)
生命不能承受之轻	方　赢(189)
爱自己,爱生活	苏文凤(191)

第七篇　生命进行曲

浅谈生命 …………………………………………… 刘　冰(194)
生命的境界线 ……………………………………… 赖展鹏(196)
静默的树 …………………………………………… 张正艳(197)
生命的殇,生命的美 ……………………………… 刘小花(199)
珍惜生命 …………………………………………… 陈婉玲(201)
生命如烟火 ………………………………………… 李燕玲(203)
生命是一棵树 ……………………………………… 温嘉倩(206)
子宫是倒放的梨 …………………………………… 冯文静(208)
生命极脆弱,请惜之 ……………………………… 何玉芬(210)

后记 ……………………………………………………………(213)

第一篇　生命的狂想曲

扬起生命之帆（节选）

潘金华

冯骥才曾言"大风可以吹起一张白纸，却无法吹走一只蝴蝶，因为生命的力量在于不顺从。"这，就是生命。因为有它，世界才得以缤纷多彩。于世间万物而言，生命只有一次，都是可贵的，也都是可敬的。朝菌晦朔，生命长度只有一朝；花开花落，生命长度尚有一日；蝉声吱吱，生命周期仅有一夏；而对人来说，生命或长至七八十年及以上，或短仅一瞬间。然而，长也好，短也罢，只要生命散发出一丝光彩，一生也不算白活。

每一个生命都有尊严，每一个生命都需要我们敬畏。史铁生曾写道，"佛家有一说：杀一生命等于杀一世界。那么，一个生命的出生也就是一个世界的出生了，任何人都是独一无二的世界。"是的，每一个生命都是一个世界，而每一个世界都应受到尊重，世间生灵，都应得到敬畏。对待生命，还需常怀敬畏之心。

生命诚可贵，它只有一次。有时，它坚强得令人敬佩，多少人在死神刀下顽强逃生，不愿低下头颅，就像程浩，尽管身体严重变形，他依然活到了20岁；就像王颖龙，我的同龄人，一生下来就右下肢骨折，几乎不能正常走路，甚至连日常生活都无法自理，他依然努力学习。命运压垮了他的脊柱，他却用勇气给了身边更多人站立的理由。有时，生命又脆弱得不堪一击。汶川地震69227人遇难；天津港爆炸事故55人遇难，110人抢险救援牺牲；甚至昨天还好好聊天的人，今天却有可能悄然离去。来不及反应，生命已然逝去……生命，如此宝贵。

人生短短几十个秋，需活得有意义。臧克家曾说过："有的人活着，他已经死了；有的人死了，他还活着。"史铁生亦言："人的生命就像这琴弦，拉紧了才能弹好，弹好了就够了。"没有意义的生命，虽活犹死，有意义的生命，虽亡犹存。由此观之，生命需活得精彩而有意义。

生命之义，离不开仁义之心。古时便有"仁以为己任""达则兼济天下"的美说，而今更有磨刀老人吴锦泉窄条凳上磨出点点爱心，把磨刀挣的钱大多捐赠给有需要的人；宝贝回家网站公益寻亲，帮助家人团聚……记得有人说过，"小小的善，即便如溪水掠过脚掌，却比一掷千金的汹涌要强得多，温暖得多。"一个简单的朋友圈转发，为有需要的人筹集资金；一个婴儿的器官捐赠，帮助了一个甚至几个家庭。婴儿虽幼，或许还不曾认真看过这世界，但这又何妨，他的生命，充满意义，他曾存在于世上，谁也无法抹灭。

生命的意义，还在于责任。人存活于世上，于自己，于家庭，于社会，于国家，于世界，都有责任。勇于承担起责任，便是生命的意义。作为儿女，我们有孝顺父母的责任；十八岁成人礼，我们肩负起作为中国公民的责任；军训中，听指挥守纪律，我们承担起作为一名预备役军人的责任；守卫边疆，这是将士之责；爱国守法，这是每个公民的责任。有责任感，才会有担当，光阴才不会虚度。

生命的价值，还在于奉献。父母辛苦工作，一手撑起家，无怨无悔，这是对一个家的奉献。草婴以一己之力翻译了托尔斯泰全集，让我们有机会更贴近泰翁。谢嘉莹一生以传播中国古典诗词为己任，让中国古典诗词走出中国大门，走向世界。《辞源》编纂者们辛苦千万个日夜，一辈接一辈，如长流般不曾停息，才有今日所见的《辞源》。为此他们有的人甚至积劳成疾，双目失明，半身不遂……但是，他们的价值从此在《辞源》的每一个字上跳跃，那么明亮，谁也无法忽视。抗联将领杨靖宇、赵尚志等人为国捐躯，视死如归，虽死而精神长存，人亡而价值非凡。没有他们，哪有今日之中国。

生命要有意义，还需脚踏实地，大胆追梦。林清玄曾说过，"因为有愿望，生命的过程既不是偶然，也非必然。"脚踏实地，一步一个脚印；回头还能看到自己走的路，心愈坚定，每一步都有回报。虽说要脚踏实地，并不意味着没有追求。没有梦，不追梦，生命就缺少了激情。史铁生曾言："人活着就要有一个最美的梦想。"一个人要有梦，一个国家更要有梦，努力追梦，才不负此生。

生命，自受精卵形成，婴儿降生开始，到最后一次闭上眼睛长眠结束。中间那漫长而又短暂的生命历程，充满无限可能，每一步都有可能妙步生花。愿诸君对生命常怀敬畏之心，扬起生命之帆，谱写出充满意义的生命篇章，不负此生。

生命不同，价值同在

邱硕文

潺潺溪水，日夜找寻着大海，奔流向前便是它的价值；丝丝甘霖，不断滋润着万物，滋养生灵便是它的价值。溪水、甘霖，它们虽拥有不同的作用，但饱含的价值是不差累黍的。人生亦是如此，经历不同，身份不同，但价值同在。

文学家罗曼·罗兰曾说："世界上只有一种英雄主义，那就是了解生命而且热爱生命的人。"鲁迅先生也告诉我们："节省时间，也就是使一个人有限的生命，更加有效，也即等于延长了人的生命。"无数伟人都有自己对于生命特有的感悟，但大都有一个共性，那就是生命的多少用时间计算，生命的价值用奉献计算。的确，不论一个人活了多长时间，在没有任何价值的生命中，也算是白活，即使一个人英年早逝，只要在短暂的生命中有所留恋，活得有价值，也比活了百岁的强得多，因为至少在自己的生命中有一份光彩，那么你的生命就要比一切都珍贵。

什么是价值？它相对于生命来说需求才有价值。对生命的需求就是价值。不同的生命有不同的需求，这是千真万确的真理。

哲学领域所谓的价值，是指人的需要与事物属性之间的一种特定关系，即事物对人的积极意义。人生价值包括两个方面：一是个人对社会的责任和贡献，二是社会对人的尊重和满足。但我认为人生的真正价值在于对社会的贡献。要实现人生价值需要全面提高个人素质；要在自己的岗位上埋头苦干，发挥聪明才智；要有百折不挠、不怕失败的顽强奋斗精神。

翻开历史，你会发现不少人用实际行动去实现心目中那生命的价值，这些人里有科学家、企业家、爱国将领，也有普通而又平凡的农民。他们坚守内心深处的那份执着，并不奢求能得到什么回报，而是觉得做的都是自己认为对的事情。

民族抗日英雄杨靖宇曾担任"南满抗日联军"司令，在艰苦征战的六年中，他身先士卒地在白山黑水、林海雪原里打击日寇。面对敌人的重兵围剿，杨靖宇率部顽强战斗。日寇对他又怕又恨，调集重兵围困。有人劝杨靖宇投降，他斩钉截铁地说："不，我有我的信念。"最后，弹尽粮绝，杨靖宇在打完最后一颗子弹后壮烈牺牲。敌人残忍地用刺刀剖开他的肚子，杨靖宇肚里没有一粒米，有的只是树皮、草根和棉絮，从杨靖宇身上我看到了什么是民族气节。用坚守的美好与绚丽去勾画未来无数的明天的日光，透彻而纯粹地照进现实。坚守的执念，给予人们动力与面对生活不忧亦不惧的勇气与从容。

"两弹一星"元勋钱学森在新中国成立之际，也是在新中国急需大量科技人才之际毅然决定回国，美国虽是百般阻挠但最终钱学森依旧回到祖国的怀抱。放弃了在美国的优越生活待遇，致力于祖国的科技事业，从钱学森身上我看到了什么是爱国情怀。人是需要坚守的，失了坚守的人，犹如麻醉了的灵魂，生活之于他，无激情无乐趣，只有毫无希冀的漂荡与迷茫。生命于他，又有何价值？

邵逸夫并非香港最有钱的人，但却是香港富豪中屈指可数的大慈善家，他在香港的影响力源自他的影视帝国，而他在内地的口碑则主要是因为他的慈善捐赠。据统计，邵逸夫捐助社会公益、慈善事业超过100亿港币，赞助了6000多个教育和医疗项目。尤其是对教育事业，邵逸夫捐赠的教育资金遍布神州大地，全中国多家高等院校均有邵逸夫命名的"逸夫楼"。香港多间高等院校的建设曾得邵逸夫捐助，例如香港中文大学的逸夫学院、香港大学的邵逸夫楼、香港城市大学的邵逸夫图书馆等，从邵逸夫身上我看到了什么是利国利民。

前段时间看到这么一则新闻《宋家13代人为南宋丞相守墓800多年》。

虞允文系南宋丞相、著名抗金将领，曾指挥宋军以少胜多，于采石江面大败金军，取得辉煌胜利。虞允文于1174年病死，葬于四川省眉山市仁寿县虞丞乡丞相村西。死后第四年，宋孝宗下诏，指派宋氏家族开始负责守墓。从那时起，宋家世世代代为虞允文守墓。至今，宋家守护这座大墓已经800多年了，传至第13代，坚守着"宋氏不绝，守墓不止"的誓言。

这是何等的信念让13代人坚守800多年，我想其中最大的支撑力量源于内心的一种责任，他们手中的接力棒一代又一代传承，只为实现很多人并不知晓的价值。

溪水可以荡涤尘埃，净化心灵；甘霖可以复苏生命，孕育新生。无论你是溪水还是甘霖，都有不可磨灭的作用，都有毋庸置疑的价值。人生不同，但价值同在。

在人生短短数十春秋中，怎样才能找到生命的坐标、实现生命的价值，成了一代代人不懈探究的难题。然而，当苏轼高歌"人有悲欢离合，月有阴晴圆缺"时，当杜甫憧憬"安得广厦千万间，大庇天下寒士俱欢颜"时，当毛主席叹惋"江山如此多娇，引无数英雄竞折腰"时，答案已经不再迷惘。不错，人生在世，沧桑几许，幸福几何，为的不是虚幻的物质享受，而是能在历史长河中掬一杯水，找到生命的真正价值！

真正的价值并不在人生的舞台上，而在我们扮演的角色中。

生命的价值，正是在跑好自己承担的这一里程中体现出来的。人的生命虽然有限，但人用生命所创造的价值，却可以与世长存。

生命的价值

赵杰薇

生命是什么？诺贝尔说：生命，那是自然给人类去雕琢的宝石；卢梭说：生命不等于是呼吸，生命是活动；米歇潘说：生命是一条艰险的峡谷，只有勇敢的人才能通过。在我懵懂之时，我接触了生命文化概论这门课程，课堂上老师传递给我们的信息，让我开始思考对我而言生命的价值是什么？

我在医学院的大学时光里，繁重的学业会让我倍感大学生活并不像有些小说、电视剧或者是电影里所描述的那么无忧无虑，充满着美好与希望。三点一线的生活，让我感到生活是那么的单调、无奈，没有什么能激起我的热情。

在往返于宿舍和教学楼的校道上，我无意间发现了这样一位大叔，他元气满满，用乐观向上的精神，艰苦奋斗的行为，告诉我，生命是值得你热爱的，它需要你去投入激情，需要你用正能量去推动它。如果一个人只是度过一天算一天，什么希望也没有，他的生命实际上也就停止了。他恪守在其职位的精神，让我觉得生命其实很简单，并不是多么复杂的哲学道理，只要你有热爱它的信仰，你就会在人群中显得格外的幸福，知足。这个人就是我们学校的中通快递员，他是一位中年的大叔，黝黑的皮肤，带着一口微微乡音的普通话，很多时候都在忙碌地低着头撕已经签好名的快递单。他其实也没什么特别的地方，很多基层的劳动人民都具有这样的特点。可是在学校工商银行附近那么多快递公司的快递员，就这样一位朴实的中年大叔给我的印象特别深刻。

我们都遇到过这样的情况，有时候在网上买不理想的商品时，想退件寄回给商家。而我爱拖拉的性格造成每次在快递员快下班的时候才想起来自己要寄快递。可拖拉到快递再不寄出去就可能不能退货，我就抱着侥幸的心态拿着快递出门，奔向工行。天色已黑，好像寄快递这事儿得拖了。可是再往前走，远远可以看见中通快递的三轮车还是停在工商银行前。走近点，看见中通快递员大叔用手电筒照着夹在两腿间的的快递单，另一只手按着快递单上的联系电话拨打电话，通知那些未按时拿快递的同学尽快过来拿快递。中年大叔打电话的语气朴实而有耐心。再看看周围，其他的快递公司的快递员早已走了，就剩大叔和他的妻子，摸着黑，打着灯，尽心尽责地做好他们的工作。早些日子还抱怨学习无聊，生活没有乐趣，可是比起中年大叔他对工作的那份认真，不禁让我对自己感到愧疚。寄完快递后，中年大叔依旧打着灯，反复检查我写的信息是否有误。态度依旧诚恳而亲切，检查接完快递单，然后又认真工作。炎炎夏日里，中午最酷热的时候，大家都在宿舍午休着，别的快递员中午也准时下班。可是中年大叔和他的妻子，就在大树底下乘凉。一件件快递依旧有规律又整齐地放在地上。冬天，天黑得早，冻得人发抖，他们也是待到最晚才离开，乘着寒风，骑着他们的三轮车，消失在黑夜里的校道上。

没有平凡的爱岗敬业，就没有伟大的奉献。无数个平凡铸就了伟大，我相信，只要努力工作，再平凡的岗位也可以实现我的自身价值，这就是生命的意义。一个人的工作态度折射出他的人生态度，而人生态度决定一个人一生的成就。生命并不是像电影那样，非得轰轰烈烈才看得出价值。正是在日常生活中，默默无声的坚持，更能感悟这其中的真谛。一颗平常心，以高度的责任感，用事实说话，用行动证明，发挥自己的创造力，去带动和感染身边的人。快乐工作，快乐收获，激发了自己的潜能，实现了自己的价值。

我们都应该像中年大叔一样，即使处于基层，也要努力地、快乐地去工作，去生活，你才能体会什么叫作生命的价值。单单在大学这个小社会里，在我们身边处于社会基层的劳动工人太多，厕所的清洁员阿姨，走廊拖地的阿姨，住在宿舍楼梯口的宿管等。每当看见他们开怀大笑的时候，你会突然觉得这世界变得很简单。当代青年，不应该忙着追求物质，忘记了心里的沉淀。只要你学会满足，少点功利性的追求，多点不为什么的坚持，生命就这么简单。

所以我们还有什么理由懒惰，躲着宿舍里就为了上网不去上课，之后心头又莫名地涌上空虚感，让你倍感疑惑生命是什么？生命就是律动，只有你去用心地付出了，才能说你真的活着，你才可以体验到什么叫生命。内容充实的生命就是长久的生命。学会认真地生活，而不是浑浑噩噩、行尸走肉地生活。

当代大学生，应该充满朝气，有理想信念，满怀抱负。而我却在奋力前行的时候，变得越来越消极，忘记生命是动人的乐章，要用快乐，要用乐观去谱写属于我们自己的青春。生命就该是你在生活中认真去观察，切身去感受，慢慢地感悟出这其中的价值与真谛。

少点功利性的追求，多点不为什么的坚持，生命就这么简单。

生命是一朵迷人的花

邢锦明

生命？看到这两个字时我有点疑惑，什么是生命？生命的意义是什么？生命它有什么价值？带着这些疑问，我翻阅了字典，里面关于生命的解释是：生物体具有的活动能力。这真是个令人深思的解释，生命多种多样、千姿百态，小到缥缈微细的分子，大到浩瀚无边的宇宙，那人类作为生物体的一种高级存在，我们是否活出了作为高级存在的生命的真正意义呢？生命只有一次，我们又应该怎样活出生命的价值呢？

生命之花始于健康的种子，唯你能使之发芽。前阵子网上热传着一篇文章，叫作《百草枯，给你后悔的时间，却不给你活着的机会》，讲的是一个医生见证的两个因喝了过量农药百草枯而死亡的真实事件，其中一例是一个女生因为和男朋友闹别扭后丧失理智，喝了过量百草枯后在医生的提醒下才明白生命即逝，后悔不已，令其母亲痛心无助；另一例是一对夫妻因生活矛盾吵架，互相怄气，喝了过量百草枯，以至于后来丈夫抢救无效死亡，其妻子也命不久矣，留下年迈的老人与孩子痛哭失声。其实，这些令人痛彻心扉的例子在我们的生活中屡见不鲜，这些不珍爱善待自己的生命，与自己和他人较劲的人，不顾生命和家庭的人，对生命没有丝毫畏惧的人，最终都自食其果，酿成悲剧，着实可怜，完全辜负了生命的意义。我们的身体发肤，受之父母，不应毁之。而我们的生命，就像一粒花的种子，唯有健康才有可能发芽，才有机会去寻找生命的意义，绽放属于自己的生命之花。所以，当我们穿越马路时，当我们穿着泳衣要去游泳时，当我们在生活中暂时出现小问题或小矛盾时……我们都要保持理性，时刻为自己的生命负责，善待自己的生命，不能把自己的生命当儿戏，唯有这样我们才有更多机会让我们的生命之种生根发芽。

逝者如斯夫，生命道阻且长，我们要努力让生命的嫩芽破土而出，向上生长。尼采曾经写过：

> 对待生命你不妨大胆冒险一点，
> 因为好歹你要失去它。
> 如果这世界上真的有奇迹，
> 那只是努力的另一个名字。
> 生命中最难的阶段不是没有人懂你，
> 而是你不懂你自己。

回望我已过的大学三年生活，身边有许多形形色色的大学生，有整天沉迷游戏无法自拔的，有沉溺于爱河蒙蔽双眼的，有腐烂在小说中忘乎所以的……当我问起他们关于未来的规划或梦想时，他们大多是用一副迷茫的眼神看着我，接着嘴角咧出一个无奈的微笑，调侃道"唉，我怎么知道，计划赶不上变化，随遇而安吧。"反观我身边那些平时刻苦钻研、发奋图强、自省自律的人，他们在描述他们的未来时都神采飞扬，目光熠熠，神情充满着对未来之路的无限向往。可见，同样过的是大学的每一天，有的萎靡颓废，有的积极向上，且不说每个人未来是否都能成功，但这些生命谁过得更有价值更有意义，显而易见，不言而喻。其实不是没有人不懂你，而是你自己不懂自己罢了。大学的生活很快就要过去了，让我们珍惜每一个当下，去奋斗吧，去冒险吧，去创造吧，去追寻自己的梦想，做一个自己想做的人，让我们的生命之芽努力破土而出，向上生长。每个不曾起舞的日子，都是对生命的辜负。

绽放生命之花，需怀敬畏之心，用爱细心呵护，用智慧浇灌，用正义勇敢的心去护卫。记得有人曾说，"愚昧无知是一切的痛苦根源。聪明人只要能掌握自己，便什么也不会失去。"而回望我们的历史，明、清朝廷，刚愎自用，闭关锁国，导致后来国门被破，割地赔款，民不聊生。而今天的中国，是我们曾经的每一位对自己、对中国、对美好新生活怀着敬畏之心的先辈用他们的智慧、大爱和勇气在战场上抛头颅、洒热血打拼下来的。星星之火可以燎原，但凡不能杀死我们的，最终都会使我们更强大。从鸦片战争—辛亥革命—五四运动—中国共产党成立—抗日战争—新中国成立，我们的每一位先辈，他们为了美好的未来燃烧着他们的生命，新生活的光明来自他们的不断燃烧，是他们用他们的生命之光点亮了我们中国的未来！"谦逊给予力量，高傲基于无能。所谓高贵的灵魂，即对自己怀有敬畏之心。"是的，他们每个人的血液里流淌着中国人高贵的灵魂！他们的生命之花在我们祖国大地绽放出一片鲜艳的中国红！

　　绽放生命之花，芬芳弥留千史。村上春树曾在《挪威的森林》如此写道，"生并非死的对立面，而是作为生的一部分永存"。是的，生命的意义和价值并不是人消失了就不复存在了，我们古代的文人墨客、仁人志士、骁勇将士至今都流芳千史，被世人歌颂。一个人真正地死去，并不是肉身的死去，而是世界上没有一个人会记住你，才是真正意义上的死去。尽情地绽放我们的生命之花吧，展现属于我们自己生命的色彩，散发我们迷人的芬芳！

　　生命是一朵迷人的花，它的价值不能以时间的长短来衡量，我们需善待生命，珍惜当下时光，不负年华，对生命怀敬畏之心，用爱细心呵护，用智慧浇灌，正义勇敢护卫生命之花。世上有一条唯一的路，除你之外无人能走。它通往何方？不要问，走便是了。"当一个人不知道他的路还会把他引向何方的时候，他已经攀登得比任何时候更高了。"自己对自己负起责任，当自己生命的真正舵手，不让我们的生存等同于一个盲目的偶然。

　　我们每个人的生命都是一朵迷人的花，什么是生命？生命就是生命，生命独一无二，越生长，越美丽，越芬芳迷人……

生命狂想曲

范登霞

　　人最大的特点就在于人会思考。思考让生命有了活力，而不是任务式地生活。然而，生命到底是什么？多少个日夜，多少想法一闪而过，生命至今在我脑海里如同一个空泛的名词，看不透，摸不着。

一、生命的光影

　　史铁生在《我与地坛》中有一句话："太阳，它每时每刻都是夕阳也都是旭日。当它熄灭着走下山去收尽苍凉残照之际，正是它在另一面燃烧着爬上山巅布散烈烈朝晖之时。那一天，我也将沉浸着走下山去，扶着我的拐杖。"生命的光影，明明灭灭，生生息息，有一个新生命的呱呱坠地，势必会有其他生命的消陨。从某种意义上讲，每个人都只是这个世界的小小过客。

我一直以为，没有尝遍人间疾苦的人是不足以去谈论人生，正如同不尝遍百酒的人不足以识别清水之味。上大学，第一次离家，第一次察觉到父亲提行李的背影有些许佝偻，心里突然间咯噔了一下，我是多么害怕自己心目中的超人会褪下光环。当一切行李在车上安置妥当，我急急地上车，急急地挥手，唯独不敢多看一眼。哪怕多看一眼，那拼命锁住的眼泪也会决堤。我用笔挺的背影，告诉那道深情的目光：不必追。就好像你永远追不回刚刚拂过你发梢的微风一样，追不上另一个生命的脚步。每个孩子都是父母生命的延续，也许有一天，我有了自己的孩子，那他变成了我的延续。终有一天，我也会站在人来人往的站台上送别我的孩子，然后一个人默默地迎着夕阳的余晖走向生命的下坡路。就这样，一代又一代人，如同光影的幻灭，不变的只有这世界。

二、生命的意义

我常常想，生命是一个从无到有，再到无的过程，无论在这之间发生了什么事情，都难逃归零，那生命的意义该如何体现。毕竟世界上像比尔·盖茨、马云等站在金字塔顶端打个喷嚏都可以影响到半条食物链的大人物如凤毛麟角。更多的是忙忙碌碌平平淡淡只图个现世安稳的芸芸众生。我们轻轻地来，悄无声息地离去，不带来一片云彩，不带走一粒尘埃。我们游丝一样的存在，甚至都谈不上是世界的过客，毕竟"过客"还是个"客"，说明有人迎接你，有人欢送你。人生几十载，到头来如梦一场，那我们到这世界走一遭的意义到底是什么？

我寻思着，我是不是要做些什么来证明我活过、我存在的意义。所以我小时候的梦想便是成为像昂山素季这样的民族女强人，救人民于水火；或者去西藏支教，为那片大草原燃烧自己的青春。但到目前为止，那真的只是梦想而已。渐渐地，也许是生活磨去了我的棱角，也许是岁月消耗了我的梦想，在我这个年龄，比尔·盖茨已经赚了好几桶金了，而我还挤在百人大课室里强打精神地学习着枯燥的课程。我意识到，我这一辈子也许就这么平平淡淡地度过。生命就只是用来证明自己活着的吗？我不再急着证明我存在的意义，因为此刻，我真真切切地存在着，每一缕气息，每一次心跳，每一寸肌肤的温度。正如泰戈尔曾说过"天空没有鸟的痕迹，但我已飞过"。我们无须证明我们来过，正如同真正有气质的女人不用向别人证明她读过几本书，拥有多少件华服，走过多少名胜，因为她没有自卑感；真正活过的人也不需要向世界证明，他为人类做了多少贡献，为民族的生产总值增加了多少百分点，因为他没有虚度。

三、生命的馈赠

每个人都是上帝咬过的苹果，有些人的残缺比较大，有的人可以近乎完美。这也就是人们常常抱怨的命运不公。

我出生在一个普通的农民家庭，从小便看惯了父母为了柴米油盐的琐事而争吵。每一次他们争吵，我都会躲在角落里惶恐地看着这世界，甚至梦境里时常出现父母离婚的场景，时常在半夜里哭醒。因此，从小我就特别懂事，为了不增加父母的经济压力，我深知自己不能像其他小伙伴一样拥有自己的洋娃娃，逛街时即使遇上自己喜欢的衣服，我也会向父母说：我不喜欢，我不要买。我的父母无法给我想要的一切，但却将他们的一切都给了我。无论贫穷富贵，这便是生命最好的馈赠。

当然，除了贫穷，有些人遭遇更大的挫折，梦想破灭、身体残疾、痛失挚爱。我有一个朋友问我："我如若真得了绝症该怎么办？"那段时间，她大小感冒缠身，精神萎靡，情绪低落。一开始我笑话她杞人忧天，后来我一本正经地对她说："如果你得了绝症，那就更没有什么好担心的了。你就打包好行李回家吧，为父母洗衣做饭，来一场旅行，最好能完成你的初恋。"我们永远都不知道明天和意外哪个会先降临，与其浪费时间患得患失，还不如做点实际的。死，是一件不必急于求成的事，它会顺其自然地发生。面对不可抗的因素，我们只好把它当作生命的馈赠。这并不是要我们悲观消极地被动接受，而是打好预防针，在意外来临之时可以从容不迫，不至于太狼狈。我说得轻巧，真会有那么一天，我多么希望可以从容面对。

"每个人最公平的一件事就是向死而生。"我们最终都会在亲人的眼泪里离世，会被记住，也会被遗忘；会被人爱过，也会深爱过他人。但所有事物都会有它的时限，时间一到，所有人都要离开。因此生命它不必追，也不可追。但愿路过这世界的行程没有虚度，但愿所有生命都被善待。

生命的价值

叶俊英

> 当我们老了，回头看我们所走过的路，应该是一片辉煌，而不是一片惋惜。
> ——题记

"流光容易把人抛，红了樱桃，绿了芭蕉。"行走在人生的旅途中，我们需要做的不仅仅是欣赏沿途奇妙的风景，更要有寻求生命价值的伟人事迹。人生短短数十载，总有一些东西要我们去探索，去追寻，去找到生命的真正价值。

风儿轻轻吹,留下丝丝凉意;阳光普照,留下簇簇温暖;人儿呢,人生路漫漫,留下世间人情冷暖;岁月,在你或清闲或充实的世界里,留下你一生的痕迹。那么,我们从21世纪这个大舞台走过,不应该留下点足迹吗?

近日,我看了《我是演说家》第三季,不得不说看哭了,看哭了的还有现场的观众。

26岁的江苏女孩,美女律师——周西,一夜之间被通知得了"卵巢癌",飙泪演讲《滚蛋吧!肿瘤君》,引起不少观众动容,鲁豫和乐嘉更是泪洒现场。在演讲中,周西哽咽道出了自己检查出卵巢肿瘤的不幸经历,在回顾自己生活作息不规律的坏习惯时,让众人不要以为自己年轻,不要以为自己身强体壮,就可以无视身体的小预警,没有健康,一切都是空中楼阁。

正如周西所说:假如生命可以重来,一定要让未来比意外先来。作为一名律师,一名投资人,周西的生活是忙碌的,早早地把自己的生活安排得很充实,因为她不想当一个闲人,不想自己的一生就那么无为,怎么也要让自己心安一点,踏实一点。是的,周西她做到了,可以说她是我们心中的女神级和学霸级人物,如果我们大部分人可以活得像她一样,那这个世界的氛围该有多美好。

然而,看似很平常的一次痛经,却让一个对世界充满热情和希望的女孩一夜之间对生活失去了信心。卵巢癌,对于一个正值年轻,对生命满是期待的女孩来说这是一个多么大的悲剧。不过她很乐观,愿自己永远笑嘻嘻。人只有一次生命,我们没有机会再重来。

死亡,好像离我们很远,实际上却离年轻的我们很近。当我们站在生命的尽头,回首过往,我们该怎样评价我们的一生呢?充实或碌碌无为,生命的价值是否实现?周西,就是那一类乐观活出生活质量的人。上天是不公的,多好的一个女孩,希望她在未来的日子里活得更精彩,更开心。

近日,一条名为"为肿瘤老爸筹一份爱心款"的众筹链接在我们学校的师生朋友圈中热传,众筹的主人公是我们学校公共卫生学院14级学生陈文的爸爸陈庆,近期被诊断为脑肿瘤兼幕上梗阻性脑积水。她的父亲作为这个家庭的支柱却被查出重症,无疑对这个贫困家庭来说是当头一棒,治病的10万元手术费难倒了这家人,无奈动用了"轻松筹"。

也许是几块钱,也许是一句温暖的话,对她们一家人来说,都是无比坚强的力量,支撑他们与病魔斗争下去。我们的援助之手是它们家庭的满怀期待。很庆幸这次的轻松筹收效还不错,非常感谢伸出援助之手的所有人,不过后续手术治疗费用还得继续筹集,希望更多的好心人能尽一份绵薄之力。

"生命的意义在于设身处地替人着想,而不是一意孤行。"身为女儿的她,父亲是她一家人的全部,无论如何都要救治父亲。身为旁观者的我们,虽然他们只是我们生命中的过客，但是这一份孝心，这一个家庭我们谁也不想就这么破碎了。所以请大家伸出我们的援助之手吧。

生命的价值不在生命的本身，而在于奉献，只要有所奉献，不管是长久默默无闻的奉献，还是瞬间发出灿烂的光华，这样的生命都是永恒的。

外公外婆年纪大了，但膝下儿女都忙于工作，挣钱养家，看望老人也只是不定期的一月一次。身处农村，所以地方会偏僻一点，能一起说话聊天的老人们也不多，而且住得都稍微远了点。老人们的生活本应生活得很惬意，可爷爷奶奶的生活却让我有不一般的感觉。

外婆早晨很早就醒了，准备好早餐后就往村里走，去找那几个要好一点的老人散步，从村头走到村尾，一路闲聊锻炼。

外公，也许是受以前社会的影响，也许是长期的习惯，每逢圩日就要背上农产品去七八公里外的集市上卖东西，年迈了，而且人老了学骑车不怎么安全，就这样每逢圩日，不管吹风下雨，一定要去赶集，哪怕空走一趟。说实话，身为外孙女，很佩服，也很心疼我的外公。

其他时间，我很少会看到外公外婆在家闲着，他们总是忙于各种农活，哪怕有些事情可以缓一缓，根本就不用急的，他们都好像一定要先忙完似的，有时甚至到了饭点却迟迟不见他们。

偶尔闲下来的时候听听山歌，看看电视，每次去探望时他们就跟我讲他们以前的故事，告诉我以前的那个时代。终于有一天我对外公外婆的这份执着按耐不住了，抑制不住心中的好奇问了这件事。外婆语重心长地说："我们宁可从头忙到尾，也不愿意每天无所事事，那样生活多么无聊。现在我每天虽然很累，但可以锻炼身体，跟好朋友们聊天，劳动，我觉得活得很快乐。老骥伏枥，志在千里。人老了，生活的乐趣还是要有的呀。"

当时听了外婆的话，我记得我的双眼已模糊，感动，又有了一番感悟，对呀，人老了又怎样？难道要安于平凡，安于过往吗？老了也要找点乐趣啊。东隅已逝，桑榆非晚。老当益壮，穷且益坚！这样的生活才是我们向往的！

书中有一句话说："生命地理解人，人文地认识生命，生命地善待生命"。深有感触，每一个生命都是值得尊重的，存在即有它自身的价值，或大或小，我们都是平等的，要善待生命，善待自己！

现实生活，也许没有所谓的十全十美。生活中不断地出现小插曲：跟小伙伴闹翻了，青春期的叛逆，高考的压力，毕业找工作，写论文，实习，家庭琐事，事业打拼，年老体衰，甚至更严重的各种不治之症……

生活起起落落，有人欢喜有人忧，也许有人迈不过心里那道坎，采取极端措施。但我们可不可以换个思维，静下心来好好地思考一下，我们的生命本该如此吗？答案是不，我们不只为自己而活，身边还有无数个朋友和亲人支持着你，期待你有更好的发展，去实现你人生的价值。每个人的人生都掌握在自己手里，是否保持一颗乐观向上的心态去迎接每一个初升的太阳？我，非常乐意，没有什么比开心更重要的了，忘掉一切烦恼，充满热情去实现自己的生命价值。

十四年学子生涯，我们学到了什么？做了多少有真正意义的事？如今二十多岁的我，大学都快毕业了，依旧感觉生活很迷茫。学校里当然不缺这一类人，不用花太多时间却把学习学得很好的学霸，奖学金什么的不在话下，还有时间参加各类活动、比赛，社团跟学习生活分配得很好。说实话，我很羡慕这一类人。可羡慕又有什么用，不是你的永远都不会是你的，所以，我不应该再如此迷茫下去了，怎么说自己也是一个快毕业的人了，是吧，那就从现在开始，计划自己美好、有生活质量的未来。

当我们老了，我们不会再无知地傻笑，不会再懵懂地奔跑，也不用奔波于事业。那时的我们只需要让安详的笑容留在我们脸上，来安度我们的晚年，珍惜我们的生命。因为那时我们将清楚地懂得什么是生命，什么是生命的价值！

生命的价值

郭淑梅

古今中外，关于生命的讨论，是一个司空见惯却又永恒的话题。对于生命是什么，不同时期人们赋予它不同的含义。在我看来，生命以多种形式存在，人是生命，一草一木也是生命。生命是唯一的也是短暂的，是顽强的也是脆弱的。对于生命的价值是什么，不同的人有不同的看法，古有司马迁的"人固有一死，或重于泰山，或轻于鸿毛"；今有雷锋的"人的生命是有限的，可是，为人民服务是无限的，我要把有限的生命，投入到无限的为人民服务之中去"。依我之见，我认为生命的价值就在于实现其价值，包括自我价值和社会价值。人的自我价值就是人的实践活动对自身需要的满足，即对自身存在和发展的意义。人的社会价值就是个体行为对于他人和社会的意义，即个人对社会需要的满足，个人对社会的贡献。生命价值需要通过践行真善美来实现，即真诚、善良、内涵美。真善美代表着不同层次的道德要求并逐层升华。真，是对人最基本的要求，包括真心和真行。善，是对道德修养的更高要求，包括善心和善行。美，是最高的层次，是指通过真和善体现出来的内涵美。

实现生命的价值需要践行真。所谓的真，就是不虚伪，不做作，有一颗真心并做出真实的行动。践行真，是个人或群体的基本道德体现，也是生命价值的体现。在这个物欲横流的社会，有不少商家在利益的驱使下，不惜牺牲消费者的利益而追求个人的利益。比如曾经闹得沸沸扬扬的"三鹿"奶粉事件、瘦肉精事件、毒馒头事件等。这些欺骗消费者的行为不但损害了消费者的利益而且损害了他们的名声。这体现了部分商家基本道德的缺失，同时也说明了他们对他人生命的不珍惜，不尊重，没有履行该有的社会责任，没有实现他们应有利于社会的生命价值。除此之外，近年来陆续落马的贪官也是如此，作为人民的公仆，他们不但没有真心诚意地为人民服务，反而为个人利益而损害大众的利益。社会上有这样一群人，他们默默无闻，不求回报，对他们而言，一句谢谢是最好的回报。他们的名字叫志愿者，他们用真心和诚意帮助社会上有需要的人，实现社会价值的同时也实现了自己的价值，值得我们去称赞！

  实现生命的价值需要践行善。所谓善，就是与恶相反，要有善心和善行。践行善是个人道德修养的表现也是生命价值的体现。要带着一颗善良的心去做善行，就是要不计较名利和得失，做利于他人和社会的事而不是有损他人的事。这其实是说人的价值体现在其社会价值中，人的自我价值也在社会价值实现的同时得以实现。在我身边就有一个这样的榜样，她是一位重型地中海贫血（简称地贫）患者的妈妈，她叫何淑娟，是广东地贫防治协会的会长。她作为一名地贫妈妈，深知地贫预防的迫切性以及地贫患者家庭的痛苦，所以她加入了广东省的地贫防治协会，把下半生献给了预防地贫这项公益事业。她带着她的队伍到各地各高校宣传关于地贫的知识，同时也到各地探访这些跟她女儿有着同样经历的人。她的目标是实现中国"零地贫"。通过他们的努力，这个曾经不受关注的群体得到了社会各界的关注和关爱，为地贫患者带来了福音。她这种不求名利、乐于助人的行为使她得到了社会广泛的赞许，在实现了社会价值的同时也实现了自我价值。

  实现生命的价值需要践行美。所谓的美并不是简单意义上的外在美而是心灵美，即人的精神世界美，包括思想意识、道德情操、精神意志的美。这是真善美的最高层次，如果能够做到至真至善，那么美就得到了。在汶川地震中，有很多英雄人物用他们的行为诠释什么叫心灵美。其中有这么一个群体，他们是一群最平凡的群体，他们从事着太阳底下最光荣的事业——人民教师。在危难时，他们有的因一次又一次冲进教室救出里面的学生而丧失了年轻的生命；有的因张开双臂、用他们庞大的身躯为孩子们撑起一片安全之地而不堪重负而永远离开了人世。他们这种置自己生命于度外、不顾一切地救出孩子的行为已达到了道德修养的最高境界。虽然他们离开了，但他们的生命价值还在延续，他们的身上所传达出来的美值得世世代代传承和弘扬。

  人的生命只有一次，它不像野火烧不尽的草那样可以在下年春天依旧破土而生。生命是短暂的，从婴儿紧握拳头呱呱坠地到双手一撒离开人世，拳头一收一松便是一个轮回，如此短暂。生命是坚强的也是脆弱的，它可以顽强得像悬崖边上在凛冽寒风下依然美丽绽放着的梅花一样；也可以脆弱得像玻璃一样，不堪一击。所以我们应当珍惜和尊重这仅有的而且短暂的生命，这是实现生命价值的基础和前提。印度诗人泰戈尔曾经说过"生当如夏花之绚丽"，意思是活着就要像夏天的花一样活得灿烂。其实生命就像一朵花，活着就应该让它活得精彩，活得有价值，活得有意义。花的价值就是向世人努力地绽放它美丽的一面，那人的价值就是实现它的价值。

生命的哲学之意

蔡子晴

如果生命的意义是我们所创造的意义，那就得认识到我们的激情和计划有着致命的偶然性，它们没有任何必然性。实际上，我们自身也没有必然性。而处于青春年华的我们，大多数挂在嘴边有关生命的问题都是"生命是很容易消逝的，我们怎样才能理解生命的真正含义，从而延伸自己的生命价值呢？"然而，生命到底是不是转瞬即逝的呢？生命的真实意义究竟是什么呢？

他是我初中死党的好弟弟，他是贫困家中的唯一儿子，他是同学的好朋友，我的好师弟，但是躺在医院的冰冷病床上，他是一名濒临死亡的病人。他因半夜开摩托车回家而出车祸，病情已严重到随时都有生命危险。而接到噩耗的家人已无法再接受任何的刺激。他们唯一能做的，就是借钱。我可以从他的眼角边上的泪水读出他内心的无助与后悔。最终，他的家人选择了向社会求助，这个方式也许所有人都会使用，但处在事实背后的我们永远无法知晓病人内心的痛苦，他甚至连表达自己痛苦的机会都没有，他愿相信，上帝对每个人来说都应该是公平的。他获得的是痛苦与挣扎，但是他在与病魔抗争的同时，也是在与这个冷漠的现实社会抗争，我们无从选择，而生命又将何去何从？生命总是与哲学相关联，蕴含着哲学之意。不仅是生活中的实例证明了这一点，我们学习的"生命文化概论"正是对生命最好的诠释，使我们对生命这个不简单的概念有了更多的理解与体会。其中，最能触动我心弦的便是老师自身的经历了，一个人只有对自己的生命充满敬意，才会受到生命的恩惠。

说："生命是悠扬歌曲里一段拥有节律的音符，是一首歌曲必不可少的元素；生命是滔滔大海里微不可测的一滴水，是所有大海最为基础的组成部分。生命，就是现在的我们在拥有生命的基础上所追求的物质性及精神性价值。"对生命进行这样的诠释，必然是诗人们的特质，他们拥有天生丽质的感性思维。在此种诠释下，生命变成了世界上最完美的物质，但却又是最平凡的，我们可以随心掌控，呼之则来、挥之则去的物质。它从某些层面上来看，是不复存在的，它是灵魂，是最吸引我们沉思于其中的哲学问题，也是我们每个人必须思考的循环性问题。生命，也许只是虚无的，并无意义，我们无从诠释。这也是我最期望永存心中的生命理念。

我们理性的、更为合理的哲学心灵会抵制这种荒谬的诠释，而简单地主张生命确实是有意义的，尽管这是因为深远的哲学问题本身是没有意义的。在真实生活中，正义和理性都有其限制。在抽象层面上，我们可能坚持这样的观点，"正义之人必是善者，无理之人必是恶者"；但在现实层面上，我们知道生命并不公平，不幸也会落在善者和有德者身上。此时我们所珍视的理性也就显现了其较为尴尬的一面，我们有能力也很迫切地将它理性化。

冷漠可谓是我们生命中遇到的可怕的敌人，而逃避，也是冷漠的共犯。许多人认为解决问题的最好办法，就是逃避，逃避能避免许多新问题的出现。实际上，这句话只是给许多爱逃避的人提供了一个逃避的借口。逃避，就一直是输家。唯有面对，才是赢的第一步。因此，那些时常陷入冷漠，并以逃避为主要生活方式的人，便会在心理上出现一种虚无的状态。心理状态的虚无主义出现原因与一切现象的总体化、体系化和组织化有关。当人们确定了所有现象和现象的总体性，灵魂就会因失去理性而沉溺于逃避世界。

生命的意义恰恰在于缺憾，在于不去深究"生命的价值"这一问题。生命的意义的有无，影响我们对肉体及灵魂的态度，生命之所以被认为无意义是因为死亡，那永生会是个恰当的解救之道。所以当我们还有机会走在生命的路上，还有机会去体验崎岖不平的攀登之路，就应该心怀感恩。我们不至于把问题放到来生，而是尽心走完我们的生命之路，它也许是平凡的，但也不排除是波澜壮阔的，这都与我们的来世处于分割之际，并无交叉。

爱是生命当中不可或缺的元素之一，爱情是爱的一种体现方式，或许当下的我们，也没少沉浸其中。爱不仅意味着失去的可能性，而且若不考虑那些浪漫的幻想，还意味着这种失去的不可避免性。当然，我们总是无可避免地试图把自己对生命的爱与在不安的哲学意识中对未来的恐惧，结合在一起。造成对生命意义的误解，但是用最朴素的观点，我们就可以很深刻地反驳这种不负责任的想法，它干扰了我们对爱与爱情在生命中的美好体现，打乱了我们追求爱与享受爱情的友好节奏。

最直接的现实是，无论在哪个时代，智慧的人都对生命做出过相同的判断——认为生命是毫无意义的。无论在什么时候，也无论在哪里，我们能够在那些智慧的人的嘴里听到一种声调，不是充满爱的声调，而是充满怀疑、忧伤和对生命充满厌倦的声调。但这又能表明什么呢？苏格拉底内心藏着无数的邪恶和欲念却否定生命,他就是一个久病的人。但是我们终究必须对那些顽强坚持生活的人给予巨大的尊重,这有利于我们树立起鄙视死亡的态度。

无论肯定或是否定生命的意义存在与否,都请尊重生命的全部本能,感受生命的哲学之意。

生命的思考

李美莹

风吹了,停了,人聚了,散了,最终只是过客。生命的交替,也不过如此吧。生命,一共加起来只有十三笔的两个字,承受着远超出人类想象力的重量。从古至今,不少人都尝试着去定义生命,可谁又能说,那就是生命的真谛呢?每个人都是独特的,每个人经历的事情是不同的,谁又能说,他们的想法不是对生命的一个阐释呢?关于生命的思考,就在我们身边。

到底是没有勇气,到底是没有决心,到底是没有资本,到底是一无所有,大多数的人不都是习惯上选择成为思想上的巨人,习惯上成为执行力低下的矮子,任由生命的时钟滴答滴答拍打在脸庞上,是懒惰,是退化,时间在流逝,生命在倒退。在这个网络化的时代,我们已经渐渐成为高科技下的奴隶甚至是傀儡。我们曾经做过一份调查问卷,是关于手机使用问题。我身边的每个同学都已经确诊或者疑似患有这个时代特有的"手机病",因为每天都离不开手机。当然,手机作为一个社交的工具,每天都是必不可少的。所谓物极必反,每天不玩手机的间隙不超过半小时,不带手机就像没穿衣服出门一样,还觉得全世界的人都在找自己,搞得跟失联一样,其实就是去学校食堂吃个饭的功夫。世界那么大,干嘛让一个手机耽误了你的脚步呢?或许有人说,可以从手机那里得到了很多,是的,有了手机我们可以足不出户,尽知天下事。或许有人说,手机是我社交最大的平台,但是在大部分人喜欢走马观花并且更喜欢娱乐段子的情况下,在虚拟世界的背后,在手机上获得的东西真的可以引起我们对生命的思考,所获得的东西对我们的人生有至关重要的意义吗?这或许是我们目前最接近我们身边,并且迫切引起我们思考的一个话题吧。鸦片战争时期,烟民躺在榻上吸食鸦片的模样,不就跟新时代的我们躺在床上玩手机的姿势一模一样吗?忽略亲情,团圆饭饭桌上,所有人都在低头玩手机;忽略亲情,哭泣小孩身旁是拼命刷手机的父母;忽略亲情,我们大多数时候都在与手机争宠。太多太多的现实现象难道不应该引起我们的思考吗?亲情这个话题下引起的思考,可能是最能触及我们心灵的。而我,在这个话题下最想说的一句话是珍惜眼前人。

于娟，生前是复旦大学社会发展与公共政策的讲师。2009年年底，被确诊患有乳腺癌，并已至晚期，2011年4月辞世。在生命的最后阶段写下了近十万字的博客，记录自己对人生的感悟与困惑，在网上广为流传。上海复旦大学于同年5月23日发布了她的遗著《此生未完成》。我想大概没有谁能比一个在生命尽头的人更能理解生命的意义了。回顾于娟的一生，她一直在不知疲倦地狂奔。三十多年，她一直努力着用最短的时间，去拿到最多的证书。在她人生巅峰的时候，在她考到了一摞摞我们平常人遥不可及的证书的时候，却不曾想过，那是她生命的尽头。那时她放下这些身份，她只是一个普通人家的妻子，她只是一个不满周岁孩子的妈妈，她只是一个普通家庭的女儿。试问，在生命面前，谁在乎证书的多少，谁在乎她是用了多么短的时间去获得这些至高的荣誉，谁也不在乎。在生命这个大玩家面前，谁也不知道，明天它会不会跟你开一个国际玩笑。于娟三十多岁的读书生涯，而她的一生就在那里定格。此生未完成，此生未完成的太多太多。此生未完成，她还想当一个好女儿，孝顺她年过半百的父母，照顾他们过完后半生，她还想当个好妻子，为她丈夫洗衣做饭，下半辈子和他一起去看看这个世界，她还想当个好母亲，照顾她不满周岁的儿子，陪伴着他健康成长，她也想当个好老师，传授知识，桃李满天下。此生未完成，她这一辈子再也没有时间去完成。而她最想的，不外乎就是好好珍惜那些她爱的和爱她的人吧。

　　驻足静望，是否有人在等待你的关心，又是否有人在默默关心着你。为什么会有遗憾，或许就是给你人生思考时间的时候，你视而不见。为什么会有遗憾，或许就是给你表现机会的时候，你没把握住。为什么会有遗憾，或许就是给你敲响最后警钟的时候，你还不以为然。细想，我们曾经认为比亲情更重要的东西，我们曾经精心策划排好顺序的人生，我们以为的真的是我们以为的吗？谁能保证？在财大气粗的人面前，我们是微不足道的，但我们也是强大的，只要我们对于生命有了思考，我们也能让生命为我们喝彩。人一生中，谁不是谁的过客呢？但总会有那么一些人值得你去珍惜，总有那么一些事能引起你对生命的思考。

生命的意义：追随内心

梁晓霞

　　上个月回家，我还看到我的初中生物老师在街上闲逛，笑容可掬，精神状态良好。可是，下一个月回家，妈妈告诉我："你的那个生物老师，他……他已经走了，不在了。"顿时，我目瞪口呆。在村子里散步时，我无意听到妇女们的谈话，才知道，那个慈祥的老爷爷因疾病去世好几个月了。我静静地走着，心里有说不出的难受。

"人生天地之间，若白驹之过隙，忽然而已。"生命就如此短暂，也因短暂而愈为宝贵。它很不容易才来到这世上，又会忽然远逝。一个人昨天还好好的，下一天就不知道会发生什么样的事情来。对于生命，我们就应好好珍惜它的每一分每一秒。我们无法把握生命的长度，但我们可以让生命焕发光彩，去追随内心，活出自我。而在这个过程中，每人都会有自己的故事，有关于成长的，有关于奋斗的，有关于自强的，有关于痛苦的，也有关于拥抱幸福的，人生的轨迹是不同的。

说到这里，我很想谈谈那两个很棒的女孩——我的两个师姐。她们都很棒。大四后，她们选择了截然不同的道路。为了易于区分，分别称她们为 S 和 M。

S 是一个很励志的人，我一直以为这样的人离我很遥远。

大四毕业后，S 选择了一条不同寻常的道路，加入"美丽中国"，到云南偏远山区支教。那边的环境真的是难以想象的恶劣，那里小孩个个都长得跟电视里的山区小孩一样，颊边两坨高原红。她去到那里不久后，一直觉得身体不舒服，中秋回来检查身体时，发现胃部长了个肿瘤。她接受手术后，住院两个月，又打算这几天回云南继续支教。在她毕业前，她也经常去特殊学校当志愿者，特殊学校就是为智力不太正常的小朋友就读的学校。

只因喜欢和孩子相处，衷心想帮助那些可怜的孩子，S 选择了支教。在残酷的现实面前，S 毫无畏惧地追随内心，像蜡烛那样燃烧自己去照亮别人，用自己的生命去帮助山区的孩子放飞梦想，挣脱命运的束缚。

M 也是一个很励志、与众不同的人，也可能因此，她在同龄人中脱颖而出。

我在她的 QQ 空间里看到这样的一条："在金钱面前，我只愿取悦我的内心。"确实，她真的是这样的人，一个追随内心的人。

M 高考志愿是浙大，可浙大梦碎了，但以她的成绩，她还可以去其他名校读很好的专业。然而，她不顾家人的反对，不受物质的诱惑，毅然决然地选择了生物技术，去了华中科技大学。那时候，生物专业的发展前景和就业前景不容乐观。但她依旧深爱着生物这门学科，为了它，愿放弃一切浮华的东西。也许就是因为热爱，她成了大神般的人物，人称冰大神。

M 是一个有理想的人。她的目标就是进中科院。为了梦想，她常常奋斗到夜深人静仍未熄灯安寝。她通过努力，争取来了一次又一次煞羡旁人的机会。2017 年 11 月，她去了哈佛大学参加生物竞赛，拿到全球第三名，2018 年 2 月进了她梦寐以求的中科院。暑假时，她又去法国。现在，她在耶鲁大学进修了。我看她的微信朋友圈时，很感动，很羡慕，尤其是看到哈佛大学那童话般的秋天时。

其实，M和我一样平凡。她的高三班主任是我的化学老师。而且她和我都来自同一个地方，一个很平凡的地方。但平凡的她，活得一点都不平凡。她自强不息，追随内心，敢于追梦，坚持不懈，勇攀高峰。正是她追随内心的那份执着，造就了今天的她。对于一个这么年轻又出身平凡的姑娘而言，进中科院是一件多么不容易的事情，但她做到了。生命因自强、奋斗变得美不可言，她如愿地取悦了自己的内心。

这时候，我又想起了自己的那段终生难忘岁月。我是一名复读生。高三那年，我考了一个十分尴尬的分数，又不愿放弃心仪的大学，就动了复读的念头。由于第二年就开始考全国卷，难度比广东卷大很多，许多人都说复读不利，家人也极为反对但又拗不过我，只好同意。

我的基础十分薄弱，尤其是物理。尽管我是个复读生，比应届生多读了一年，但在全国卷面前，毫无胜算。一个读过高三的人连受力分析都不会，你就知道我学物理有多困难。当我决定复读后，整个暑假我都把自己关在房间里啃物理题。面对习题集，放眼望去都是我不会做的题。有时看了好几遍答案，我还是不懂。做着做着就哭了，哭完了又继续做。我很想放弃，但我不能。想想远方的大学，我觉得一切都值得，就一直强迫自己做物理题。后来，物理成绩突飞猛进。但由于语文和数学考砸了，最终我没有见到那场动人的花开，却因填志愿出了问题而来到了今天的大学。相对而言，我还是比上一年踏上了一个更好的平台。每每回忆高四，我都觉得那是一段很美好的时光，不曾后悔。如果我当初没有追随内心的想法，我将错过一段刻骨铭心的记忆，也将错过成长。感谢高四带给我的一切！

我十分敬佩那两位师姐，那么勇敢地去追随内心，过着自己喜欢的生活。追随内心，会让人看到更多的美好与希望，甚至会看到奇迹。

生命的意义不在于你拥有了多少价值连城的东西，也不在于你手中握着多大的权力。人生在世，活着不是为别人而活，而是为自己而活。追随内心，取悦自己的内心才是生命意义之所在。在短暂的生命里，去追随内心，以自己喜欢的方式去活着，去奋斗吧。

用心感受生命的律动

——生如夏花之绚烂，死如秋叶之静美。

陈 平

上帝真的很聪明，将我们每个人的生命都安排得尽善尽美。

我愿穷尽一生，去探索生命的奥妙，参悟生命的哲学。

人生在世，每个人都摆脱不了生老病死，生与死的抉择，蕴含了人世间的轮回。我们既然在世上走了一遭，就得珍惜生命的价值。从某种意义上来说，生也许比死更难。死，只需一时的勇气，生却需一世的胆识。

生命只有一次，弥足珍贵。我们要用自己短暂的一生去领悟生命的真谛，我们要倾尽全力用心感受生命的律动。

生命·善恶

每个人对待生命的态度是不一样的。每个生命的种子，都蕴含着善与恶的抉择……我们只有心存善意，才能开出善之花，才能扼制那株恶之芽。

电影《滚蛋吧！肿瘤君》中女主角熊顿的励志抗癌故事感动了无数的观众。而现实中熊顿的原型是项瑶，她在2011年被检出患有非霍奇金淋巴瘤，活泼乐观的她用漫画的形式记录下了她与癌症抗争的全过程，让无数的网友感受到了她身上的正能量。从项瑶的身上，我们看见了她对生命的渴求，她极力地想要扼住命运的咽喉，但遗憾的是项瑶到最后还是没能逃脱死神的追捕。项瑶积极向上的精神感染了无数人，项瑶就像一个活在阳光下的精灵，向世人诠释着生命跳动的灵魂，她又像一颗璀璨的星星，在黑暗的夜空中散发着生命的善意与光芒。

然而，世间万物都是存在矛盾的，项瑶的正能量让很多人感受到蓬勃的生命力，但有些人对待生命的态度却是令人发指的。

前段时间甘肃省公安机关侦破了甘肃白银连环杀人强奸案，犯罪嫌疑人高承勇从1988—2002年14年间共杀死11名年轻女性，年纪最小的只有8岁。高承勇对待生命的态度是极其残忍的，他能够戕害那么多无辜的生命，从中可见他对生命的漠视，在他的身上，我们感受到了人性对生命的恶意。

现在发生的杀人案在大学校园里是时有发生的，并朝着低龄化方向发展。生命，对大学生乃至整个社会来说，到底意味着什么，生命宝贵，怎能随意践踏？我们不仅要在学校里学习知识，更要学会做人，学会敬畏生命。

生命·对立

研究生命的价值，不仅仅要从生命的长度、厚度来着手，我们更要站在生命的对立面——死亡，去看待生命。

从小到大，我们受到的教育，都是教我们如何关爱他人，教我们如何热爱生命，唯独没有教会我们如何面对死亡。

在我们传统的汉文化中，孔子就说过：不知生焉知死。我们每一个人都不能对死亡避而不谈。

我们要学会从死亡中明白生命的价值，其实我们都明白生老病死乃人之常情，死亡是我们每个人都要面对的课题，但是我们在真正面对死亡的时候，就会发现生命的脆弱，我们只有从死亡中用心感受生命的律动，也许才会意识到上帝残忍地用死亡的遗憾来鼓励更多的人勇敢地生活，也许，只有珍惜，我们才能从中领悟到更多的生命的真谛吧。

谈论死亡、生命，我们还会涉及很多相关的医学伦理。比如，安乐死。安乐死是指用人道的方法使病人在无痛苦状态中结束生命的过程。这个话题使我们从怎样看待生命的角度思考，是对生命的深刻反思。生命在安乐死这个医学伦理上，该如何在对立面看待，是我们应该探讨的方向。

如果我们已经坐到了生命巴士的末站，我们就可以安然地收拾好自己的行李物品下车了吗？站在临终关怀的角度，我们又该如何阐发生命的意义？

临终关怀主要是给那些生命快要结束的人一些心理上的关怀，让他们在生命的最后一刻感到快乐。我认为临终关怀是对生命的尊重，它所体现的是人文主义。每个生命都有消失殆尽的时刻，无论最后生命质量变得如何，临终关怀至少说明生命是被重视的，生命在任何时刻，都值得被呵护。当生命停止律动的时候，我们仍要用心去感受它最后的一丝温暖，直到最后一刻，也不要放弃对生命的追求。

生命·仁心

之前在朋友圈里广泛流传了一张图片"一名医生手术后靠喝葡萄糖补充体力"。无数网友为这位医生的敬业精神点赞，后来这位医生接受采访时表示，这种情况很常见，医生的辛苦只是为了救死扶伤，医者仁心，是医生最美的呈现。

仁心，是医生对生命的解读，怀着一颗仁慈之心，救死扶伤，是对生命的尊重，也是对医生最崇高的赞颂！仁心与生命的连结，是生命最好的律动。

现在一说到医生，就离不开医患关系。近年来，医患纠纷频频发生，针对这些问题，我们要从医生和患者两个角度去看待生命，才能客观地评判事实。

医者仁心则是对患者最好的保证，患者的信任也建立在一颗仁心之上，生命与仁心，是物质与道德的平衡。

作为一名医学生，就要做到医者仁心，尊重生命，完成对生命的守护。同时我们医学院校也要认真学习医学技能，对生命负责，持一颗仁心，修一世美德，化一份善缘。

无论是生命在善恶之间的体现，抑或是站在生命的对立面更加深刻地探讨它，还是从医务人员的仁心角度去阐述生命的意义，律动的生命永远伴随着我们，生命之河永不停歇，生命的意义，值得我们花一生去探索。

也许，生命价值最美的状态就是：

生如夏花之灿烂，死如秋叶之静美。

第二篇 生命的交响曲

生如夏花之灿烂

谢秋霞

曾有人用这么一句话来形容对此生的追求："生如夏花之灿烂，死如秋叶之静美。"而今天我想与大家分享的故事是关于人性的生命之光，希望能对因疾病而失去希望的病人有所启发。

相信生活当中有许多人，在生命遭受损伤和疾病的困扰之前，视健康形同陌路人，总觉得健康的体魄和饱满的精神状态是与生俱来、不可剥夺的。而一旦上帝从人类手中剥夺了健康之后，人们的生活就截然不同了。

黄先生是一家工厂里的普通工人，从外地求职谋生来到深圳。工作一年之后，认识了现在的女朋友叶小姐。两人像普通的情侣一样，偶尔有小吵小闹，但最后还是会重归于好。而两人平凡的情侣生活在那一天被打破了。

那一天，黄先生像往常一样去厂里上班，谁料一位工人不小心碰倒了油气罐，引发了火灾，黄先生未能摆脱噩运的魔爪。当他醒来时，发现自己躺在一片白茫茫的世界里，俨然天堂一般。眼珠子转了一周，最后停留在自己的女友身上，忽感一阵疼痛，动弹不得。这时，身边的女友急切激动地问道："你醒啦？"一脸焦急与慌张，白皙的脸上还挂着哭过的泪痕。

他看了一下自己的身体，那叫一个"体无完肤"啊。他满含泪水地问他的女友："我这是怎么了？"这时的她再也强忍不住泪水，回答道："你那天在上班的时候，旁边的一位同事不小心碰倒了油气罐，接着你就被烧成这样了。"接着又呜呜呜地哭了起来。

他默默地闭上了眼睛，试图平复下自己的心情，但他的心里总有个强烈的呼声在喊："为什么是我？为什么是我……"等最后这个声音消失的时候，他才再次睁开了眼睛。这一次，他看到了几个类似领导的人物凑到他的跟前，其中还有一个是他的组长。他还没开口，就有其中一个开口说道："小黄同志，你醒了。"他还没来得及开口，那人就接着说："哎呀，这次辛苦你了。你好好在医院养伤吧，医药费我们厂里会帮你报销的，还有等你康复之后，我们会考虑你的晋升问题。所以，这段时间好好养着。"他还没反应过来，组长熟悉的声音也传来了："小黄，你就好好养着吧，厂里的工作已经安排妥当了，另外也通知了你的爸妈，叫他们放宽心了，我们会照顾好你的。"他点了点头表示赞同。接着，另一位陌生的声音说道："小黄同志刚刚醒来，需要静养，我们还是让他好好休息吧。"说完一阵七言八语之后，人群便散去了，女友走上来帮他整理一下被子，便坐在了床旁椅上。

他醒来接收的信息太多了，他再次闭上眼睛回想着刚刚发生的这一切不可思议的事情。不一会，医生来了，探视了一下他，并叮嘱了他女友几句日常照顾的注意事项。

这是他第一天醒来后发生的事情。往后的每天，她都细心地照料着他。面对此般的体无完肤，她没有惧怕和退缩。医生说是特重度烧伤，完全恢复的时间要相当长。因为烧伤的范围很大，且有些皮肤已结痂炭化，她是一点一点地配合医生护士的治疗护理，喂饭、喝水、清洁皮肤、换药，可以说是寸步不离，可谓无微不至。修复时，他感觉到皮肤奇痒无比，挠得一条又一条痕。后来，她用枕头让他忍耐，用歌曲试图让他平复，甚至在紧急情况下，手边空无一物，直接自己扑上去抓住他的手哭着喊着恳求着。后来还听说她因为向爸妈借生活费的问题而大吵了一架。尽管在医院外面的她被别人翻了很多白眼，黑夜里常常暗自哭泣。但她一到病房都是笑脸相迎的，说着各种暖心的话，像对待小孩一样睡前给他讲故事，每天变换不同的菜式。

她没有告诉他，在他生病住院的那一天，她辞掉了自己的工作，还在医院附近租了一个廉价的小房子，每天就在那为他准备营养餐和换洗的衣物。在他心情郁闷，责怪自己没用还麻烦她来照顾自己的时候，她会开玩笑地说："我这不是白忙活的哦，等你康复之后你要照顾我一辈子的。"病房里的花几天换一次，他责备她浪费钱，而她说只要是对你康复有好处的就是最大的用处了。

她怕他在医院闷得慌，有时会从出租屋里拿来他们的相册。万圣节去的欢乐谷、深圳大学、大梅沙、她的家乡、广州长隆、上下九夜市、小蛮腰等，仿佛哪里都留下了他们的足迹，仿佛整个世界只剩下他们两个一样。照片上的男孩阳光帅气，照片上的女孩笑靥如花，他们如同向日葵，向人间绽放笑容与温暖。

他们还勾勒过他们的理想蓝图。浪漫的求婚，爱心玫瑰，白马王子的单膝下跪。明年春天回他的家乡举行婚礼，宴请村里的男女老少，热热闹闹的，让她成为这个世界上最幸福的女人。

他们还有一个旅行梦，等他们有了孩子之后，会计划每个月来个小旅行，每年去个远一点的地方，感受不一般的风土人情。

但梦想归梦想，总要回到现实。这个时候是极其考验一个人的耐性和坚忍的。她的生活似乎只剩下医院了。她的朋友和家人都来劝她和他分手吧，这样的累赘难道要照顾一辈子吗，何必要自己找罪受呢？虽说厂里有补贴，但若是留下个后遗症，往后的日子该怎么过呢？自己尚且不能完全养活自己，还指望自己当个大善人？谁又能保证他康复以后不会和你分手呢……她听着别人说的种种难听的话，从开始对他们的大声呵斥反驳到更加坚定自己，一个人默默地承受着，体贴着守护着自己所爱的人。

他一住就是10个月。期间偶尔会有组长和几个同事的探视。在她细心的呵护下，他的皮肤慢慢恢复了。连同医生和护士都为康复如此之快感到震惊。

到出院的那一天，她在他的面前嚎啕大哭了。要知道除了第一天他看到她的眼泪之外，其他的日子她都是笑嘻嘻的。面对突如其来的状况，他安抚着她，但心里却感到无比的幸福。

再后来，听烧伤科的护士说，第二年春天他们在他的家乡结婚了，还给了他们科的医生护士派了喜糖。

故事到这里就告一段落了。但我相信他们的幸福生活未完待续。

他们的故事让我想到生命文化概论课上，老师与我们一起探讨什么才是生命的价值，我们为什么要来到这个世界上尝遍酸甜苦辣。是的，人生就像一颗颗惊喜的巧克力糖，我们永远不知道下一秒是惊喜还是惊吓。但是我们懂得的是此生，我们应该无怨无悔，不枉此行。说实话，令我触动最深的就是"好死不如赖着活"这句俗语了。虽然字里行间透着无奈，但也正反映了世间上历尽不幸和苦难的人们，只要还活着，就还有成功的希望。我们每个人都希望生如夏花之灿烂，但这不意味着一帆风顺，而是面对不堪的人生，我们依然对苦难笑靥如花，云淡风轻。

平凡的爱情，是千万人心中最高尚的追求。遇到那个风雨中为你痴痴等待归家的爱人，一定是用尽了一生的福气和幸运才能拥有。遇到灾难不等于生命的终结，还有一种使命就是，以爱之名回报为你付出的人，不要自暴自弃，因为你的存在也是他们生命的意义。相互取暖，相互鼓励，我们终能生如夏花之灿烂。

医学的人文温度（节选）

罗 超

对于大多数医生来说，在忙碌的医疗生活中总是会泥于"术"而疏于"道"，很少有人会认真地去叩问一下这个职业的母题——"医学是什么？"似乎这个问题不需要去认真审视和反思，因为在我们的教科书里面就有着现成的答案。医学是什么——医学是人类认识疾病的学科，它是专业防治疾病和健康保健的一门技术。但是，医学不仅仅如此。医学研究的主体是人，研究的对象也是人，服务的对象还是人。疾病是人身心的痛苦，任何医疗的交往都是人与人之间身心救助的故事，而不仅仅是人和机器之间的故事。因此无论技术如何发展，人道原则、人性光辉永远是医学的价值皈依和医家的职业操守。所以我们说，医学是科学的又是人文的。

英国画家路克·菲尔德斯的《医生》堪称医学人文的经典画作，其创作灵感来源于画家一段悲惨的人生经历。当时，路克的儿子身患重病，请当时的名医穆瑞来诊疗。交往中，穆瑞的医技与道德境界让路克感悟良多。尽管儿子最终因病情恶化而不治身亡，路克却从中理解到医学的使命不仅是对病况的施救，还有对病人痛苦的细微体察与关怀，是一门"柔性的科学"。画面上穆瑞大夫正用深情的目光抚慰着生病的儿子，与孩子交流情感，同时为思索最佳的治疗方案而陷入沉思。此时，路克本人也出现在暗处，静静地观察着大夫亲善的举止与神情，把他印在脑海里。穆瑞医生的医术和品德让这位画家感悟良多，画家理解了医学的使命不仅仅是对病况的施治，还有对病人痛苦的细微体察和关怀。所以十几年后，当年的场景移到了画布上，就是我们所看到的场景，画面上的此情此景，仍然能够让100年后的我们感受到其中的温情和力量。

纵览这幅名画，可以看出当年的医师虽然没有更多的医疗器械、没有更高的医疗技能，甚至还没有作为医生标志物的白大褂和听诊器，但是他们在画家的艺术眼光下并非是技术至上的匠人，而是始终透射着人性光辉的仁者。

在公元前2世纪，希腊雅典一位医生的墓碑上，就写着这样的话，"以前，医生对病人最常用的两种办法是触摸和交谈，这样是很人性化的。"希波克拉底曾经说："爱人与爱技术是并行的。"他又说，"医术是一切技术中最美和最高尚的。"这表明了：医学自古以来就被认为是最具有人文传统的一门学科。医学被称为"人学"，医术被称为"仁术"。所以，医生是最富含人情味的职业。医生被人们称誉为"仁爱之士"。而当时医院的兴起无不与仁爱、慈悲、慈善和关怀相关。而当时的医院都以照顾和医治贫困的病人为己任，充满着人道主义，充满着人道主义的关爱之情。所以史蒂芬说："医学的起源对于人的关怀，所以医学是科学的、也是人文的。"而大医家孙思邈在他的《大医精诚》里面是这样写的，"凡大医治病，必当安神定志，无欲无求，先发大慈恻隐之心，誓愿普救含灵之苦。"佩雷格里诺和大卫·汤姆斯玛在《医疗实践的哲学基础》中写道"医学既不是纯科学，也不是纯艺术。医学是艺术和科学之间的一门独特的中间科学，但又不同于它们两者。医学是人文科学中最科学的，在科学中是最人道的。"因此，充满着深深人文情怀的医学，在人文精神的照耀之下，它应该是尊重人，尊重生命的，在医疗实践活动中应敬畏生命，爱护生命，尊重每一个生命个体身心健康和幸福。

作者六六在她的书《心术》的扉页里面是这样写的，"这世界有三样东西对人类是最重要的，信、望、爱。我能看到的对这三个字最好的诠释，就是医院。"复旦大学原副校长王卫平教授说："这是作者在上海各大医院蹲点半年后对医院和医务人员的高度评价。"王卫平教授接着说，"如果医院中没有了这些对于人类最宝贵的东西，医院将是什么？"他还说，"缺乏同情心的医生就像机器人。"所以医疗服务呼唤人文关怀。

人是自然和社会的统一体，是自然属性和社会属性的统一。因此，对人的生命价值的评价，不能只强调人的生命神圣，更为重要的是生命质量价值。人的生命存在与生命质量是辩证统一的，要尊重人的价值，不但要讲人的生命存在，而且要讲生命质量，并将两者统一起来。

在生物医学模式中，实际是将生命存在与生命质量割裂开来，甚至只强调生命存在而忽视生命质量。如，对待生命的观念，普遍把长寿作为一种标准，临床医学则把抢救生命作为必须奉行的原则。这种生命观念有明显的片面性，只注重了生命的量的方面，没有重视生命的质的方面，而一个有意义的生命应该是对自我和外在都有利的、量和质相结合的生存过程。

在生物心理社会医学模式里，强调健康是身体、心理和社会的完好状态，健康包含着人们生命活动的生理、心理和社会三个基本方面。在社会学方面强调人们的社会功能，在心理学上着重于个人的精神状态，在临床医学上则注重于如何减轻病人的症状和痛苦。医学的涵义更为深化，医学的目的将转变为以提高生命质量为主，有选择地减少死亡，延长具有存在价值的生命，降低发病率和患病率，减少痛苦与疼痛。这就是生命存在与生命质量的统一。

健康是包括躯体和心理两方面健康以及具有良好的社会适应状态，因此，医疗卫生服务不仅是在身体上恢复健康，而且要在心理上、社会上改造人和完善人。医疗卫生服务必须从生理服务扩大到心理服务，从治疗服务扩大到预防服务，从院内服务扩大到院外服务，从技术服务扩大到社会服务。防治结合，以预防为主，把预防和促进健康的服务放在医疗卫生服务的首位。新的健康观对人的疾病和健康进行了完整的认识。它要求人们全面地、立体地观察和分析疾病和健康问题，用新健康观指导个体和群体的预防、诊断、治疗和康复，把预防医学和临床医学更紧密地结合起来，从而促进治疗疾病和预防保健的统一。

医生要感同身受地体验、理解病人的这种痛苦，尽最大的努力，来解除病人的痛苦。所以同情心是医学生应该具备的情感基础，要为病人设身处地地换位考虑。有了同情之心，医生才能够时时刻刻地站在患者的角度去考虑问题，保护患者的情感和隐私，为患者选择最合适的、最高效的医疗方案，尽最大的努力帮助病人摆脱病痛。这个同情心，令人充满了温情。医生应该是一个人道主义者。

一群在病魔背后顽强的生命

杜劲霖

"每个人都要面对死亡，那我们为什么还要努力地活着？"这个问题我无时无刻反复地询问我自己。在"生命文化概论"课的熏陶和我在三下乡时的一些经历，我终于找到了问题的答案。

在湛江市雷州的客路镇，有这么一群人——每天辛苦工作，早出晚归，却永远改变不了家庭贫穷的命运。这一切皆因家中的某位成员长期受病魔的缠绕，不得不倾尽所有来治病，最终负债累累。就这样，这些有着好几口人的家庭一直过着艰辛的生活。虽然活着痛苦，但他们坚信，只有坚强地活下去，才有机会看到明天的阳光。所以他们一直在拼命地跟病魔做斗争。

"红"情落户，勇战病魔。那是一个艳阳高照的暑假，我跟随"红土情"广东医科大学三下乡志愿服务队来到客路镇，对当地28户"因病致穷"的贫困人家进行了详细的入户问诊、身体检查、慰问病人及其家属……

"爸，我要继续读书"

白皙而光洁的墙壁、整齐摆放的家具，仅从肉眼看并不能感觉到这是一个贫困户。刚进入屋子，我们便受到一对中年夫妻与三个孩子的热情款待。

家访中得知，中年男子就是家主李建，他已经患有椎间盘突出10余年和肺结核数年，现又患了支气管炎。如今，他已没钱接受正规的治疗，丧失了劳动能力。李建指着X光片低沉地说："我10年来去过无数次医院，已经耗尽了家里的财产。"说罢，又指了指身边的孩子，一边惋惜，"他们有的已经上大学，有的已经高三了，最小的女孩还在幼儿园，还有一个在做暑期工的高二女儿，家里穷，支撑不起学费，下学期我……我想让他们……辍学去打工来减轻一下家里的负担。"不经意间，这个中年男人深邃的眼睛里已泛着泪光。

"不！"话音刚落，一道清澈的声音从一个女孩的口中蹦出："爸，我想要继续读书！我想学习！我不想辍学。"说完她便红着眼睛哭泣起来，其他孩子也一同喊道"我也要读书！""我也要读书！……"听到这些铿锵有力的"抗议"，队员们顿时愣住了，心头涌上了一股酸——孩子们的眼神是多么的坚毅，求知欲是多么的强烈。知识可以改变未来，但孩子读书的费用却不知如何解决，孩子的读书之路在得不到社会的帮助下永远是个问号……

屋子瞬间安静了。

家庭是她最大的牵连

安静中,志愿者们又开始为李建一家做普通体检,看到李建与孩子们的身体状态一切都良好时,志愿者们都露出了高兴的神情。

然而,在凯南队长为李建妻子量血压时,却意外发现收缩压达到了 180 mmHg,然而正常人收缩压最高不过在 120 mmHg 左右。队长先是一愣,又马上反应过来:"阿姨,你不要紧张。你看,你一紧张,就测不准了,待会再测一次试试。"

妻子回答道:"没关系,不用测了。在平时干农活和家里负担大的时候,我也会出现头晕和身体乏力。这已经不是一两次了,我的事情我自己清楚。谢谢你们了。"原来,家里的唯一一个男人没有劳动能力,除了帮补生计,妻子还要供养几个孩子上学,每天下地干农活,一方面体力透支,一方面终日受家庭的精神压力所困,致使病魔暗中向她伸出黑手。才 30 出头的她,平时不敢去体检,因为她明白自己是支撑着这个家庭的顶梁柱,如果连自己也出事,这个家就彻底毁了。她之所以能撑到现在,就是因为,她爱她的家庭。

事后队长凯南心有余悸地说:"我当时真不敢直接告诉她有严重的高血压,怕她一下子承受不了。阿姨这次的检查结果对这个家庭来说,无疑又是一个沉重的打击,希望大众知道后能给予他们更多的帮助。"

"我身体健康,但我穷"

我们拖着沉重的心情告别了李建一家,来到了另一户贫困家庭——花家兄家。

一个炉灶,一张桌子,一个柜子便是他家全部的家当。当问及家里的状况时,家主花家兄无奈地摇了摇头:"我身体挺健壮,只是患有略微的低血压,子女也在外打工,本来家庭条件算不错的。可是数年前,母亲患了心脏病,为了治好母亲,我四处寻医,已经花费了家里十几万,卖了很多家当,直到两年前母亲因病去世,"花家兄抽泣了一下,"才结束了漫长的求医路。现在日子缓过来了,可是还欠别人很多钱。"听到这,队员们面面相觑,花家兄是孝子,可是为了救治母亲却把自己陷入了绝境,走到了生活的边缘……

"谁怜寸草心,报得三春晖。"志愿者感慨道,"像这种因母亲生病而儿子贫穷的事件,在雷州这里已经不是个例。这一辈人努力生活,换来的却是上一辈的牵累,何时才是尽头?"

此次三下乡志愿服务队经过数天共入户调查了 28 户因病致穷的家庭,调查所收集的数据汇报成一个个的健康生命卡,并将如实向上反映,相信不久之后会出台相关的政策去解决这些问题。

　　除了客路镇外,其他地方肯定也有许多像李建、花家兄一样因病致穷的家庭,但他们从未放弃过自己的生命。

　　或许,面对病魔与死亡,我们无法抉择。但是,我们可以选择在活着的时候用怎样的态度去活下去——"放弃"与"拼搏",那何不选择让自己在短暂人生中绽放光芒,让自己更有意义。

　　"单是靠三下乡给他们的生活带来的小小改善是远远不够的。让他们真正摆脱困难还需要广大人民的帮助和关爱,哪怕一粒盐、一颗米,'莫以善小而不为',当所有爱汇聚一处,定能战胜病魔。"队长意味深长地说道,手里的拳头不知何时已紧紧握着……

生命的归巢

唐川惠

　　在客路镇的尽头,没有繁华的街市,没有闪亮的霓虹;在客路镇的尽头,只有破旧的棚户区和饱经生活风霜的生命;在客路镇的尽头,有这样一群空巢老人,他们更想听有人喊他们一声爷爷奶奶,想要有人搀扶他们的腰,想要有人走近他们的生活……

　　2016 年 7 月 21 日,广东医科大学第一临床学院"红土情"志愿服务队携爱出发,带上满满的正能量,前往湛江市雷州的客路镇客路村,展开对当地空巢老人持续数天的调查、慰问与探访,一同走进空巢老人的日常生活,探索空巢老人晚年生命的归巢。

　　上午 9 点,我们 16 名志愿者们首次聚集在客路村村委会并展开对 5 位村里生活最潦倒的空巢老人的集体慰问活动。慰问现场,队长王婷先后向 5 位老人送上生活食品,并致以真诚的祝福。志愿者邹伟东回忆道:"其中一位姓郭的老爷爷让我印象最深刻,我听说他是当兵出身,就给他敬了一个标准的军礼,并告诉他自己也当过兵。听到这老爷爷瞬间表现得有些惊讶并带有几分喜悦,好像找到知己一般。我快步过去,老爷爷主动伸出手与我握手,并与我热心地交谈起来,分享着他在部队的人生经历,不断用例子来给我们讲人生的道理。"

　　据悉,郭爷爷是退役军人,晚年中风,行动有些不方便,虽有儿女,却长期在外地打工,一年难得回家一次。家中还有一位 96 岁的母亲要照顾。郭爷爷说:"现在生活艰难,子女赚钱不容易,我们老一辈的自己能照顾自己,不生病，不拖累子女就好。"听到郭爷爷的回答，大家都意想不到，深深感受到郭爷爷对子女的爱。"你们这些大学生也该多回家看望一下父母。"郭爷爷别有深意地看了看志愿者们，眼神凝重，突然吟诵起："慈母手中线，游子身上衣。临行密密缝，意恐迟迟归……"吟完后，泪珠在老人的眼眶里不断打滚着。全场安静下来，看着郭爷爷，所有人欲语又止。

  郭爷爷的内心反映了大多数空巢老人的想法，既想有子女的陪伴，又不想拖累子女，两者之间，他们都选择了后者。在郭爷爷的一生中，生命都是在奉献，年轻时奉献青春于家国，退役后奉献自己于小家，年老时却又为儿女奉献了自己晚年。在这孤寂冰冷的"空巢"中，他残阳暮年的生命却闪耀出了耀眼的光芒，但是他生命的归巢却显得那么萧瑟。次日，志愿者们继续展开探访空巢老人之路，分成2组走访当地各户空巢老人。

  一个炉灶、一块由几块砖头撑着床板、一把小吊扇和几个用盖子盖住的大水缸，这便是王光相老人的所有家当。进入屋子，沧桑的老人在空旷的屋子格外显眼，慢慢地挪动着他的步伐迎接志愿者们。

  据了解，王光相老人一直以来都是单身一人，唯一的哥哥也去世了。晚年靠着他的大侄孙子接济，王爷爷之前住的地方因为漏水，只好住在由他大侄孙子提供的地方，艰难地维持着生活。"你们下次来就不用带东西过来了，过来陪我坐坐就可以了，天这么热！"老人眼睛有点湿湿地说。王老爷独居几十年，听力又有问题，很少与人交流，最缺乏的是亲人朋友的陪伴，爷爷渴望的是有人陪他聊聊天，缓解内心的寂寞。

  "之前那个房子有修吗？"志愿者川惠问道。

  "自己都70多岁了，修了也住不了多久，不修了。"老人的目光望向天际的云朵。在老人看来，离开也许是一种对寂寞更好的摆脱。

  "你身体还挺好的，肯定可以活到100岁的。"川惠安慰道。

  傍晚，面煮好了，虽然没有餐桌，几个人坐在凳子上，一瓶酱油，一碗面条，不是最丰盛的，但对于爷爷来说却是最温馨的。"这顿晚餐大家都在笑声中度过，所有人希望时间永远停留在这一刻，陪伴老人聊天、陪伴老人吃面、陪伴老人度过剩余所有的时光。"志愿者说道。

  与王爷爷相比，70多岁的蔡爷爷彻彻底底地是一个人生活着。没有亲人，一支烟筒、一间屋子以及地上的每一根草都是老人终生的伴侣。没有收入的他，还患有鼻息肉，靠的是政府微弱的补贴艰难地维持着生计。

  看见老人家中杂乱无章，瓶瓶罐罐与各种垃圾遍布地上，志愿者们为老人清扫起屋子，一把扫帚，一个水瓢，几双手便开工了，力求为老人创造一个舒适的环境。

"大热天,你们也不用打扫,反正都是我一个人住,干不干净有什么关系呢?"老人苍老的声音发出。

志愿者芬芬说:"爷爷,你就让我们帮你吧,打扫干净也方便你走路呀。"

一个多小时过去了,志愿者们在黑暗不透风的屋子里早已经大汗淋漓,汗水打湿了整件汗衫。看着志愿者辛苦地打扫着房间,老人眼睛早已打湿,脸上露出更多的是感动,叹了一口气,说:"像你们这种放假了,还来陪我们这些老头子的学生已经很少了。"

说完,老人深深地吸了一口烟,一缕缕青烟从老人的口角中逸出,飘向天边。

连续数天,"红土情"志愿服务队16名队员陆续探访了客路村当地的空巢老人,并送上米饭油盐等生活必需品,给予老人最大的帮助。"你在广州的上下九还有深圳会看见许多会讲雷州话的人,他们很多都是从我们这里出去的,这里穷,他们就跑去外地打拼,只留下这些老人独守家中。"一个老人说。

老人言语中的落寞,如一把沉闷的大锤直击胸口。他们需要的是陪伴,他们生命中的最后一段应该是含饴弄孙的热闹,而不是孤寂凄冷的空巢。他们生命的归巢不应是这样的。

乌鸦会反哺,人间更有真情。空巢老人长期孤身一人,寂寞的心灵经常寄托在远方。陪伴是最长情的告白和心灵最好的安慰,他们需要的是大家一点点、无私的、持久的陪伴。社会各界人士的每一点关爱汇聚成一处,终究结成一根手杖,搀扶着这些曾为祖国付出过的年迈大树,重铸空巢心灵。让他们的生命从此归巢,归有莺莺燕燕之声的巢,而不是只余呼呼风声的巢。

人鱼的悲伤(节选)

朱诗润

不知道为什么,这几天,我都在做着同一个梦。梦见同一个场景,同一片海域,在布满白色柔软细沙的岸边,一块突出海面的礁石上,留着一头淡金色头发的人鱼姑娘,倚坐其上。银白色的月光在她身上恰到好处地晕染出柔和的色泽,空气中微微弥漫一股来自海洋的特有的气息。她在哼唱着一首我捉不准音符的歌。眼前的影像开始模糊,歌声戛然而止……

而后的某一天晚上,我又在梦里再次见到了她,这一次她的轮廓开始清晰。她的蓝色水波般的瞳孔灵动如同大海一样深邃,却似乎夹杂着些许不可知的悲伤,突兀地透过眼神传递过来,她仍在歌唱,字里行间流露出哀恸,面对我的呼唤她没有回头。

那一晚,没有月光,她身后的那片水域,无声起伏的黑色的巨浪,在地平线上爆发出沉闷的力量。

后来的夜里,乌云密布,世界陷入一片漆黑里,百丈高的海浪咆哮着,怒吼着翻涌而来,仿佛企图淹没整个世界,大海在发怒,人鱼姑娘没有出现,沙滩上有她出现的海藻,她曾告诉我,如果有一天她不在了,含着那些海藻,便能去到海底,找到她。大海需要拯救,人类需要救赎!但她希望这一天永远不要到来。

由不得犹豫,我含着海藻,来到海底,海水浑浊不堪,泛着灰黑色,逼仄得难受。

由于视线受阻,我无意撞到了一个有鳞片的物体,原来是条小丑鱼。他告诉我,不久前,一艘巨型货轮的燃油泄漏了,他要赶去带领居民们迁往安全地带。由于好奇心驱使,我尾随而至,那里的海面上漂浮着一层黏稠的淡黄色液体,许多海底的住民因为呼吸不到新鲜空气,窒息而死。小丑鱼还告诉我,由于人类的过度捕捞,他的同伴们急速锐减,如今的海底世界变得危机重重,每天他们都面临着失去生命的威胁与失去亲人的痛苦。这片海,悄悄地稀释刚刚溶入海水的石油,这片海,正默默承受着无限制的疼痛。

我跟着小丑鱼一起参加了一个追悼会:在不久前,有一群鲸鱼搁浅在沙滩,决绝地选择了集体自杀。因为再也无法容忍人类变本加厉对海洋的侵犯,他们想以死警醒愚昧无知的人类!

而后,小丑鱼领着我找到了人鱼姑娘,原来她是海的女儿,海底的公主。她憔悴的面容告诉我,她,生病了。因为不再美好的环境,使她身上的鳞片已经被侵蚀得所剩无几,苍白的皮肤裸露着,毫无生气。

我迫切询问道,"难道没有办法可以拯救鱼群,拯救海洋?"

她回答,"大海已经怒了,除非能让人类听到我们海洋生命的呼唤。我有个方法。"

我欣喜若狂,"什么方法?"

"三个月,让海洋消失!"她轻叹一声,继续说,"只有这样,才能让人类意识到海洋生态的重要性,才能让人类体会到真正所谓的唇亡齿寒。不过……"

"不过什么?"我问。

"我需要你的帮助,需要你持续将我们海洋生命呼唤的声音带去人类世界。"

"没问题!"

后来的三个月里,海洋凭空蒸发,曾经海洋深处的陆地显现出来,纯粹的沙石,全然不见海洋曾经存在的痕迹。没有了海洋,整个陆地似乎失去了滋润的甘露，变得干瘪而残缺。世界各地都处于更加燥热与干渴的境地，雨不下了，仅剩的水资源也将被蒸发殆尽，植物干枯了，自然系统中的生态平衡也正面临新的更大的危机……没有了海洋，整个世界垂死挣扎着，举步维艰。地球不再是蓝色。人类后悔了，人类骚动了，海洋环保行动了，人们纷纷开始保护仅剩的河流、湖泊；循规蹈矩地开始植树造林，并研发了一套完善的"三废"净化系统；每个人都悉心照料自己赖以生存的这片天地，从自己做起，从身边的小事做起，整个地球欣欣向荣。

期限的最后一天，海洋又如消失的时候一样凭空出现了，陆地上的生物欢呼雀跃，尽管不知前因后果，但是，海洋回来了，蓝色又回归了眼眸。整个世界都成了水蓝色，淡淡的咸味将鼻息包围，空间变成流动的，久违的世界，有海的世界又回来了。在视野的中心，人鱼公主向我迎来，鱼群尾随着她，水草和珊瑚四处飘摇，与海共舞，小丑鱼也摇身一跃，仔细一看竟是一条五彩斑斓的热带鱼。人鱼公主笑靥如花，她的淡金色长发越发迷人，鱼群转着圈舞蹈着，公主的尾翼是开在深海的最耀眼的花朵，她的临近如同梦境，睁开眼睛，也是在她制造的梦里清醒……只是有一只鱼调皮地咬动着我的衣摆，回转身……

"醒醒，怎么睡着了还傻笑呢"同学拽着我的衣角轻声唤醒我，我揉揉惺忪的双眼，打开微信，妈妈发来家乡观海的小视频，听，海浪声多美啊，美得深沉美得雄浑美得深刻。海在指引我们思索过往的沙滩，听大海演奏如泣的慢板，心受着自然的熏染……我得完成对人鱼的许诺。

我执起笔，奋笔疾书……

寻觅

陈思涵

我始终无法停下寻觅的脚步，每每午夜惊醒，身边回响起陌生又熟悉的声音，心仿佛才有了跳动的感觉。

十年了啊，多少意难平，终究是失了棱角。我追寻的，不过是一个远去的身影，一份可有可无的答案，和一次一劳永逸的救赎。

鲜活的生命在一次次的等待与失望中蜕了色彩，只剩下机器"滴滴滴"的声音。微微地动了动嘴唇，无力又无奈地笑了笑，眼中仿佛在努力地诉说着这短暂的一生。无法说尽的爱恋与疲倦，终是伴着无奈，远远离去。世界仿佛安静了，长久以来的欣喜，在那一刻，烟消云散。

我们都争不过命运，是吗？生命，有时不得不让人唏嘘，它好似不太公平。有的人努力抗争，有的人浪费蹉跎，可结局有时却是惊人的相似，或是截然相反。不满，无奈，可更多的是无力感，是不知所措，是躲无可躲的恐惧。

有时，是真的想放弃了，但，路上行人匆匆，而我没有带路人。或许再见面，没有了爱，也没有了怨，只剩下你的坦然，我的不安。

"阿然，我们也养一只猫吧！"彼时还是少年的稚嫩声音传来，我抬了抬头，正对上一双笑意盈盈的眼，没有多年病痛的痕迹，没有苦苦挣扎的痛与纠缠，一切，仿若没发生过。这，竟是梦？我陷入了无休无止的困惑中，在现实与梦境中翻越，无眠。

后来，我遇见了一个人，好像是一位医生，他也养了一只猫，叫小白。我们聊了很多，他能理解我心中的想法，大概，我们可以成为朋友。朋友？我和你起初也是朋友，然后，事情变得有点复杂，我大概是懦弱又贪婪，只能一面深入，一面远离。所以，代价便是永久的失去。

我摸着小白的头听医生朋友讲故事。他说，一个换一个。我听着听着，讲着讲着，便睡着了。醒来的时候，医生朋友笑着看了我一眼，没说什么，我却很惶恐。小白冲我伸了伸懒腰，我不禁笑了笑。

突然想到当时你养的猫生病去世的时候，你泪眼朦胧地对我说："阿然，你说，生命怎么这么脆弱啊！"其实，我也想知道。像是有谁在主宰似的，谁都逃不过。你信了，我却不信，所以，你得到了坦然，我却一直在寻找更能让我信服的答案。

医生朋友说，生命就是这样，并没有真正地永生，我们活这一遭，不过是匆匆。或许会留有印记，但终是会抹去。我始终不愿相信他的这种说法。

最近，我和医生朋友聊得越来越多，我甚至能感受到争论的喜悦，像是久违的温暖。小白每天都懒洋洋的，但很乖，乖得竟让人有些舍不得它。

我曾经无数次地想，既然找不到答案，那不如不找了，找到你便好了。可那样，你又会不会怪我呢！现在，我有了新的牵挂，不舍便也逐渐蔓延。于是，我一边恐慌，一边兴奋。

医生朋友说，生命美得像一首诗，他有最美的韵律，虽然时时不由己，但并不能掩盖他美好的本质。真是这样吗，那为何像你这样美好的生命，却丢失在与时间抗争的小路上？而我，却苟延残喘。不解，困惑，答案，永远呼之欲出，却又扑朔迷离。

变故发生得很突然。那天，我在过马路要去诊所的时候，小白跑出来找我，汽车飞驰而过，那一瞬间，我仿佛看到小白凝固的笑脸，那张脸，和你养的猫重叠，甚至，在那瞬间，我看到了你的脸，白衣少年对着我，笑靥如花。

我好像忘了呼吸，忘了心跳，好像，找到了你。

那一刻，我突然想起了什么。医生朋友其实是陪伴我十年的朋友，也是我的心理医生。而小白,其实便是那只早已去世的猫。这十年,我竟一直活在一个梦里,不敢,也不愿醒来。

如梦初醒。

如今,我已不知我一直的寻觅有何意义。答案其实并不重要,一切,只是存在着的未知,永远没有尽头。或者,有尽头,而尽头处,是无尽的荒诞。

平稳了呼吸与心跳,我感受到了前所未有的坦然与喜悦。

你的模样,一下子在我的脑海中清晰。

罢了,我已不想再追寻。现在,我宁愿等待一切消失后,看看是否存在另一个世界。

生命的奏章

黄海婷

这一曲,或似呢喃,抑或激昂,或似萧萧,抑或酣音,都是曲中的调子,都应细细品读,认真领会其中滋味。

春之呢喃语

小嫩叶挣脱了芽苞束缚,崭露头角,悄悄地在观察着这个世界,使得本来光秃秃的树都装扮上了嫩绿色,一派春意盎然的景象。芽苞被撑开后掉落地面,伴着绵绵春雨,一时竟分不清是雨声还是花苞落地声,远看竟似春雨打落了花瓣。初生的小芽也挣脱泥土和石砾的束缚,在这满园春色的地方舒展身姿。

而屋檐下却无意于满园春色,他焦急地等待着他第五个孩子的诞生。为了这一个孩子,他倾尽所有,不惜辞去了国家分配的工作,就算要缴纳高额罚款也在所不惜。如今仅仅靠着农耕为生,生活很是拮据。不仅如此,在计划生育政策执行异常严格之际,要躲开搜索盘问,可不是易事,哪偏僻就往哪走。尽管是这样,他仍然不后悔,因为这些都抵不过他想要得到一个儿子的念想。一声啼哭传来,房门打开了,他赶紧迎了上去,便听得稳婆报喜,说是诞下一名男婴。他欣喜若狂,心想:皇天不负有心人呐。倘若这一胎仍不是男孩,还不知道该如何打算,他实在没有精力再去躲躲藏藏了,更没有能力再抚育多一个小孩,好在上天眷顾,他终于有儿子了。他欣喜地接过儿子,如获至宝,还替儿子取名为东来,寓意紫气东来,他坚信,这孩子将来肯定会有一番大的作为。

芽苞仍在开放,小芽也仍在突破泥土,它们似是在呢喃,仿佛还在商量着如何为这园子多增添春色。

不知不觉,小东来已经三岁了,他最喜欢走到树枝下拨弄那些被春雨打湿的嫩叶了。可是没过多久便听到父亲的呼唤，叫唤他回去背诵古诗，小东来只好郁闷地往屋里走了。就算东来已十分聪颖，可父亲却从不满足。小东来有些心不在焉，看着窗外的嫩叶，他突然有些羡慕，羡慕它们的朝气与活力，只可惜，那都与他毫无关系。

夏之交响乐

夏天来了，树上的知了撕破了喉咙叫喊，誓要一决高下，可在东来听来并没有激烈竞争的感觉，反倒是一曲颇有节奏的交响乐。如今的东来已经长大了，然而并没有如他父亲所愿，成就一番大事业，早已泯然众人矣。父亲虽然失望，但还是动用他所有的关系，给东来在家乡里找了个小职员的职位，工资不高，好在稳定，工作也轻松。东来却是不屑，他不愿一生都困在小镇，何况父亲从小就对他十分严厉，他心中对此不满已久，他下定决心远走高飞，终于，在一次与父亲的激烈争执后，他终于选择了远离这座小镇，远离父亲。

他心高气傲，想要在外好好打拼一番，可现实却给了他沉痛的一击。他来自农村，可偏偏又年轻气盛，不甘心干杂活，虽说父亲从小严厉，但向来都是捧在手里疼的，何尝受过这种对待。以致外出还没半年，工作都换了好几份。况且从小父亲便对他学业要求十分严格，还经常限制他与其他小伙伴玩耍，所以他对于人情世故尚懵懂，与大都市格格不入，举步维艰。几年之后，百般无奈之下，他又回了小镇，接受了父亲安排的职位，在外的经历早已磨去了他的锐角。东来再次回到小镇时已没有了似交响乐的蝉鸣声，飘飘然落下的几片叶子，似在预示秋天的到来。

秋之萧萧声

随着时间的推移，东来已步入中年，变得成熟稳重多了，也没有了当年要闯荡江湖的志气，肩上的担子越来越重了。俗话说，人到中年万事忧。如今的他，既要担心子女的未来，又要照顾生病的父亲。父亲自中风后就变得神志不清了，时而清醒，时而痴傻，失去了自理能力。偏偏母亲与父亲向来不和，自父亲生病后，母亲就对其避而远之，重任就落到了东来身上。父亲还会时不时地跌倒，抑或是大小便失禁，很多次他都在上班时间被叫回家中照理父亲，同事怜悯的眼神以及上司的提醒都让他几近疯狂。终于有一次，他爆发了。父亲变得越来越糊涂，经常在吃饭的时候大小便失禁，而且他就在身边，也没有叫他带去厕所，加上长久的照顾让他筋疲力尽，失去耐心，他一脚踢向了父亲的小腿，大声责骂着他，再也没有了开始时的好言相劝，而是恶言相向，拳打脚踢，好像父亲以前对待年迈的爷爷一样。

从此家里谩骂声不断，他也日渐疲倦。听着那萧萧落叶，他仿佛听见了叹息声，更显悲凉。落叶在空中打着转，怕是并不想离开这树干，如他一般无奈，如他一般孤独。日渐刺骨的寒风提示着冬天的到来。

冬之酣睡音

一切都比不上岁月，冬天悄悄地来了，东来也已行将就木了，没有了经济收入，他在家中也就没有了说话的权利，战战兢兢，逆来顺受，生怕自己遭到子女的嫌弃。就像当初他对待病中的父亲，这一切得到了沿袭，如今他也得到了这样的待遇，他现在只希望能安安静静地过完剩下的日子，也渐渐懂得当初父亲眼里饱含的委屈与悔意。

在这冬天里，万籁寂静，光秃秃的树丫，除了那凛冽的风声，似乎就剩下动物们的酣睡声了。说来也奇怪，人到了老年，睡眠的时间反倒是越来越少了，可能是想要人们好好珍惜这剩下的一点光阴吧。最终，东来在一个寂静的冬夜与世长辞，结束了这一生。

这一生，或卑微，或坚强，或平凡，或激烈，都将落下帷幕，成为终章，归于平静，不管是何种方式，都是值得去认真体会的经历。

生命这么糟糕，活着就好了啊

刘晓敏

我一直认为活在世上的人，本质应当是愿意生，愿意活。

不知道什么时候，因为抑郁症、情感障碍等疾病引起自杀，频繁地出现在生活中。那些整夜整夜辗转反侧，困到死也无法入睡，那些埋在内心深处的痛苦，却只能表现出我很好，我没关系。那些敏感脆弱的神经，那些走不出来的阴影啊，随时随地都可以掉下眼泪来，不能释怀。已经哭过很久很久，心事再多，连眼泪都懒得理会悲伤，自己悄悄地往身体里面流，往血液里流，血液在身体里循环几次，沾染了更多的悲凉和绝望，回到心脏。到心底最深的位置侵蚀，腐烂变成黑色，黑色的血液里长出恶心的虫子，虫子又淹没在黑色里。

那些痛苦不堪的黑夜和终于熬到天亮的庆幸，怎么能叫人活下去，这要怎么活？

不会，他们会给你否定的答案，他们会告诉你，生而为人，我很抱歉。所以放弃生命于他们而言，是不受世人理解的所谓的正确的选择。

我不去评判对错，其实每个人都有对生命的处置方式，不由旁人决定。但还是想告诉不想活的人，人到人间一趟，总要见见太阳。请你，哪怕多看一眼太阳，多和一个人说话，多和任何事情产生一点羁绊，都有可能让你对生命多出一丝丝的期待，然后带着这一点点期待，再去找更多的生命的理由。你看，你坚持多一点，理由就多一点，本质就深一点，活得就久一点。人不都是这样的吗，一边抱怨一边生活。说不想活的是你，说我可以元气满满的也是你，大家都有不愿意面对的过往，你若是能偶尔离开自己的精神桎梏，去转转人家的世界，说不定那个人比你还惨呢。

你觉得你太痛苦，是越珍视越不能忍受不完美，越在意反而越极端。所以呀，你怎么忍心放弃，自己如此看重的事情。

不要放弃生命，不放弃就足够了，你可以选择痛苦地活着啊，谁说痛苦就是不该的，如果实在不能快乐那就去痛苦，如果实在不能达到目标就放弃目标，能活着就是一种勇敢，更何况是对于一个千疮百孔的心灵呢？你可以很勇敢，可以选择和不好的回忆和阴影共生。

更不要说这世上无数的未知你还没见过，无数的可能正在等你创造。你可曾见过春日里小黄花开遍山野，可见过夏日里溪水涓涓，可见过秋日里落英缤纷，可见过冬日里阳光也冷冽？活着才能见到。

你是否看见，你的家人正在马不停蹄地工作，就是为了给你一个温暖的港湾。朋友发自内心的真诚和善意告诉你我们去散步如何。路上的流浪猫正可怜兮兮地看着你，告诉你，它需要你。活着就会看见。

你要不要试着真心去对待身边的人，要不要试着主动交一个朋友，要不要为你的妈妈倒一杯水，要不要在微信上和你暗恋的那个人说一句"你在吗"。要不要考虑走进医院，去找一个心理医生，把你这么多年受的痛苦做一个了结。

到时候你就会发现，天啊，我什么时候拥有了这么多的璀璨的财富，我有爱我的家人，呵护我情感的朋友，我甚至能拥有对爱情的期待。我能在微博上看见得了白血病的女孩还能乐观积极，然后发自内心地相信我也可以。

谁知道呢，你还能在你决定勇敢生活之后找到梦想，找到为你所爱的事业并为之奋斗，然后怎么都不会累地为这些事发光发热。

亲爱的，这些都是你勇敢生活的命运的馈赠，就好像去商场买东西送的小礼物，虽然比起你自己买的东西不值一提，但却是实实在在的小确幸。但前提是，你要满怀希望地走进商场，去选一件合适自己的，美轮美奂的衣服。

还是那句话，能活着愿意活着，就是生命的真谛。平凡如你我，能不放弃而勇敢地活着，本身就是伟大的事情，值得你用一辈子去感谢自己。所以请你，务必活着，能做到的话，就试试如何好好活着。生命的意义或生或死，但若能生，便不要死；若要死，起码尽力生活过。就像《老友记》里莫妮卡对瑞秋说的，"欢迎来到现实世界，它糟糕得要命，但是你会爱上它的。"

泥 鳅

叶 慧

晨雾初起,粤北的早春寒意尚未褪尽,山脚下那块小方田上,一个瘦小的身影正弓腰卖力地锄着地。不远处,一头老水牛正悠闲地啃着鲜嫩多汁的青草,不时像炫耀般地甩一甩那短短的尾巴,那锄地的主人偶尔抬头看到它这副悠闲模样,嘴角就扯开了,露出那被肤色衬得洁白的牙齿。

当晨雾散去、太阳慢慢从山的那头爬上来,原本平整而板结的土地大部分已经被翻得像敞开肚皮那般,开始散发出泥土的清香了。他简单收拾一下,便迈开步子匆匆往家里赶去。

推开门,老父亲正念念叨叨地给儿子洗脸;媳妇坐在一旁梳着头发,看到他一进来就开心地笑了;老母亲不在,看来又是出去种菜或捡柴火去了。一头钻进厨房,他开始张罗早餐,望着锅中那腾起的烟雾,泥鳅不禁陷入对往事的回忆中……

20世纪60年代末出生在农村,为了好养活家人给他取小名——泥鳅。那时家中虽不富裕,但父亲年轻能干,母亲勤劳贤惠,生活其乐融融。

20世纪90年代中期,泥鳅娶了个漂亮妻子。妻子是城里人,不顾家人反对坚决要嫁给他,不久后生下一子。本以为儿子的降生是幸福生活的开始,却不料成了噩梦的预告。

小家伙刚出生时又白又胖,让人喜爱得不得了。他们给他取名阿诚,盼望他长大后做一个讲诚信的正人君子。然而阿诚长到一岁多时,家里人却发现一些异常,一般的孩子这个年纪都该学会叫爸爸了,但阿诚却什么也不会说,任别人怎么逗他都只是顶着脑袋流着口水呆呆地望向别处,眼神里不见喜怒哀乐。家里人慌了,泥鳅心里咯噔一下想"该不会是个弱智儿吧",于是抱着他四处求医,但上至大医院的名医、下至名望颇高的赤脚医生,都对他的"傻"束手无策。一次阿诚发高烧,家里人没有及时发现,阿诚"烧"成了彻头彻脑的傻子。

阿诚变傻犹如一根导火索,一下子引爆了这家人敏感的神经。

自尊心极强的老父亲直接气疯了,当初儿子娶这城里媳妇时他就没少遭亲家的白眼,现在又生下一个傻孙子!疯掉的父亲行事怪异,见着路人就扯开嗓子骂,甚至随手捡起石头胡乱砸,泥鳅因此经常受到邻居的告状。

媳妇本来就还没有适应农村的艰苦生活,一看儿子傻了、父亲疯了,自责加上悲伤使得她也变得疯疯癫癫的了。处于疯癫状态的妻子不再照看小孩和干家务活了，只是整日坐在门口梳着如枯草般凌乱的头发，看见来人就笑。

原本就不高大的母亲，随着年龄渐长变成了袖珍人，站起来还不及一个六岁的小孩高，家里一系列的变故，使得她愈发苍老了。很多事情她想帮儿子分担却力不从心，只能每日出去种几棵菜、捡些柴火，偶尔照看一下孙子。

最后，只剩下泥鳅一个"正常人"。

泥鳅老实憨厚，不怕苦不怕累，很多体力活人们都愿意包给他干，但微薄的收入只能勉强喂饱一家人。给阿诚治病的钱，大部分要靠社会上的热心人士和慈善组织帮衬。泥鳅起早贪黑地忙，干完工地里的活就赶紧到田里照看庄稼，忙完地里的活又赶回家照顾家人。村里有人看他这样辛苦心疼他，其中不乏"进谏者"，说："阿诚的病是治不好了，你找个机会把他丢到深山去，留着没用！傻老婆就送回娘家，你再娶一个！"泥鳅红着脖子回他："谢谢你的好心！儿子是我生的，老婆是我娶的，他们怎么样我都不嫌弃，我养着！你以后别再说这话了！"

泥鳅说到做到了。

傻子阿诚成了村里的名人。不论春夏秋冬他都光着脚在跑，每到一处地方必奔向那人人避之不及的垃圾池，然后用他那挖掘机般的双手胡乱翻、刨，见到吃的便往嘴里狂塞，那模样颇似丧尸在吃人肉。此外，他还喜欢光着身子跑国道，跑到尽兴时还在马路中间即兴来一段自创的裸身舞，这让沿路而过的司机很是头疼。村里顽皮的小孩经常驱赶嘲笑阿诚，他们故意把家里吃剩的食物丢给他，看着他捡起来吃；胆小的孩子则一看到他光着身子跑过来便吓得哇哇大哭。

对这傻出了名堂的儿子，泥鳅除了在他发病严重时迫不得已将他锁在家中之外，从来就不限制他的自由，而是任他跑。天黑时如果阿诚还没回家，他就骑着那架老式自行车去找他，找着了，轻轻帮他擦干净脸，再哄上车。如果遇上有小孩欺负阿诚，他会凶那个孩子，并威胁说要告诉他家长，把那小孩吓得赶紧跑。

对疯疯癫癫的妻子，他没有丝毫的嫌弃，偶尔还用自行车载着她去集市买菜，两个人就像初恋的少男少女，既甜蜜又羞涩。

或许是老天也觉得自己有些过分了，所以在某些方面想补偿他，比如他养的鸡就是村里个头最大的。在河边洗衣服的时候，有邻居问他："我看你家的鸡养得好，能卖我几只吗？"他语气里瞒不住骄傲地说："不卖啦！留着自家吃！"那种感觉就好像他刚刚征服了世界上最高的山峰。

偶尔有政府领导来探视慰问，他也十分的淡定，与人交谈时不露丝毫的卑怯。因为在他眼中，大家都是平凡人，没有高低贵贱之分，只是每个人生活的轨迹不同罢了。他的家人虽然都"不太正常",但他们也是万千平凡人中的一个,他们只是用不同的方式过着与别人不一样的生活,任何人都不应该去嘲笑他们,鄙视他们,甚至怀疑他们的生命价值!

门外,老父亲一口气没喘顺咳嗽了一声,泥鳅不禁加快了手上的动作,吃完早餐得上工地去,忙完手上这点活就该开始春播了……

白色希望

郑开巧

"你姐夫有点贫血,红细胞偏低。医生说有可能……"

四月下旬的夜晚,刚跑完步的我收到姐姐的信息。四月的风湿湿的,有点闷热。坐在操场的观众席,我用着仅有的临床知识去和姐姐解释可能引起红细胞偏低的原因,并安慰她调整好心态等待进一步的检验结果。人遇到不好的事情,总会不由自主地去祈祷——我站起来,望着夜空,对自己说了句不会有事的。

很快,姐夫的体力急剧下降。脸色苍白,八楼的出租房要歇几遍才能勉强爬上去。犹记起以往的每个夏天,我们俩每次出门回来都揽着大包小包一口气冲到八楼,喘着气对彼此傻笑。

"五一"之后,姐夫身体情况有所好转。地方医院的医生说只是支原体感染,心里的一块石头总算放下。出于健康考虑,在姐姐的再三劝导下,姐夫决定去广东省第二人民医院做一次系统的检查。然而,谁也没料到,这一去,就是四个多月。

"你姐夫得了白血病……"

揉着午睡迷糊糊的双眼,我始终不愿意去相信姐姐发来的这条信息。那天下午是内科学的实习课,背着厚厚的内科书,头却很重。三个课时,老师在讲台分析着各种病例,我没有听。第578页的白血病章节仅有的七页纸就是我的全世界。"不经特殊治疗平均生存期仅3个月左右,短者甚至在诊断数天后即死亡",书本的描述很残忍却又那么权威,我不知所措。

终于等到下课铃声,我迫不及待,希望老师可以给我一个相对乐观或者可以看到希望的答案。可是没有,老师很委婉,给我讲了很多前沿性的治疗方法。但是"人财两空"的字眼还是从他的口中溜出来,我头皮发麻,颤抖的双唇使劲挤出一丝微笑、点头,我想结束这次谈话。

我不知道如何安慰姐姐,我告诉她要坚强,一切都会好起来;我告诉她要相信当今医术的发展水平,一定可以治疗;我告诉她我问了老师,老师说接受治疗会治好的。我没有告诉她，最残忍的结局，在我耳边反复起伏……

急性非髓性淋巴白血病！无疑，内科学是这世界上最悲惨的剧本，尤其当这个剧本写进生活，却不是戏。我倒希望这是一场戏，最起码可以撰写满意的结局。

五月中旬，医院血库Ａ型血告急，姐姐在微信朋友圈发起了募捐血液求助。在转发后的一个小时内，身边的同学、朋友纷纷帮忙转发，并收到不少同学的短信、电话。坐在教室里的我，望着窗外，红了双眼。因为感动，更因为内心的呼唤——姐夫一定要好起来！

初二那年认识的姐夫，之后的每个暑假基本都和姐夫、姐姐一起度过。在我的求学与成长的过程中，姐夫是我最重要的引路人。中考、高考、大学，一路走来，他教会我自信、教会我担当、教会我勇敢面对生活的磨练、教会我始终拥有梦想和激情。你说过你要和姐姐、甜甜一起来参加我的毕业典礼，如今我大四了，姐夫你的诺言不能失。

化疗的痛苦，只有姐夫自己知道。曾经坚实的手臂因为大剂量输液留下了一块块淤青。日益掉落的头发，让曾经俊朗的姐夫显得格外憔悴。站在无菌病房，透过透明的隔离床帘，我不敢和姐夫对视，他的眼神带着一丝哀求，是化疗的痛苦，也是一个男人内心的无助。治疗的过程，无论身心，都是一个巨大的打击。每天的巨额医药费、每天躺在病房用药物抵抗着疾病，生命在这一刻竟然如此脆弱。也因为这样，姐夫第一次提出了和姐姐离婚，两岁半的女儿跟姐姐。我甚至不敢相信姐夫会作出这样的决定，他是那么爱姐姐、那么爱女儿，那么珍惜这个三口之家！毋庸置疑，姐姐不会放弃，也不可能放弃。我看得出她哭过了的双眼，但是她在每个人面前都是笑，使劲将哭肿的眼睛笑成一条线。

广州的街道，我牵着姐姐的手，紧握。

二号楼十四层是广东省第二人民医院的血液科，这里的整个楼层都是血液病患者。每张病床都是一个家庭的不幸，每个患者都在顽强书写此生与血液病的抗衡故事。你可以看到医务人员日以继夜的忙碌，你也可以看到家属没日没夜的悉心照料。这里有无奈的患者插满管子躺在床上、这里有无数个疲惫的背影始终在守候；这里有红肿的眼袋、有在楼梯转角偷偷抹去的眼泪；但是，你一定难以想象，这里到处都可以听到笑声！这份笑声来自医生护士对病人的鼓励、这份笑声来自家属与家属间的互相加油鼓舞。这里的每个人，都有一样的目标——活下去！他们讨论的不是能不能治愈，而是治疗到了哪一步，下一步要准备什么；他们担忧的不是生活该如何继续，而是每一天都尽力给床上的家人准备最好的食物、最贴心的呵护。

戴着口罩，看着眼前发生的一幕幕，我笑了：这里的人一点也不悲伤，这

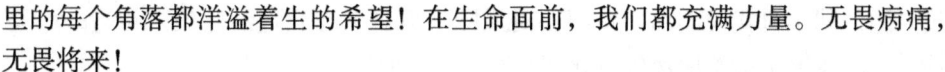

里的每个角落都洋溢着生的希望！在生命面前，我们都充满力量。无畏病痛，无畏将来！

"骨髓配型全相合。"

六月二十八日，我清楚地记得这一天。我结束了内科学的期末考，是的，这本不想再看到的剧本，我要和它说再见了。走出考场，我看到姐姐发来的信息，我激动不已！这条信息是希望，是治疗的分割点。之后的治疗，化疗依旧痛苦，在移植仓内的半个多月也让姐夫几经抑郁。所有的风风雨雨，在哭过、坚持过后，终将幸运地发展成为想要的模样。

八月二十五日下午，姐夫从移植仓转入普通病房。九月十四日姐夫正式出院，回家过了中秋。

骨髓移植是目前治愈白血病的唯一方法，虽然之后还要面临着排斥、定期回院检查、终身服药等问题，但是每过一关都是一次希望。生命的存在，就是历经磨难和抵抗磨难的过程，只是生命把白血病这份磨难加在姐夫身上。我知道，姐夫一定会勇敢地走下去，我也知道，所有的经历最终都会成为我们生命中最宝贵的财富——不离不弃、积极乐观、满怀希望！

愿每一位正在面对磨难、面对疾病的朋友，能把不幸转化为坚持下去的动力。生命的美好在于，不管经历什么，我们依然坚定笑着去面对；生命的真谛在于，纵使前路迷茫，我们始终满怀希望；生命的意义在于，无论是喜是悲，我们都能仰望星空给自己爱的力量！

后记：距文章撰写已经过去了一年时间，姐夫已经恢复了正常的生活，开始重新回到工作岗位。在过去的一年里定期回医院检查、服药，期间因受激素药物影响精神崩溃数次，幸运的是都坚持下来了。现在仍在接受移植后排斥问题，不过一切都在慢慢回到正常状态，很辛苦，但始终坚持！坚持相信风雨过后终将见到彩虹；坚持相信山路崎岖过后终将拥抱大海；坚持相信，每一步的艰辛过后终将会是不留余力的开怀大笑！

谨以此文献给正在与疾病抗争或者面临挫折的朋友。在路上，我们无所畏惧。

行走·拾遗·在人间

郑嘉怡

行走

"你爸爸呢？怎么没来？这可是高二下学期的家长会啊！"心中响起刚刚经

过身边的同学对我说的话，我很不是滋味。孤身坐在教室的座位，身边一个空椅子，这张椅子上本应该坐着我的爸爸。

焦急、不安还有埋怨充斥着我的脑袋："爸怎么还没有来？不是说好了家长会的时间嘛，是不是路上发生了什么事？不不不，对于这种场合他一向都是迟到的……"我嘀咕着，竟觉得有一丝丢人了，看着那些早早来教室陪伴自家孩子的父母，我压抑着脑海中泛起的强烈反差。

不错，从小到大，我的家长会总是以爸爸的迟到为开场。

突然，肩膀被人轻轻触动："你的爸爸来了，快去迎接他。"是班主任的声音，来不及应对老师，我的心已经飘向门口，映入眼帘的是熟悉的身影。这一刻。所有的焦急、不安、埋怨全部消失——它们都不及此刻看见爸爸的欣喜。

我已经不记得老师在家长会上讲了什么，甚至认为别人说得再多都比不上爸爸能坐在我的身边陪我度过这紧张的几小时来得美好。他的出现像定心丸，更似强心剂，对他的依赖随着成长而增加却也越藏越深，他对我的关爱与日俱增却越发显露。

家长会的落幕是一段路。

从校门口走到公交车站一路上没有红绿灯，我们却牵手走完了这一段路。

爸爸一只手拎着我的书包，"考到什么名次都不要紧，重要的是对得起自己……"说着，另一只手紧紧地握住了我的手。爸爸的手很大很温暖，我留恋这种感人的温度。能够在无数次走路时牵起爸爸的手，比我拿到好成绩更令我骄傲，这也许是作为一个孩子最骄傲的事情。多少父母在孩子年近二十的时候仍能保持着最初对待这个新生命时候的感情呢？

"为什么我没有弟弟妹妹？或者哥哥姐姐？"我轻声问爸爸，这或许应该从更幼稚的我嘴里说出来，但我却把这个问题藏到了年近二十，爸爸摸摸我的头，叹气："唉，这个问题你长大就会知道了。"仿佛触碰到禁忌，我沉默着。

21年前，在他于深圳打拼的初期，一个与他有着紧密联系的新生命——我，忽然降临，打乱了他的生活。也许他有想过为了他的事业，不给我来到这个世上的机会，但是他更愿意承担起一个男人最难以承担的责任——成为一个父亲。当爸爸第一次捧起刚出世的我时，究竟是什么心情呢？是不是也比想象中的来得重？我在他未来近二十年吃他的、喝他的、花着他的血汗钱，他从不厌烦，想要的生活他都能给我。我以为爸爸的迟到是不关心我的表现，却忘记了他的忙碌和打拼何尝不是为了家庭的将来——爸爸的爱是超人的爱。

我们就这样走过那一段路，牵着手却让心得到依靠。时至今日，无论是多少次与爸爸一同出行，他仍然会这样做，每一次，都让我对生命心怀感恩，感恩这个男人让我有个爸爸，感恩他选择做我的爸爸，更感恩他承受了生命的沉重。

拾遗

  高三结束的那个时候，是我人生中第一次最接近死亡的那个夏天，也是感受生命最脆弱的那个夏天。

  我站在医院病房的门边，望着房间里妈妈熟睡的身影。耳边响起这几日接收到混乱的消息："手术切除""肿瘤""化疗"……

  妈妈患病了。

  几天之后，妈妈被送上了手术台。我跟爸爸两人在手术室门口紧张地等待。手术室外还有其他病人的家属也一同等待着。看着对方都是成群结队的亲人，还有接连不断的各种关心、安慰的话语，我心中涌出无限的心疼和伤感——妈妈在这里只有我和爸爸陪着她。

  在手术室门前，此刻生命的轻重被放大，所有情感和冲突都显得浓烈而清晰，充斥着每个人的内心，五味杂陈，却能够相互通过眼神触及心里最柔软的地方。

  我经历了等待手术结束之后，迎接我们的还有危险期的煎熬，我与爸爸像紧绷的弦，一刻不敢放松，睁眼到天亮，第二天等来了醒来的妈妈。一个星期之后，作为病人家属，我拿到了病理报告，随之而来的治疗是漫长而痛苦的。

  化疗的过程中，药物带来副作用让母亲难以忍受。可是与此同时，另一则噩耗传来：外婆去世了。远在千里的广西，有着思念的灵魂。我从母亲悲伤的眼神中看得出她的渴望，可是她的身体状况却不允许她远行，每每这时她就常常卧床倾听着我为她带来的新鲜事，试图捕捉一些耳熟的词汇，想象着过往如何存在，不能让生命就掉入这无限的空洞中，她知道为了这个家庭，她需要坚持。

  在孩子的心目中，父母总是一种强大的，可以遮风挡雨的存在。突然某一天失去了他们的遮蔽，才会察觉自己到底有多脆弱——觉得自己无能为力的时候，只敢在独自一人的房间里放声大哭，却在面对父母的时候告诉自己收拾好感情不要哭出声来。

  妈妈给了我别人不曾给我的爱，但随着年岁日长，我却渐渐忘了去珍惜，这份难得的缘。如今想起时，我已一只脚踏入成年人的行列，妈妈也老了病了。当永远长不大的小女孩又逃避现实时，她再也没办法保护我，妈妈能陪我的路可能就剩下一小段了。

  是时候理解"承担"两个字的分量，嘴唇一张一合，心中却倍感沉重。

  "时光不可能倒流，所以身为子女的我们，能够将父母像个婴孩一样地捧在手上，恐怕也就只有这个时候了。"

看着母亲苍白的脸，消瘦的身体，我心中不禁想起将来，若某天父母不在身边我是否能够承受那般痛楚？若未来我也老了病了是否也会是这般光景？我思索着生与死。也许会像文人墨客所写到的："想象着老年就是这样的：你的灵魂蜗居其中，格外容易知觉屋里什么是新修缮的，什么是旧的模样的。你的灵魂有时快乐，有时沮丧，有时甚至回到青春的激情与躁热中，然而这一切都不会被人瞧见。"

年轻的时候，常笑言："不怕死，只怕老。"更有甚者说："不怕病，只怕痛。"末了，却发现事实的真相是病和痛都可怕，而且越老越怕死。

对于生命，从老到承认老，还要迈过或长或短的时间，但，无论长短，痛苦和恐惧总是相依相随。

面对生命的流逝，我们是多么渺小，无法撼动时间的齿轮，我们能做的，唯有珍惜我们所拥有的一切。

在人间

深圳确实是个了不起的城市。旅人之城，游子之城。人们从不真正融合，而是带着各自的乡愁。在这里的人们需要区分"家"与"老家"。

我的"家"就在这座了不起的城市。在这里，每日都有许多人为了能够站稳脚跟、能有个"家"奔波劳累着。这不得不让我回忆起"家"的变迁。

于深圳居住的二十几年，搬家三次。从起初发展最好的福田到教育强区的南山，在南山内辗转，再到如今邻近东莞的光明。孟母三迁的典故耳熟能详，细想搬家轨迹，又何尝不是这般呢？父母决定的每一次搬家都优先考虑学校的位置，他们向来考虑最重要的是教育投资和我的人生轨迹，其次才是自己的发展。

终于如今我成年了，他们也可以长吁一口。想起前段时间老爸无意之间提起的事："女儿啊，爸爸想买一辆新车，试一试做滴滴打车的生意，还想要开个汽修店……但是……这些玩意儿看起来怎么那么复杂……爸爸觉得现在生活太清闲了啊……"

的确，依照他们的年岁，想要开始事业的第二春却有些力不从心了。作为他们的孩子，他们为我付出的太多了，我自然是支持他们的决定的。可是，我们不得不承认，生命到了某个年龄、某个阶段，很难超越自己不说，更难另起炉灶。既无法过另一种生活，也没有条件东山再起，还能对未来有多少期待？尤其是后浪推前浪，自己已被无情地遗留在时代后头。

在我看来，如果把每个人都看成一个生命的个体，那么父母通过劳动所得的资源应该由他们自行分配，不一定将大部分鸡蛋都放在教育的篮子里，除非他们认为这对他们、对家庭而言是有利于长远利益的，与此同时，也应留给自己发展的启动资金。

而我却将他们的给予看得理所当然，并且在较长的一段时间内还不能给他们相应的回报，尽管他们生养我并不贪图这些，我却急切地想要张开稚嫩的羽翼为他们遮风挡雨。我想，这就是为人父母、为人子女的责任，是人类对待生命的严肃。

这让我忆起日本小说《楢山节考》描述了一个贫困的山村，为了在冬天节省口粮，儿子将年迈的父母背负抛入深山，任由老人孤独地在雪地中等待自己的死亡。一位年华老去的夫人，对自己完好的口牙感到耻辱，意图撞毁而血肉模糊的景象令人心惊，这般老境，不是福祉而是灾难。人们也许并不是不知真相，但是也无人想要戳穿，在物资匮乏的年代，生命是无助的，人的本性会暴露无遗。

如今我们物质充盈，我们给予下一代生命的希望依旧远远多于自己的、远远多于给予父母的，实际上这也蕴藏着理性和情感的激烈搏斗，但是生命无论多么孱弱或者多么强大，人类内心对于生命的渴望却是不可遏制的。因此，生命才是传递的，生命走向死亡的同时也要走向新生，而新生是超越死亡的存在。

也许人类存在的意义就是为了证明生命本身不能证明的那些。

此时，或许距离我触碰真正意义上的生命，又近了一刻。

生命中的美好

罗惠蓉

生命究竟能有多长？这是一个很引人思考的问题。相信前世今生是有联系的人，大概内心觉得自己是长生不老的吧。而站在科学的角度上，人的寿命是有限的。尽管会有极少部分的人瑞，过了百岁还能耳清目明。自从医学及生活条件的改善，人类的寿命得到了大大延长。据2015年世界卫生组织的报告，世界人口平均寿命约有71岁，与1990年相比提高了6岁。

也许有的人觉得自己活得长不长久并不是那么重要，重要的是能活得精彩，这样便不枉在人世走一趟。人生开始变得越来越长，我们能留给这个世界的便多一分精彩。我们在关注身体健康的同时，也应该要关注精神上的健康。那么在一个完整而美满的人生中，我们值得拥有什么呢？

前一段时间在微博上有这样一条热搜：相爱76年，用一生诠释爱情。这主要讲的是有一个纪录片记述了一对韩国夫妇相濡以沫走过76载光阴的历程。纪录片的前半部分主要记录这对老夫妇的日常生活中的温馨点滴：牵手漫步，打情骂俏等。而后半部分的重点是在老爷爷生病后老奶奶内心的变化。他们从14岁相爱，相守了一辈子，相互看着对方眼角慢慢爬上皱纹，变成白发苍苍的样子。两个人之间，总有一个人要先走，当老爷爷身体渐渐衰弱时，没有人能体会到老奶奶的感受。爱情灿烂到如此极致，死亡才是他们最大的敌人。一辈子说长不长，说短也不短，能够找到一个陪你漫步人生路的人，度过漫长岁月，夏天于沙滩嬉戏玩水；冬日在雪地相伴堆雪，可以称得上是一种幸福。像这对老夫妇这样，用一辈子来筑造的浪漫，能称得上是最真挚的爱。爱情，是无价的。而生命，贵在有爱。

　　常常说人到了某个年龄段，在有了许多经历后才会积累很多的人生感悟。我觉得，那不一定。背后故事多的人，也能有许多不一样的感触。就拿我自己来说，我出生于一个普通家庭，在我读小学时爸爸得了癌症住院，这个病不难治，只是过程很痛苦。爸爸他在接受化疗时会掉头发，会痛到咽不下饭。他痛，看着我们也很痛。为了省钱给他治病，我和妈妈每天青菜拌饭；医院饭菜贵，因此妈妈会每天骑一个小时的单车给爸爸送饭。放学没家长来接，所以每天的中午下午我都要独自走半个小时回家，有一次遇上大风大雨，风大得几乎要把我吹跑，我只好抱紧路边的大树，生怕自己会被吹走。等风稍缓了些，一路在雨中哭着回家，当时我才读小学三年级，不太懂得什么大道理，我只是不断问自己，为什么我要吃这么多苦？为什么同学家里都好好的，只有我家发生这种事？从那时开始，家里过了几年苦日子，但是我们都咬牙坚持下来了。后来长大后，我渐渐有了自己的感受，细想过后，相比之下妈妈才是吃苦最多的人。父亲生病时，她在尽力照顾他和这个家；父亲走后，她独力照顾我；为了我上大学的费用，她有两年的时间在打两份工。我无法用很华丽感人的语言来形容她，在我心中，她是最令我佩服的人。她在很小的时候就出来工作养家，到了结婚后，她和我父亲感情不深，一路走来，有过不少的吵架，她实在是没享受过什么安乐日子。她这辈子吃了太多苦，可是她很坚强，一直就这样熬过来了。我曾经看到过这样一句话："并不是你面对了，任何事情都能改变。但是，如果你不肯面对，那什么也改变不了。"既然上天要我们经历这一场苦难，那么就要勇敢面对。人的一生，总要经历一些磨难，吃得苦中苦，方为人上人。生，贵在坚强。

　　人生数十年匆匆而过，我们无法得知死后的我们会变成什么，会去往何方，也无法得知我们死后世界将如何发展。苏格拉底曾说："患难与困苦是磨炼人格的最高学府。"正是我有了这些成长经历，在我后来的成长历程中，我变得比以前更想早日学会独立。还记得小时候经常在电视上看到一个香港电视台的广告，里面有一句话给我留下了特别深刻的印象。里面有句广告语叫"生命无 take two"。意思是人的生命不会再来第二次。诚然，生命只有一次，每个人的生命都是宝贵的，也都应该知道生命之弥足珍贵。既然我们已经来到了这个世上，就应该珍惜自己，珍惜在人世的每一分一秒。从某种意义上说，生要比死更难。死，只要一时的勇气；生，却需一世的信心。生，贵在珍惜。

每个人都会面临人生路程中的转折点，磨难和艰辛不可避免，而在逆境中成长，才是强者的姿态。

一个人从出生到死亡的过程就像是一张白纸变成图画的过程。原来是一片空白，在中间加点涂料，相当于生活中的甜酸苦辣，一路走来，涂涂画画，当走到生命终点，这幅一生的画也就完成了。年华易逝，相聚离开，都有时候。也许有人在走到了生命的尽头时才恍然发现，自己的一生其实欠缺很多东西：梦想还没有实现，没来得及珍惜身边的人等。可惜此时已经没有弥补的机会和时间了。一路走来，我们的一生需要爱，需要健康的人格，需要良好的品质，需要很多精神上的满足。生活，正是有了爱情、亲情、友情的滋润，内心的茁壮成长，如阳光般的乐观，才促使我们的生命灿烂如花。

蓦然理解生命

黄少莲

有一道光，暖暖的莫名散下来，一个一个梦飞出了天窗，带着光，跟着飞翔，忍不住的小期待……生命，慢慢地成长，唏嘘这个世界的养料，悄然形成了独特与众不同的世界观。我敬畏生命的萌发，敬畏生命的遭历，敬畏生命的独立，更敬畏生命的价值。"生命文化概论"课上，拨动我神经纤维的一份禅思。人类生命的三向度，生物性生命，社会性生命，精神性生命，就是生命过程值得敬畏的焕彩。漫步于母亲体外的大环境，牵手于来世千百次的回眸才换来擦肩而过的同伴，我们步步为营，仿佛在一片无尽的麦浪中自由地踏出只属于自己的不可回头的曲路，在步履中感受祸兮福所倚，福兮祸所伏。

确切地说，作为大学三年级的学生，我已经耕耘了生命第一个二十年，犹犹豫豫被推着过了中考高考选大学等分岔口，和无数次主动或者被动的选择，如此逐渐了解这世界，建立了自我的独立价值观、人生观。生命是一种认知和操守，一种人伦价值和境界。

校园里我见识了久闻教授的风采，他们是知识渊博的人，大脑如蜘蛛网，可以黏住所有知识小昆虫并优雅地消化掉，并把蜘蛛网修得更为牢固并创作出更有绚丽生命力的网状结构。这就是国家近年来愈来愈给予高度推崇的现实应用价值，成为社会生产力巨大发展的内生动力。我敬佩他们，对追求新的发展点不懈挖掘，对领域的前沿把握如饥似渴，对自己职业信仰般的跟随，为造福广大人民的默默努力。而对于还未踏入职业的自己，刹那间也明白了未来生命那份可以很平凡的荡气回肠的意义——贡献生产力。如同每天早晨六点和每天中午一点半，宿舍收垃圾的阿姨准时拖走生活废余物，风雨无阻，日日重复，留一场整洁给所有同学的那份愉悦心情。

大学了，前面后面左边右边的女生都化了妆，时不时换个新发型。我数了数衣柜里面的裙子，23条，感觉自己就像个鼎力的将军，养着一个彪悍的大部队，我发现其中各色系都数条……阵容强大，但许多甚少派上战场，只在这些士兵中提拔了几位干部，比如那个被任命为黑旗院的首领，那个灰旗院的是参谋，如此封官加爵，像韩国总统朴槿惠千夫所指的任人唯亲的样子。就是逛街的时候，看见了就泛心，冲动性交易，满足了自己那生物性生命的追求，吸引那异性的注意力，展现自我品味。抱着养兵千日，用兵一时的侥幸，名正言顺地牵着新宠回衣柜，美不胜收走在大街上，痛并快乐着。举目四望，青春期的我们对于生活还是洒着积极向往的气息的，无论如何抱怨学习交际等压力，作为个体，我们追求自我，离不开爱美的本性，离不开对享受的向往，更离不开生命主体的自由。于是，刹那间我能隐约地"生命地"理解人，"人文地"认识生命。如同双十一那有着强大说服力的刹手数据和忙得不可开交的物流，时代给予的种种高端智能，不就是我们生命性的体现吗？

社会离我们的距离就好像雾霾里伸出五指的朦胧可见感，想看却看不清。我们不得不挣扎着向前移，即是大学里总会时不时感受到的社会压力。每每回到宿舍，开始四面八方冒泡。刚才听的讲座如何思想掠夺，周末要和哪些小伙伴参加哪家活动，拿起手机先刷下公众号，看看今天圈子里又发生了什么，不行，还要再翻会儿书……心时常悬着，不敢怠慢，加入学生组织，奔跑于花样有助于提升自己融入集体年华的活动，尝试各样消遣式兼职，忙着刷新课本以外的情商指数，忙到忘记自己其实只是个默居校园的学生，忘了专业课的勤奋依旧是重头戏。大学时光短暂，社会近在咫尺，美好的秘诀就是速朽。于是乎，大学的美好就在这社会魄力下让学生感受学校赋予的纷纷扰扰的短暂盛会，学着从零到一，社会给年轻一代朝气蓬勃的期待，用信任，立下压力，我们来熬。活力四射的生命吸取养分茁壮成长，生命正因为有了这样的激点才能让每个烟般遥远的愿望变得真实可触，如此的生命历程应该可誉为"艰苦卓绝"吧！

一晚于寝室夜聊，一宿友谈及她的理想是挣一摞钞票，然后一夜间把它输光。问她原因，她说，喜欢那种蓦然归空的爽感。就仿佛太阳沉下去，火光恰好能升起，然后天就黑了。

是的，归零，但不是没头没脑的那个零，而是从零到一，再从一到零的那个零，得有那个弧度，得有那个转身，得有"踹"那个动作。即是生命，既得始终。

生命是个孤独的旅程，同一辆车上，不同站点有上上下下陪走的人。路过沿途的风景，拼拼凑凑成生命的东西，最后是自己的所思所为成就了自己。而后吃饭可以渐渐习惯一个人独占一张四人桌，舍友不想起床上课可以靠自己的毅力和信念爬出床，耳机装上英语听力从容去教室，想出去走走的时候随时出发……现阶段，我的理解大致是，爱自己，让自己看得起自己，然后让别人看到你，去影响别人，就是对自己生命的最大犒劳。

诺贝尔说，生命，那是自然付给人类去雕琢的宝石。我说，雨再大，也要出发，被淋湿的鞋，待雨后的阳光晒干，骨骼和时间赛跑，聆听风在耳边飞翔，呼啸远方。生命理念的传播与实践，在不经意履练生命瞬间，便能蓦然理解了生命。

我不想再"听话照做"

罗晓彤

记得前段时间过年放寒假的时候，几乎隔三岔五就会和父母"吵架"，而且矛盾从小到生活，大到人生。就算现在回想起来也觉得惊奇，不是说一个学期没回家就会其乐融融的吗？怎么就能够吵得这么频繁和激烈呢？

依稀记得当时我老妈在质问我时，说道："你为什么就不能像别人家的孩子一样听父母的话？你为什么就不能听话照做？"

"你为什么就不能听话？"

"你为什么不按照父母帮你的安排行事？"

"我们都是为了你好，你为什么就不听话照做？"

……

是的，作为孩子的我们都应该多多少少听过父母这样的感叹。

父母感叹我们不按照他们的安排去做事，感叹我们不听他们的话，感叹我们辜负了他们的好心。爸爸妈妈在感叹的同时更是觉得无可奈何，也正是这一份无奈，促使他们怀着"烂泥扶不上墙"的念头，在又爱又恨的情绪里教育我们每一个"阿斗"。

正如我的妈妈，质问我为什么不能直接听她的话，为什么不能听话后照做，我当时并没有能够告诉她为什么。经过一番思考，我想，大概是我不想再做一个只会"听话照做"的傀儡吧。

听话式教育背后的危机

　　清代李毓秀的《弟子规》里说道:"父母呼,应勿缓;父母命,行勿懒",意思是父母一要叫唤,就要赶紧答应;父母一旦有命令,就要赶紧去做。

　　从这一句古话可以看出,在中国的传统文化里,孝占着举足轻重的地位,而孝顺的第一表现就是听父母的话。

　　绝大部分的父母都喜欢听话的孩子,都似乎认为孩子懂事听话就是成长优秀的一大体现。由于经历过岁月的洗礼和现实的冲击,经验较为丰富的父母,往往会倾向于插手孩子们稚嫩的决定。因此,在这种听话式的教育之下,孩子最终变成了父母满意的模样。

　　吃着父母满意的营养食品,穿着父母觉得适合该时节该场合该年龄所应该要穿的衣服,做着父母年轻未了愿望或者父母所喜欢的"兴趣活动",就职了父母认为优秀和安稳的"好工作",接受了父母亲手安排的相亲,最后娶了父母喜欢的姑娘或者嫁给了父母喜欢的小伙。

　　这样的事情比比皆是,在这种听话式教育之下,父母成功地塑造了一个"乖孩子"。只是,这样的"乖孩子"真的是正确的吗?

　　曾经听过一个关于"习得性无助"的实验:实验开始将一只狗关在笼子里,只要蜂鸣器一发出声响就给以小狗电击,小狗被关在笼子里,无处逃跑。多次给予了电击之后,在下一次电击前先将笼子的门打开再给予电击,此时的小狗不但不逃跑,反而是直接像之前笼门被关闭的时候一样倒在地上苦苦呻吟。

　　小狗本来可以选择逃避,本来可以选择主动躲避,后来却只能绝望地在原地等待电击痛苦的到来,乖孩子在某种程度上与实验中的小狗异常相似。

　　孩子一旦想要主动做点什么,一旦想要按照自己的意愿行动,习惯了父母在此时此刻警诫他不要这样做,这样做不好,又或者直接禁止孩子的尝试,久而久之,一个个的不行,一个个的不好,一个个的禁止,就成了一个牢笼,把孩子关闭在里面。

　　当困境来临,当选择来临,当矛盾来临之时,孩子就变得很"乖",不会主动地阐述自己的想法,不会按照自己的意愿采取措施和行动,而是像是被电击过后的小狗一样,等待被处置,等待父母的命令,等待父母的安排。

　　这种"习得性无助",让孩子打从小时候就开始听父母的话,听取父母的安排并为实现这一安排而竭尽全力,孩子不仅缺乏了自我,还抛弃了自我的意愿。

变得为讨好别人而活

想起以前在看《小别离》的时候，因为女儿朵朵成绩不佳，父亲方圆力图希望送女儿出国念书，而母亲文洁反对送女儿出国，因而双方各执一词。女儿以为自己成绩不佳是引发问题的根源，因此不断地逼迫自己学习，拼命地考取父母所满意和所认为优秀的高分。

同时里面最让我印象深刻的是，在方圆家里担任家教的单身妈妈吴佳妮对她自己的女儿说的一番话："我希望你有一个精彩的人生，主要任务就是出国，镀金，明白吗？只有出国了，才能让你更优秀！"

孩子是父母血汗泪的结晶，父母一切的出发点都是为了孩子着想，这是无可厚非的。然而，父母的这种着想，它不是任何事情只要挂上"为你好"的名号就可以插手，也不是为让孩子过得更好而逼迫孩子接受自己的指挥；它应该是有边界的，有界限的。

就比如上面所说到的母亲吴佳妮，尽管自己是为了让女儿能接受到更加好的教育，出发点是为了让女儿未来的人生路走得更加顺利，但是她忘了，事情的本身是女儿。比起直接命令女儿要出国学习，比起亲自插手女儿的决定和安排，更重要的应该是先询问女儿是否愿意出国，让女儿学会自己解决问题。

记得看过一部关于旅美华裔的纪录片《喜福会》，里面第一组家庭中的母亲希望自己的女儿莺莺能有大作为，为自己争光，正如大部分的家长"望子成龙，望女成凤"的心理一样，不管女儿是否愿意，强行逼迫女儿学习钢琴，而女儿拒绝学习自己不感兴趣的钢琴。

女儿莺莺说："我永远不会成为你想让我成为的那种女儿。"

她的母亲说："世界上有两种女儿：乖乖听话的，或者遵从自己内心的。只有一种女儿可以待在这个家里，就是乖乖听话的那种。"

莺莺："那我希望我不是你女儿，你不是我妈妈。"

她的母亲："太晚了，改不了。"

这段对话，绝情，伤人，却又无比的真实。

大部分的父母都担心自己的孩子以后吃亏，担心以后难以在社会上立足，担心被社会淘汰，这些爱和担忧太过强大，以至于忽略了孩子自身的意愿和想法。

一些本来就应该要与孩子一起商量的事情，变成是对孩子下达的通知；一些本来就应该要让孩子做主的决定，变成对孩子强制性的命令；一些孩子钟爱的事情和爱好，在父母认为没有利用价值的不满中，被消磨得烟消云散。在这种听话式教育之下，久而久之，孩子抛弃了自己心中所有的想法和念头，尽管自己有想法，也会被父母的命令所打消，逐渐变成为了满足和讨好父母的需求而活着。

不仅仅是只有父母，在这种听话式教育之下，孩子很容易形成讨好型人格，在各种社交关系中，变得为了讨好别人，满足别人而活着。

"吵"是为了达到思想同步

记得老妈歇斯底里地吼我："你为什么就不能像别人家的谁谁谁一样，一心一意地听父母的话？"。我当时没有给她一个回复。但是后来我经过思考，我想我的理由如下。

岁月的洗礼带给父母的不仅仅是宝贵的经历和经验，同时也带给父母和孩子代沟，有代沟，是再正常不过的事情。虽然说代沟的存在是不可避免的，但是代沟是可以跨越的，思想的差异是可以缩小的，而要做到缩小代沟，是需要父母和孩子双方的努力。

思想的差异不是说只要我完完全全听父母的话就可以消除的，也不是将自己的生活禁锢在父母的满意与不满意之中，更加不能认为只要一切好好听父母的话就可以营造出一种思想达到同步发展的假现象。

孩子一切只听父母的话，的的确确父母会很满意，甚至会很欣慰，但是这种表面现象并不代表孩子和父母思想上存在的差异就权当消除了。有许多的孩子，像我的朋友一样，自己的一言一行在家里围绕着父母的满意与不满意，表面装作是一个认真听父母话的"乖宝宝"，而实际上却是对父母的干涉和决定感到非常不满和不理解。在这种基础上，就算目前孩子与父母的关系能够做到"假和谐"状态，直到孩子长大了，面临了人生种种的抉择，孩子和父母的思想差异就更加容易凸显出来，很大可能还会引发更加激烈的矛盾与冲突。

举个例子，一个男生交了一个贤淑的女朋友，而父母却因为这个女生的生辰八字与儿子不合就逼迫孩子与女友分手，孩子听父母的话后只能忍痛地与女友分手。为了一点无须在意的东西而放弃了一个自己钟爱的人，这种滑稽的故事也不是没有发生过。

再换个例子而言，一个女孩明明知道自己的兴趣在于机器工程的学习，其父母却认为机器类的工作是男孩子该做的，女孩子并不胜任，因而听父母的话后放弃了自己的兴趣，去考取了父母满意的公务员，后半生都做着自己不感兴趣的工作。

还有更加严重的，就是孩子形成了讨好型人格，并把对父母心情的讨好带到了生活中，担心自己与别人起冲突，担心自己的行为给别人带来不便，担心自己惹别人不高兴，一直在照顾和讨好别人的情绪，却不懂得如何合理地表达自己的需求。

后来我和我妈说道，我的的确确可以装作是一个"乖宝宝"，听从你们的命令和指令，不但不会"顶撞"你们，而且更加不会说你们的决定有何不妥，营造出一种"我很听话"的假象来欺骗你们，以此来让你们感到满意和欣慰。但是，这有用吗？代沟消除了吗？思想的差异缩小了吗？矛盾问题解决了吗？单单是一种听话的假象，在父母与孩子的关系中很大程度上是没有意义的。

孩子不仅要拒绝盲目地听从父母的话，我更要告诉你们我心里面的想法：我在想什么，我为什么这样想，我应不应该这样想，我这样想的优缺点在哪里；你们为什么只能这样想，你们为什么认为我的想法不行，你们认为两者权衡哪种更加适合……

不管是协商，还是在聊天，还是在吵架，孩子和父母的关系不应该存在阶级感，更应该是真实的，是可以不顾形象，是可以坦诚相待，是可以把自己弱势，把自己不安，把自己脆弱不堪的一面所展现出来的。

父母只有知道了孩子在想什么，知道了孩子为什么这样想，才能从源头上缩小与孩子的思想差异，而不是单纯地在为孩子"乖"，孩子"听话"而庆幸自己的教育已经成功。

家，不该是牢笼

我与我妈开展的一番商讨和说教，让我不禁在想：父母为什么这么执着于乖孩子呢？以爱之名的干涉，到底应该怎样去划定界限呢？

我想，应该所有的东西都归结于父母对孩子的过度期盼，以及对孩子所能获得成就的一种虚荣心吧。

许多家长都认为，听话是体现传统孝道的第一体现，同时，孩子所获得的成就越多，成绩越优秀，自己的脸上越光彩，越自豪。以至于，以爱之名，以"为你好"之名，去干涉孩子的种种抉择，插足了应该由孩子自己来主导的人生，强调孩子要听话，要乖，要去走父母所安排好的路，要去选择父母所认为适合和正确的选择，否则就不能收获美满和幸福的人生。

在培养出这样听话的孩子同时，却没有发现孩子为了迎合父母而活得伤痕累累。在这种共生关系的基础下，等到他们长大了，周围的人、事、物都发生了改变，习惯性地去讨好别人，去讨别人欢喜，说的每一句话都是别人喜欢的，做的每一件事都是别人满意的，消耗了更加多的力气去迎合别人，活成了电影中被嫌弃的松子。

最后想引用蒋方舟对自己讨好型人格一番总结的话：
每个人都有自己独特的价值，在实现这个独特价值的时候，他有可能是张牙舞爪的，有可能是笨拙的。但是，如果放弃了去追寻自己独特的价值，去建造一个被人喜欢的人设，那么他一定是冒了非常大的风险。

我想，或许不仅仅是孩子要思考自己追寻的价值，而且家长也需要停下来，回头去望自己是否成了孩子成长路上的"绊脚石"。

我希望，每一个曾经写下"生而在世，我很抱歉"的松子，都能踮起脚尖，伸开双臂，够到蓝色的天空。

生命产物之亦步亦趋

申金旦

那是一个爽朗的深秋午后，太阳很大，天空也蓝得出奇，宛如一个巨大的荷包蛋被蔚蓝的平底锅正在煮着烤着。太阳光线透过门上的罅隙滑下来，暖暖的，一切都显得那么静谧和谐。我蹑手蹑脚地打开门想偷溜出去，但我的小心翼翼也按耐不住门把因年久失修而发出的特有的"咯吱咯吱"声，暗暗窃喜的是，并没有扰到在里屋的母亲。

对于一个年仅6岁的我来说，打破严令禁止的事情显然格外具有诱惑力。虽然"成功突围"，但依旧百无聊赖。正当这时，一条青绿色蛇堂而皇之地从我的视线漂过，这厮似乎正在追逐一只逃命的青蛙。这瞬间激活了我身上所有好奇因子，我全神贯注于这场命运角逐中并同时愤愤不平于它俩对我的完全无视。只见那蛇把它的头迅速往前一伸，而青蛙向上一跃就刚好掉进了蛇的嘴里。我当即"啊"了一声，警觉的蛇立即拖着它沉重的身躯仓皇出逃，只剩下惊恐、局促不安的我和依旧不改灿烂的阳光。母亲听到我的惊叫声，担心地跑出来，数落一顿。我并没有告诉她刚刚发生的事情，又或许当时已经不知道该如何去说。

那天夜里，我彻夜未眠。青蛙因为被蛇吃而死，蛇因为吃掉青蛙所以活着，生与死是一瞬间的事，生命的最终结束和重新开始也只是一刹那。刚刚那就是一场生与死的博弈，就连你以前唾手可得的空气、阳光还有以前在乎和不在乎的都不能再继续拥有和在乎了，除非你能继续拥有生命，这也是我后来才领悟到的。村上春树说过，死并非是作为生对立面存在的，而是作为生的一部分永存。就算死总有一天会把我们俘获，但相反地说，在死还没将我们俘获之前，我们并未被死俘获。换句话说就是不可或缺的关于生命的顿悟或产物——感恩与被感恩，珍惜与被珍惜，敬畏与被敬畏。

"你是谁？贼，不准动"。邻居博对邻居晴说，拿起扫帚就抢向晴。年过古稀的晴惊慌失措地望着同样年过古稀的博，像一只偷吃的小老鼠撞见了肥硕的家猫，晴惶恐地解释道："哎，哎，不要误会……"。然而最后晴还是被博生拉硬拽到了警局。"有人偷进入我屋里面煮饭，"博说。警察忍俊不禁道："老头搞错了吧，谁会无聊到替你煮饭，我倒希望有人偷进我屋替我煮饭……"意外的邂逅是恋爱的垫脚石，特别是黄昏恋，博精心打扮开始与晴的第一次约会，去游乐场，看花展……像所有情侣一样。似乎一切都在情理之中又在意料之外。直到上天再次为他们关上一道门，晴病危住院——胃癌晚期。博两年前罹患老年失忆症，记忆力就开始渐渐消退，最后忘却了一切与过往相关的事，包括她的妻子晴和以往所有生活点滴。上帝似乎乐此不疲地开着这样类似的玩笑，博是该庆幸拥有鱼一样短暂的记忆力以致可以不断地重新爱上晴还是悔恨忘记了与自己相濡以沫陪伴自己大半生的那个人？

　　毋庸置疑，爱情是生命最奇妙的产物，是两个生命一个灵魂。对于生命的过程而言，或许生命的开始和生命的结束来得更加令人印象深刻。我们会对一个新生命的到来而倍加欣喜若狂，同样也会对一个生命的逝去而悲痛欲绝。但却很少有人说自己的生活很快乐，或感恩生命之类的话。爱情作为生命最唯美的发酵物在某种程度上也许已经超过生命本身的价值，焦仲卿与刘兰芝，三毛与荷西，罗密欧与朱丽叶……多少痴男怨女深陷情网献身其中。生命在于选择，与时间、空间无关，这只是一种选择。就像一串葡萄在手，一种人挑最好的先吃，另一种人把最好的留在最后吃，照例前一种人应该乐观，因为他吃的每一颗都是剩下的葡萄里最好的。第二种人应该悲观因为他吃的每一颗都是剩下的葡萄里最差的，但结果适得其反，缘由是第一种人还有希望，而第二种人只有回忆。

　　远岸秋沙白，连山晚照红，望着窗外那一抹红艳欲滴的残阳，一种坍塌式的轻松感扑面而来。紧张的期中考刚刚结束，我的手机恰如其分地响起来了，不看便知那是家里来的电话。我惯性地叫了一声妈，电话的那头却是依旧不苟言笑的父亲。没想到父亲开口的第一句话便是："你妈现在在医院住院呢，医生说是……"说到这我整个人哆嗦了一下，耳朵里嗡……嗡……直响，后来父亲继续提高音量说："医生说是个小手术，现在已经做完了，手术很成功，你也不要太担心"。这时我早就泪流满面，为了不让父亲担心，我还是极力控制自己的情绪，不至于完全崩溃。那一刻我绝对是一个虔诚的教徒——基督教或者其他，因为我极度需要上帝或菩萨来接受我的感恩，只有这样我祈祷母亲安然无恙才能成真。

　　但也就在那一刻，我对生命的恐惧也是暴露无遗，从某种程度上讲也是另一种敬畏。当周遭的变故发生在自己身上时，永远都是那么猝不及防，出乎预料。就像叔本华所说的，快乐总是远远低于我们的期望，而痛苦则永远超乎我们对它的想象。仿佛忽然意识到当初安慰别人的话语此刻于自己是如此的苍白无力。当然在获悉母亲身体无大碍时，可以说那是一种豁然释放，但更多的则是感激之情，感恩生命的继续存在和陪伴。因此活着更应坦然处之。也许偶尔会对这种战战兢兢，如履薄冰之生命而感到迷惑不解，但每个人都会明白的，只是迟早的事。

平淡的生活——家庭和睦，家人安康，虽不富有但却其乐融融，对于大多数人也就够了，于我也一样。还记得高中以前在同学留言簿上写得最多的一句话就是，祝身体健康出入平安家庭幸福，如今看起来不足以道，但确是生活的本质。生老病死是最古老的自然规律，当然谁也不能打破，我们清楚这些存在也绝非空穴来风、毫无道理，我自以为深知其中含义。但当命运之手伸向你，想要掌掴你的时候，你除了在它打完一边脸的时候递给它另一边脸，你别无它法。在被告知八年前做过枕部肿瘤切除术的地方要再次动手术的时候，我内心是完全拒绝甚至处于崩溃的边沿。麻醉过后痛醒还附带消毒水的密闭空间里的我从那时起就给自己一个明确的承诺——始终怀着真诚和感恩的心，爱护自己和每一个人的生命。在我的护士实习过程中，很多的护士和医生说过早已看惯生死之类的话。对于生死，对于各处在生命的一种状态，又怎能被看惯，看惯生死又应该是一种怎样的体验，是将生死置之度外亦或是对生命的存在视而不见，我冥思苦想了很久，最终还是无果。任何事物都有两面性，对于生命的感悟也难免良莠不齐，新闻经常播报子女残忍手刃亲生父母，高中生捅死教了自己三年的班主任而只解释为一时冲动等诸如此类消息，每每看到这些痛心之余开始正视人性丑陋的一面。看到那些在生死边缘上挣扎、奄奄一息，最后仅存一口气的患者，再想到一些因为一时受不了的刺激而随意轻生的年轻人，不禁令人扼腕叹息。或许真如冯友兰先生所说，他们俨然是把生命当成一种手段了。经历的每一次生命的逝去，带给我的感受绝不是看惯生死而已，而是在我脑神经里不断地建立关于生命的新的突触，这样的情景每时每刻都告诫我生命的可贵和脆弱。

就单纯的生命本身而言，每个人都是平等的，没有任何的贫富贵贱之分。就像简爱对罗切斯特说的那样：我现在不是凭习俗常规，甚至血肉之躯跟你讲话，这是我的心灵同你的心灵在谈话，就仿佛我们都离开了人世，两人一同站在上帝的面前，彼此平等，就像我们本来就是的那样。我们会对任何一个生命个体的存在给予祝福而对任何一个生命体的逝去感到惋惜，即使是与你没有半点血缘关系的人。所以才有了诸如感动，感同身受之类的词。我们会因为讲述一场自然灾害失去双亲的孤儿的电影而泪眼婆娑甚至痛哭流泪。我们还会由于某个边缘山区的儿童因交通不便需冒很大危险"飞檐走壁"到几十公里外的学校上课的遭遇深感同情而奉献自己的一分力量，这样的事例不胜枚举。我们对生命有着一种纯粹和无以名状触动的共鸣，我把它理解为人性。

只要生命依旧，生命的产物就永远未完待续……

牵一只蜗牛去散步

高晓华

故事的开端，皆因一个小赌约：英语六级分数谁高算谁赢。我在家里开启了苦逼的备考模式，向来以英语见长的我以为这只是小菜一碟，然而随后的备考却将自己搞得焦头烂额，越想背下来的单词越是记不住，烦躁之余，陷入了死循环怪圈中。这种状态一直持续到一个小孩的出现，从此我对人生有了新的认识……

四岁有余的小表弟来家里住几天，妈妈把带小孩这个艰巨的任务交给了正休假的我，我心想小屁孩一个，小意思啦，顺便还可以放松一下心情。万万没想到，他精力旺盛得让人招架不住啊。

这不，他迈着那短胖短胖的腿屁颠屁颠地跑过来，口里还奶声奶气地不停喊着："姐姐，我要去楼下花园玩。"直接拉上我的手就往门口拽，我内心哀嚎一片，欲拒绝之间，他闹起来的混乱场景在脑海闪现，遂放弃挣扎，只好硬着头皮往外走。到了花园，小屁孩宛若脱缰的野马到处乱窜，干着各种各样幼稚的事情。我只好在一旁玩玩手机，然后再看看几眼，再紧跟着……好生无奈！有那么一刻感觉他消停下来了，抬眸，他正用他那胖胖的小手托着一只蝴蝶，凑到嘴巴边上呼气呢。细看，原来那只蝴蝶翅膀湿了，小表弟在给它吹干翅膀呢！过了好一会，蝴蝶飞起来了，还在小表弟周围转了几个圈圈。小表弟兴奋地跑过来跟我说蝴蝶在跟他道谢呢！

回到家跟爸妈谈及此事，控诉了一番小表弟疯疯癫癫的本性。他们笑了，说："你小时候还不是一个样，把掉在树下的小鸟捧回家养了好几天，后来没养活，你还哭成大花脸了呢。"咦？我小时候也这般"幼稚"？努力回想，似乎真有长辈说过类似的事情。原来自己也曾如此烂漫！反观现在的急功近利，真让人羞愧不已。

翌日，在跟小表弟相处时，我就换了另一种心态。渐渐地，我发现他并不是一个只会闹只会哭的小屁孩。他会跟你说阳光穿过葱郁的树叶洒下了好多小星星，他也会带你领略花坛边蚂蚁搬家的乐趣，他还会拉着你蹲在草丛里逗含羞草让你感受生命的美妙无处不在……多么奇妙的经历！这么多年来自己从来不曾想过这些每天熟视无睹的小事，甚至认为是"幼稚"的事情当中蕴含着无限的乐趣。果真是此等美好，无心便错过，有心方可感受到啊。

回想过去，就忍不住羞愧。终于知道自己备考挫败的原因了，这皆源于急功近利，切身体会了一番欲速则不达呀。想起台湾作家张文亮的诗篇——《牵一只蜗牛去散步》，上帝叫"我"牵一只蜗牛去散步，蜗牛的速度每每让"我"几欲抓狂，"我"费解为什么上帝叫自己牵一只蜗牛去散步。后来却在不经意间闻到了花香，听到了虫鸣，看到了满天的星斗……这些从未有过的美妙经历，让"我"蓦然醒悟：原来是上帝叫一只蜗牛牵"我"去散步啊！如此想来，小表弟不正是我的"蜗牛"吗？我原以为是自己带着他感受快乐，相反地，是他这只"蜗牛"牵着我重新感性地认识这个世界，如若不是这只"蜗牛"突然闯进我的生活，我应该不会细腻地去体会每天司空见惯的事物当中的美妙，感谢"小蜗牛"，让我重拾生命中那些"微不足道"的小确幸。生命的意义并不体现在其长度，而体现在其宽度，不得不承认，彼时跟一个四岁的小孩子比起来，我的生命价值并不高到哪里去。

小孩子之所以比成人快乐，是因为他们目之所及都是新鲜事物，他们放缓脚步，挖掘出生命中的无限乐趣。而成人追求着所谓的"标配人生"，做着"正经的事"，跌跌撞撞地在向标配的成功顶峰极速攀爬，却不曾放慢脚步，感受一下沿途新鲜事物的美妙，于是他们错过了沿途的花香、虫鸣……他们在不快乐时歆羡孩童的无忧无虑，却不曾思考过自己不快乐的根源是什么。

梭罗在《瓦尔登湖》有言：我步入丛林，吸取生命所有的精华，把非生命的一切都击溃，以免，当我生命终结时，发现自己从没有活过。梭罗远离喧嚣，在瓦尔登湖畔回归心灵的纯净世界，收获了如此令人惊叹的作品。回望现代社会，太多人正在甚至是终其一生忙着追求标配的成功。他们不曾在山麓小憩时听听虫鸣，闻闻花香，也不曾眺望云海去分辨到底哪一座山峰最适合自己，只懂一味攀爬。直到攀上顶峰，听闻他人诉说沿途曼妙风景时才蓦然发现自己错过了太多，追求生命的高度却忽视了其宽度，何其可惜啊！

喧嚣的世界，迷惑了太多眼睛，人们似乎失去了从小事物中探寻乐趣的能力了呢。或许有人会将此归咎于这个喧嚣而又不能逃离的世界，并反问：这个世界怎么了？其实并不是这个世界怎么了，不是正有这样一首诗吗："结庐在人境，而无车马喧。问君何能尔，心远地自偏。"我们无需远离喧嚣，在心中设下一层滤膜便可回归心灵的纯净。总而言之，纯净与否，在于内心的选择。

适当放慢步伐，牵着一只蜗牛去散步，好好感受生命中看似微不足道实则弥足珍贵的小美好，吸取生命中所有的精华，以在生命终结时自己可以自豪地说一句：我认真活过！说不定便可以收获"采菊东篱下，悠然见南山"的闲适安然了呢。

第三篇　生命的轻音乐

莫让生命无聆听

廖广林

聆听着生命，不经意间又像是听见了自己……

——题记

回眸生命

手术台上的母亲仿佛听见自己孩子生命的热烈呼唤，选择了牺牲难产的自己来让自己的孩子活下来；地震废墟里平凡的女教师听着学生们求生的呼唤，选择了用自己柔弱的身躯挡住了掉下的残垣；偏僻山间普通的女孩似曾听清了雨打后小草的呼唤，选择了捧起呵护来茁壮出小草生命的春天。

岁月终究会慢慢老去，留下斑驳的影，像是生来的胎记，也像是离开的脚印，说不尽的离愁别绪，道不清的悲欢离合，生命在体验中滋长，缠住的彼此便永远也放不开。手术台上我们聆听着生命的沉重，废墟之间我们聆听着生命的刚强，风雨之中我们聆听着生命的可贵。生命之声一直都在，等着我们聆听、守护与珍惜。

思索生命

打开了许久未打开的心扉，细细想来，哪怕是熙攘的虫鸣蝶舞，清脆的泉水叮咚，还是此时此刻扑通的心跳，都让我不禁想起生命的奇妙就在身边；躺在草地，望着蓝天，也许生命的惬意和满足就是这么简单，周围的静谧让刚走出喧嚣城市的内心静静地思索着。

或许有那么一刻被想起，生命的旅途也许顺风顺水，也许命运多舛；而或自信自爱，而或自弃自卑；抱怨的声音总是随处可见，可这些体验又何尝不是微妙的内心独白？像是叙述着我们的不容易，叙述着彼此的不理解，叙述着相互的错过。不是每个人生下来都是天才，就像不及格的他始终没有勇气，向当众点他名的老师说出这句话，"老师，我真的不会，我尽力了，当众说我你可知道同学会用怎样的眼光看我？"；不是每个人都是那种理想型，貌似未成熟的他一直没透露出任何自己的心声，"妈，你总说我的错，别人家的孩子就是比我好，可你知道我的心被你划得有多痛？"；不是每个人都总是那么幸运，就如羡慕其他人的他憋着这句话，并且强忍泪水咽了下去，"奶奶，如果你还在，应该就属您最疼我了吧？"。表面上好像若无其事，其实心里有多苦和艰辛只有自己知道，毕竟，最了解自己的还是自己。如果有那么一次机会有人聆听着你的心声，在你的眼中聆听者是那么懂你，而聆听者的眼中你却还有许多要懂。思索着这样的生命，聆听着久违的心声，俯仰之间，局外人亦是曲中人。

　　或许有那么一幕曾见过，生命不止一次在我们细腻的感性认知里，有过多少的心灵呐喊。有时聆听一个故事不如聆听几句话来得更加令人感动，"为什么我和别人不一样？"一位失聪的小提琴女孩哭诉着自己的不幸，这句话放她心里究竟有多久了，哭出来的瞬间又有多少人在听着，每每想起，眼泪还是不由自主地划过脸颊，但有位聆听的老者语重心长地说着："为什么你必须要和别人一样？"这让女孩听出了生命的呐喊，是啊，为什么必须要和别人一样，你的生命是独一无二的，别人的拥有可能是自己无法到达的终点，但自己生命的光也只为自己而闪烁。聆听自己的心声，诉说着久未启齿的柔弱，这一路上的走走停停，有多少的呐喊隐隐约约地像是在呼喊着自己，呼喊着"为何和别人不一样"的心酸，呼喊着"为何要和别人一样"的感动。

　　或许有那么一次曾听闻，生命不仅仅需要我们聆听，更呼吁我们去感受。"妈妈，等我眼睛好了，我要抬头看看蓝天"在雾霾笼罩的穹顶之下，女孩的呼吁是那么的无力，我们改造自然为后代生命谋求幸福，可现在的后代生命面临的是未来还是迷茫？我们是否感受到了环保的蓝天才是这些生命最大的呼吁？"妈妈，我想要回家，回到我的故乡"战争中的孩子不想要血迹斑斑的故土，只渴望温馨舒适的家乡，战争的胜利从未有人期盼，一心期盼的始终是和平，我们是否感受到了战争只有失败者的警告？"妈妈，你为什么总是偏心弟弟妹妹？我也做到了"或许孩子要的不是你的溺爱，只是希望你的小小肯定，哪怕你是在哄他，但至少你感受了他的感受，聆听了他的呼吁，我们是否能体会为平等而撒的谎，虽然是谎言，却又那么真的心语？

感怀生命

　　感怀到了心底，盛开一个欢心。如果生生不息的希望是生命存在的意义，那聆听生命是否就是生命珍贵的真谛？一路感怀到了心底，又盛开了几个生命的欢心？

　　"落红不是无情物，化作春泥更护花"落花看似无情，默默无闻地呵护大地,奉献自己成就他人,令人动容的不是当时有多灿烂,而是之后生命的无声呼唤,宁静中思索万千,呼唤中扣人心弦;还记得那双目送的眼眸,不敢轻易回头的她强忍泪水,知道自己带走了一份期盼,那声呼唤没有喊出,可在她心里早已回旋荡漾;还依稀想起那个仲夏,青涩的她离开了她的母校和同学,几次都仿佛听见身后有人叫自己,可身后只瞥见一地的落叶和空空的呼唤……情牵生命的体验,触动尘封的柔软,生命的无声呼唤好似确认过眼神,遇见了彼此对的人,就像是在某个时刻千丝万缕不敌"一心一意"。

生命没有那么大,却又让我们能够洞悉出别有的天地;生命没有那么深,但总能使我们深陷其中且流连忘返;生命没有那么强,脆弱的外表常常蕴含的是坚韧的内心。没错,生命就是那么特别,特别到我们不经意就会错过;生命就是那么渺小,渺小到我们忘却了生命可贵;生命就是那么美好,美好到我们因聆听而感动。合上双眼,仔细聆听,用心体会;听得见心声,听得见呼唤,听得见呼吁,更听得见自己……

生命如歌,且歌且行

陈 泳

生命如同一首乐曲,每个拥有生命的人便是作曲家,有人谱出欢快如流水的乐章,亦有高亢险峻的曲调。无论是抑扬顿挫的,或是慷慨激昂的,这其中的每一节音符组合成了美妙的生命之声。我们在为自己谱曲的路上也倾听着他人的生命之声,我们拼搏着,勇敢着,一往直前着,在生命这条长河中且歌且行。

置身于布满繁星的夜空下静静思索,万物皆有生命吗?我想是的。万物皆有灵性,人是万物之灵长。哲学告诉我们,物质运动有规律,人们对这种规律的认识即"真理"。你看,枯萎的黄叶落在地上化作春泥,初春的嫩芽急不可待地从土里冒出头来;你听,窗外的蝉鸣声不绝于耳,山间的流水哗啦啦地奔向平地。生命是生物体系统维持基本功能的表达方式,每个生命以其不同形态存在着,而我们人类只是这茫茫世间的其中一种生命形态。如此看来,人有灵性,一草一木有灵性,飞禽走兽有灵性,万物都有其生命形态。

封建旧社会的时代,人分三六九等,名门贵族生来无尚高贵,不可侵犯,而庶人平民低人一等,命贱如泥。殊不知生命本无贵贱之分,有着同等珍贵的价值。在生命的绝大多数时光里,我们疲于奔命,在不同的位置上拼搏努力,期待着从其中获知一些生命的价值。救死扶伤的医护人员日夜颠倒地工作,当看着患者因自己的付出而重获健康时,这是他们生命中最珍贵的价值;人类灵魂的工程师们站立于三尺讲台，当看着那一双双求知若渴的目光得到知识的灌溉时，这是他们生命中最珍贵的价值；辛勤的环卫工人们用一双手美化了城市的容貌，这是他们生命中最珍贵的价值。每个人在生命中承担着许多角色，都有着其特别的意义，你可能是社会栋梁，或者是家庭的依靠，甚至是自己的骄傲……这些角色给生命赋予了不可替代的价值。生命平等，不分贵贱。不管你来自何方，不论种族，不分肤色，不同语言，此刻我们拥有着这生命，这宝贵的财富。

犹如汪洋大海中的一滴水珠，我们只是茫茫宇宙中的一粒尘埃，那样微不足道。生命就是平凡如此吗？并非如此。正如低平的乐曲中突然出现的高音，平凡中的不平凡闯入了生命。"最美妈妈"吴菊萍伸出双臂接住坠落的孩子，她用生命托住了生命，这是她平凡生命中的伟大时刻；"最美司机"吴斌强忍剧痛在生命的最后关头将车停稳，用自己的生命换来了24名乘客的安全，这是他平凡生命中的伟大时刻；"最美女教师"张丽莉猛地扑向危险中的学生，自己却被无情的车轮压过，导致双腿高位截肢，这难道不也是她平凡生命中的伟大时刻吗？这一个个真实的故事，一个个值得被永远称赞的人物，他们用生命营救生命，体现着一个生命对另一个生命的尊重和深深的怜惜。拥有平凡生命的他们，因一次不平凡的行为铸就了平凡生命中的伟大，创作了生命之歌的高昂乐章。

美国著名思想家爱默生说："一个伟大的灵魂，会强化思想和生命"。生命来之不易，这是毋庸置疑的，一个没有灵魂和思想的人只是一具躯壳，而非真正的生命。生而为人，应当有信仰，大至宗教信仰，小至自己心中坚守的信念原则，只要是能支撑着你的精神和躯体前进下去的，让你勇敢地直面困境坚强生活的，都可称为可贵的生活信仰。在我看来，信仰支撑了灵魂，有了可贵的信仰，内心随之充盈饱满。拒绝做无灵魂的行尸走肉，生命的乐曲怎可缺少指挥家呢？让伟大的信仰强化你的生命吧。

生命的乐曲总会有终结的一天。我们清楚地知道，生命的长度无法预知，但我们可以在有生之年里拓宽生命的宽度，使有限的生命获得深厚的意义。或许从另一个角度来看，生命是永恒的，世上唯独这一个你，拥有着与任何人都不同的生命。瀑布的水不会逆流而上，蒲公英的种子不会从远处飘回，有限的生命每分每秒地流逝着，从不停歇，但度过的每一分每一秒都永恒地定格在了上一个瞬间，永远不会有回头。这是生命在警示我们要珍惜啊！

星辰升了又落，潮汐退了还涨，可生命的乐曲只允许演奏一次，以真诚的心享受生命之歌吧，享受喜悦也享受苦难，感激伟大亦感激平凡。生命如歌，作曲者一路倾听着歌唱着也前行着。

独特的声音

范淇欣

地球是一颗湛蓝的行星,生物千千万万,每分每秒都在演变,物竞天择,适者生存,不断繁衍生息,才有了如今我们所熟悉,并在那里安家的地方;中国是一方神奇的国度,少少领土囊括五十六个民族,每个地区有属于他们自己的语言;而自然界则是一个生机勃勃的营养圈,养育着无数的生命体,它们通过自己独特的语言,诠释着生命的声音。

倾听生命之声,看着这几个字,在我脑海里,回荡着的是生命的澎湃和生命通过自己独特的方式表达出来的顽强。

犹记得一个地方——我的老家,那是出生便留有我气息的地方。在那时,于小小的我而言小小的家,那里有一只大大的黄狗,从我能识人开始便在我的记忆里,他陪着我长大,也陪着我历经年少的无知,也许我的名字刻在它心里,可我却仍未知它何名。

现在长大了,极少回去,那里不再是松软的土壤,铺起了坚实的水泥路,田地不再有人耕种,长满了比人还高的野草,村落不再充满嬉闹声,年轻人都赶往城镇生根发芽。沿着水泥路往里走,来到熟悉的房子前,往门缝里看,不再有只黄狗摇着尾巴用头蹭着门,悄悄问妈妈,才知道早在几年前,黄狗就离开了。回想以前,因为害怕它会咬我而不敢去摸摸它的头,现在想起,能恳请还给我这个机会,让我抱抱它吗?我想它了。外公说,其实那以前,有一次它在外面与其他小伙伴一起追逐的时候已经受伤了。在它离开的那天,一切如常,可是再也没有见过或听过它的声音,一番寻找,在家后面的小山坡上,发现他早已把自己埋在了挖好的泥坑里,四周都是这么的荒芜,映衬着他安详的容颜,或许这也是一种解脱吧。不再让在乎它的人担心,也不再承受身体上的折磨。

狗狗独自挖的坟墓,是它自己所能表达的独特的语言,像是在说"生前感谢你们的照顾,死后不想你们操心,我已远走,你们请安心。"

生命之声,一种独特的语言,有死亦有求生。

科技进步,药物发达,而病菌的抵抗力也越来越强,造成现在许多疾病的发生,危及生命。

在病理的课堂上,老师每每谈起肿瘤科,那种令人心生绝望的地方,身处其中,每天接受着各种的治疗,头发一根根掉落,身体越来越虚弱,望着来的人进进出出,有的人好了出院了,有的人伴随着家人的人哭声永远留下了,如果可以,又有谁愿意留在这里呢?中国好声音的姚贝娜(也许这么提不合适),

这是多么坚强的一个女生，她曾经也是肿瘤科中的一员，当她以为自己痊愈，去勇敢追梦的时候，离最高阶梯最近的时候，病魔又重新降临了，癌症复发，又将她带进了无边黑暗，直至最后无法苏醒。可能连她自己都不明白，为什么要这么对她，她多么想留在这个世界，多么想让自己的歌声传得更远，这是一种生命的哀嚎与渴望。

这种求生欲，深深敲击着我的内心，这种无声而独特的语言，一下又一下地警示着我那句最老的古话"珍爱生命"。教科书上说着生命多么的神秘，且隐藏着巨大的奥秘，其实，我认为生命很简单，简单到说没了就没了，像泡沫，绚丽而脆弱。

自然界也有许许多多的例子，他们也在用自己独特的语言，演绎自己独特的一生。

现在随处可见的小动物不仅仅是蟑螂，还有比它更小的物种，它们数量繁多，经常成群出现，酷爱甜食，随处为家，它们就是——蚂蚁。它们身材很小，却有强大的能力可把一棵几十年的古树化为木雕。它们总能成群出现，这是为什么呢？答案是，它们可以用它们的触角交流，传递信息，识别气味。例如家里吃的东西撒了，如果不及时清理，不久会发现，不知道从哪里来的蚂蚁在一点点蚕食这些残渣。而在它们的族群里，有极其明确的分工，在那些不起眼的蚂蚁窝里，每只蚂蚁井然有序地行走着，贯通这地下众多地方。

这些不为人知的独特的语言，让这么个小小的物种得以生存、繁衍，同时让它们可以不孤单。

世界真的处处充满惊喜，每个生命体都能带给观看者不一样的感官体验，他们的死平平无奇，却可以永远刻在现世人的心中；他们追求理想，却败在了生命的不公；他们身材虽小，可是也用自己瘦弱的双臂，筑成了生存的家；他们不惧死亡，拼搏一生……这些像是生命的呢喃，说给有心人听。

生命之声，独特的语言，描述着许多生物的来来回回，因为有这些独特的存在，地球才能成为人们所向往的地方。在这里，溢满了对生命的期待、对生命的渴望，也绘画着每个物种的一生。学会倾听、发现生命的美，学会挖掘生命中不一样的存在，学会观察生命里所发生的事事物物，让每个生物独特的语言演绎世界的美妙。

生声不息（节选）

潘金华

对于生命，人们常倾向于以双目探索，如此，不妨换一种途径，一起来倾听生命之声。

听，生命的不屈之声。一场天灾，毁坏了物质，考验了生命。台风"天鸽"，正面登陆珠海，那天，风很大，不断有物品掉落的声音传来，紧关的门窗阵阵作响，电线被吹断，在风中摇摆。停水停电，压抑感充斥着这座城市。终于，风停了，雨霁了，留下了满目疮痍：变形的房屋，断线残枝。须臾，人们回过神来，收拾了街道，缠好了电线，打扫了房屋，一点点把生活扭转到原来的轨道上。人们互相问候，互相帮助，互通有无。合力搬走树枝的口号声，锯断倒树的电锯声，清理道路的沙沙声，运输车工作的轰轰声，士兵们的脚步声，志愿者的交谈声，带着不屈服的精神，一点点扩散。不被打倒，不认输，不过一次风浪，如何能让生命低头！

听，生命的平和之声。生命不全是惊涛骇浪，也有涓涓细流。午后的阳光晒落在草坪上，小草轻轻地动了动草尖，鸟儿枝头歌唱，一场婚礼在附近举行。婚礼进行曲舒缓悦耳，几经旋转，最终跌落到亲友的心坎上。老人带着孙子散步，孩子嬉闹、清脆的笑声渐渐飘散。夜晚，孩子的床头，母亲轻轻地哼唱着童谣，轻柔的、温暖的歌声浸润到孩童的梦中，孩童嘴角不知不觉扬起。除夕夜，烟花怒放，爆竹连连，不眠的夜晚，不息的生命。家人团聚，嘘寒问暖，不论天涯海角，总有相聚一时。潺潺流水，平和而不寂静。

然而于生命之声，余以为除"有声"之声外，还有"无声"之声。

文人墨客以笔墨发声。古时即有"生当作人杰，死亦为鬼雄"的坚贞傲骨；更有"人生自古谁无死，留取丹心照汗青"的视死如归的奉献精神；还有"会当凌绝顶，一览众山小"的不畏艰难险阻的豪情壮志。而今，读史铁生的文，看到了一个青年对生命的抗争；品龙应台的文，看到了批判反省的自我；读程浩的书，看到了顽强不屈的生命。千万的诗词文赋，千万的生命之声，需要静下心来，细细研读，方能听得一清二楚。

艺术家以艺表声。舞者用火一般的舞蹈阐述生命之声，一举一动，都藏着无言的话语，它会动，会变，你需抓住它，你需感受它。画师以画述说生命之声，一点一墨，细细勾勒，天马行空，用画告诉你，用色彩指引你。书法家以字发出生命之声，笔随意动，起笔，落笔，运笔，收笔，一笔一画，都暗藏话语，每一个字，都蕴含着生命之声，只待你去感受，去倾听。

匠人以技发声。每一道工序，都是一种表达，每一个零件，都是一种展现，每一个成品，都在宣告生命之声。中国"深海钳工"第一人管延安，在港珠澳大桥的建设中已成功完成18次海底隧道对接任务，无一次出现问题，接缝处间隙误差做到了"零误差"标准。每一个零误差的对接，都展现了他的生命之声。此种生命之声，无需刻意寻找，它就在那里，默默发声。

生命之声多种多样，而有的人，以无闻之声胜有闻之声，以个人之声聚成国家之声。林俊德先生便是其中一位，他隐姓埋名了一辈子，52年坚守罗布泊，参与了中国全部的45次核试验任务。罗布泊发出45次巨大的轰鸣，他却默默无闻，正是这45次轰鸣，让中国获得了和平发展的重要时期，为中国强大起来提供了坚强的后盾，让中华民族挺直了脊梁。而他，在生命的最后10小时，仍然坚持工作，眼睛看不清了，他让女儿给他找眼镜，而眼镜，却早已戴上了。他临终前，老伴说，他终于属于她了。是的，把一生都奉献给国家，只有临终前才属于家人，他们"干惊天动地的事，做隐姓埋名的人"。他们个人不发声，但他们聚在一起让国家发出响亮有力的声音；他们默默无闻，却聚在一起撑起了泱泱大国。以一人之声聚一国之声，一人之力凝大国威望，他们的生命之声，是国家的生命之声，不绝不散。雁过尚且留痕，生命虽短，亦足以留声。它就像一曲乐章，起起伏伏，或悠扬，或凝重，值得每个人听到最后一个音符，而且必须细细倾听……

听，生命的声音呀，悠悠地回荡着，不止不息……

声之音

陈静凡

虫鸣鸟叫，猿啼虎啸，万物皆有音，皆为生命而歌唱。

不放弃的声音

寻山而上，一路春径，心随风走，眸光所及，春意盎然，生气遍野，山黛连着云烟，如诗如画，美不胜收，尤这沾着清晨露水的小草，更胜一筹，让人忍不住想起了白居易的"乱花渐欲迷人眼，浅草才能没马蹄"，着实好看。再往前走，却看到一处似被大火烧过的原野，不再是嫩绿的一片，而是光秃秃，黑漆漆的，望之只能隐隐看到黑灰下的草根。顿时有所感悟，或许再过不久，这里又是一片生机了。我仿佛听到了那埋在黑灰下的草根的声音，"野火烧不尽，春风吹又生"，只要不放弃自己的生命，我们一定会长得更好的。

渴望生命的声音

湍流的冰水上有一块浮冰，浮冰上面趴着一只目光悲伤却又带着一丝生的希望，这目光不知望向何处，或许是望向人类的吧，它也许在说着，"人类呀，请不要再破坏我们赖以生存的家园了，不要让我们都无家可归了"。又或许它望向的是自己曾经的那个家吧，皑皑白雪中，它在和自己的伴侣相互追逐，饿了可以抓鱼吃，渴了可以找水喝，过着和它祖祖辈辈一样平静却又快乐的生活，可这一切都将遥不可及，它的伴侣现在可能死了，而自己也不知将飘向何处。

看到这副场景，心里是悲伤的，但也看到了不少人正在呼吁着保护北极熊，保护我们的家园，无数人的期盼汇成一个声音：爱护生命，爱护地球，这是人们对生命的敬畏与爱护。

不屈的声音——华莉丝

华莉丝·迪里是在索马里沙漠出生的。虽然因为家里很贫穷，小小的她便要放羊，但这段时光对她来说是快乐的，守着一剪清月、一弯流水、一溪白云，一片草滩，几只牛羊，平安度日，便是她那时的生活写照吧。可四岁的那天，恶魔来临，夺走了她简单而快乐的生活，父亲的朋友借口和她一起放羊，却将她奸淫。小小的她受尽惊吓，回家哭诉却换来父母的责骂，更甚者，在五岁时被迫接受了数年前已经夺去她两位亲姐姐生命的女性割礼，无论如何哭闹与恳求，皆无法躲过，在没有任何麻醉和无菌的条件下，活活从她身上割去了她的外阴。醒来时，只能看到已经晒干的两片肉。生活的苦难并没有停止，父亲嫌弃她已经脏了的身体，十二岁时为了五头骆驼，竟要将她嫁给六十岁的老叟，她知道这一次若不再反抗，便是永不超生了，她不再屈服了，赤脚逃婚。在沙漠中差点成了狮子口中的食物，跋涉之后，身上皆是伤痕与脓疱，后面所留下的深度伤痕吓坏了后来的同台模特们。历经千辛万苦，终于逃到了外祖父家，后来又与姨父一家到了英国。后来在做清洁工人，遇上精明眼摄影师，由此踏上模特路，20 世纪 90 年代成为超模。但她没有沉醉在多姿多彩的生活中，反而心系索马里，要救其他女童脱离割礼的苦海。1997 年，她放弃如日中天的事业，全身投入反割礼运动，成为联合国大使，写自传讲割礼的锥心之痛，成立多个慈善团体，唤起世界关注索马里女童的苦难，为同胞筹款建学校建医院。

她说，"我相信我所吃的苦都是上帝的安排，我能够挺过来，就说明我有存在的意义，所以我要痛快并有价值地活着，无论前路有多艰险，因为有了信念，我从不畏惧"。华莉丝是一朵为女权而战、永不屈服的沙漠之花，绽放在千千万万苦难女性的心中，给予她们希望和勇气，也留给我们质朴却最伟大的感动！她用她传奇的经历告诉我们，不经一番寒彻骨，怎能梅花扑鼻香。她对生命的热爱与不屈，将唤醒无数与她有同样经历或正在遭受苦难的人们，这声音将响彻世界的每个角落。

渴望和平的声音

2018 年 4 月 14 日的凌晨，中东一个蕞尔小国叙利亚的首都大马士革平静的夜空中，陡然传来巨大爆炸声，耀眼的白光和飞扬的尘土宣示着叙利亚的宁静将不再拥有。这个夜晚，美国联合英法，怀着各自的算盘，朝叙利亚的大马士革发射了足足110枚导弹。七年的连绵战火没有燃尽政客的野心，却夺取了叙利亚孩子本应无忧无虑的童年，他们在无数个日日夜夜面临着战火的威胁，无业可学，无粮可食，无处可居，可能下一秒将告别这个世界，或者将目送身边的人离开这个世界，一切都那么残忍。

"我叫Bana，七岁了，我在叙利亚阿勒波向世界直播，无论如何，这是我最后想要说的话。"这是七岁的Bana在社交网上为世界直播叙利亚战争后孩子的生活。"兴，百姓苦，亡，百姓苦。"无论战争结果如何，受害的都是人民，百姓何辜？孩子何辜？Bana的呼吁是叙利亚孩子的心声，这是对生命的不舍和热爱，请认真倾听他们的声音并帮助他们吧！

世界有各种各样的声音，而我觉得为生命而发出的声音最美。生，不仅仅是活在这个世上，而是有尊严有理想有价值地活着，喜欢《悟空传》里唐三藏说的话，"我要这天，再遮不住我眼，要这地，再埋不了我心，要这众生，都明白我意，要那诸佛，都烟消云散"。

杂音？Yes or No？

梁家恩

在大厦林立的21世纪，我们每天从沉睡中苏醒时，总会听到各种各样的声音，楼上人家走路的嗒嗒声、拉凳子的吱吱声、窗外小鸟的叽叽声、风吹过的呼呼声、树枝摇摆的沙沙声等，杂七杂八的声音会聚在一起，常常会使人感到烦躁，恨不得立刻堵上自己的耳朵或是大骂一顿。然而，你是否想过，这些让人烦闷的声音之中，存在着我们一直不甚在意甚至忽略的声音呢？我们是否体会出声音中包含的生命的气息呢？

一提到"春天"，浮现在脑海里的是一幅万物复苏、生机勃勃的画面，这都是我们根据平时双眼所见的景色描绘出来的。倘若我们闭上眼睛，静下心去倾听周围的声音，我们听到的会是什么？根据所听之声在脑海中绘制出来的画面又会是什么呢？叽叽叫的是小鸟吗？那哗啦啦的呢，是冰雪融化后的河流吗？滴滴答答的呢？大概是雨滴落在地上了吧。听到这些声音，我们是否能准确地判断出这是万物复苏的春天呢？

那夏天我们又会听到什么声音呢？趴在树上嘒嘒叫着的蝉，在池塘边呱呱叫着的青蛙，蟋蟀的叫声，知了的叫声，等等，仿佛在诉说着被强烈紫外线充斥着的盛夏气温高得难以忍耐。只能通过声音宣泄出匿藏在心中或烦躁的或惊讶的情绪。而有的叫声实则是在求偶，通过这种方式，动物将繁衍出它们的后代，使生命得以延续下去。

夏天落下帷幕，取而代之的是伴随着嗖嗖的风声，沙沙的落叶声，啊啊雁南飞声，丰收欢笑声等声音的秋天。这些各式各样的声音显现出秋天瓜果作物丰收的喜庆气氛与落叶飘零的萧瑟气氛极大对比的画面，预示着世间万物皆会更新换代，终将完成一个又一个轮回。

冬天充斥着寒风呼啸以及树枝摇曳的声音，除此之外，似乎并没有其他特别的声音。但是，细听一下，听到了吗？那是北方下雪后脚踏在雪地上"咻咻"的声音，还有孩童玩耍时发出的响亮的笑声和叫声。如此，冬天并不是万籁俱静而无一点生气的，它还有着我们生活的气息。

我们时常会觉得那些在车上，在餐厅里，在路上婴儿小孩发出的啼哭声令人迫切想冲过去呵斥、责令他们闭嘴。就算是把自己孩子当作心肝宝贝的父母，有时候也会被孩子不定时发出的啼哭声弄得心烦气躁，恨不得大骂一顿。然而，是否还记得，婴儿伴随着响亮而有力的哭声诞生在这片大地上，带来的是父母对新生的喜悦、兴奋、激动和期待？初时几个月听到孩子哭声的时候，父母们大多很紧张吧，生怕孩子饿着了，或是孩子是不是不小心磕到哪了，又或者是孩子生病了吗？那时的他们恨不得把全世界献给宝贝就为了他们不要再哭泣。可是时间渐久，父母也不由得为孩子在深夜哭泣扰人好梦而感到烦闷。我们是否应该在对孩子哭声感到厌烦，想要打骂孩子之时回忆一下孩子出生时那响亮哭声带来的喜悦呢？是否应该把打骂改变为温柔地安抚呢？

国内有一个表现出活跃生命力的青少年组合TFBOYS。几年前的他们嗓音虽然稚嫩，却是活泼而悦耳，让人们感受到独属于青少年的青春气息和旺盛的生命力。他们刚出道的时候也有许多比他们年龄大的人"看不起"他们，觉得这些都是小孩子的过家家。但是随着他们发出越来越多的音乐专辑，听到他们声音的人越来越多，渐渐地许多较他们年长的人开始被他们积极向上的风格所吸引，成了他们的粉丝。我想，TFBOYS成功的原因大概有一部分是因为他们青春向上富有生命力的声音吧，用这种声音唱出来的歌曲，极具吸引力与感染力，让人听过就念念不忘。

在我们的日常生活中，不要因为一点杂音就心情不好，不要去厌恶那些声音，不要将自己与声音隔开，更加不要在一开始就否定听到的各种声音。我们不妨静下心来，用心去聆听这个世界上存在的各种声音，好好感受这些声音之中蕴含的各种各样独特的意义，去感悟这些声音所带来的各种内涵。等我们真正做到体会各种声音的深意时，会发现，原来很多声音中都体现出了事物本身顽强的生命力。世间各种生物都在尽自己的能力发出各种声音，用声音来表现自己对生命的渴求，对生命的期待，以及对生命的热爱。

　　人用响亮的声音宣告自己来到这个世界上，却在生命结束之际用无声的方式离开。能发出声音，不管是强而有力的，抑或是弱而无力的，都代表着他们拥有着生命力。所以，不要再把那些表现出鲜活生命的声音当作杂音了，无论是好听或是难听，那都是生命之声，都是他们努力发出来的。

第四篇　生命的夜曲

生命碎谈

李幸梅

生有时，死有时。即使没有人给你理由，生命依然值得坚持。

——题记

在我上小学四年级的一天中午，我被老师通知说要马上赶回家里，我看得出老师的面色沉重，尽管他尽力装作无事。我赶回家里，家里大堂挤满了人，在外打工的爸妈也回来了。我听见了姨娘们的啜泣声。妈妈走过我的身边，不等我询问，她便说："妹妹，去看看你阿嬷。"

我冲进阿嬷的房间，阿嬷躺在床上，矮小羸弱的她盖着张大棉被，显得憔悴无力。阿嬷费劲地伸出她的手想拉我的手，她说："妹妹，你回来啦！"一听阿嬷的声音，我就不懂事地嚎啕大哭，噎着嗓子问："阿嬷，你怎么了？"阿嬷指了指天，说她要去一个很遥远的地方，不过这次不和爷爷一起去了。我哭得很厉害，我完全明白阿嬷的意思，她要走了，在这个世上消失。

"妹妹，不要哭。生有时，死有时。"阿嬷拉着我的手，轻轻地摩挲着，像晚上哄我睡觉时一样。阿嬷说了很多，我许多都记不清了，只记得那天的雨在我的心里下了好十几载，滴滴答答缠绵不断，像阿嬷哼的老歌的调调。

阿嬷的离去在我的童年里就像是个醒不来的噩梦，夜夜辗转，扰人好梦。那个时候，我如同丢了魂，成日闷闷不乐。妈妈辞了工作回到乡下照顾我和爷爷，可是一直期待着妈妈回来的我却高兴不起来了。

沉遁了半年的我最终在书籍里找到了宽慰，偶然看到一本书《桃姐》，里面有一句话：天下万物都有定时，哭有时，笑有时，生有时，死有时。即使没有人给你理由，生命依然值得坚持。我看了泪如雨下，亲爱的阿嬷，我该如何坚持下来没有您念叨的春秋？

当天晚上，我梦见阿嬷，她笑着拉着我的手："妹妹，生有时，死有时。你要开心，照看好爷爷，爸妈很辛苦。"我点头，请求阿嬷可不可以不要离开。阿嬷笑了，摸摸我的头，她说生有时，死有时。说来也怪，这场梦以后，我开始接受阿嬷不在的事实了，但在看到老太婆喜欢吃的软膏，思念如潮般涌来。

渐渐地，思念阿嬷的时间越来越少。妈妈又出去工作了，家里只剩下我和爷爷两个人。那天和爷爷吃晚饭，我照例摆了阿嬷的碗筷。爷爷细声细气地和我说："妹妹把阿嬷的碗筷收了，让她去其他地方吃顿好的吧！"我点了点头，收了属于阿嬷的碗筷。吃完晚饭，爷爷和我聊了很多，关于我们家，关于他和阿嬷，关于他的长孙女。我这没用的脑子也就记住了一句感触颇深的话：妹妹，生死有时，你要学会接受。爷爷怕是撑不了多久，你和爸妈要好好生活。

阿嬷走后的两年，爷爷也走了。这一次，我并不如失去阿嬷一般低落，我找到了对待死亡、面对失去的恰当方式。好好活着，是对逝者最好的告别。生死有时，即使没有人给你坚持的理由，你也得好好活着。从小父母不在身旁的我，在那几载的时间里把爷爷阿嬷当成了我坚持生活的理由，所以在阿嬷过世的日子里，我就像一个突然失去视力的孩子，对黑暗充满恐惧，对死亡充满愤懑。后来我明白，原来黑暗并不可怕，我们只是需要时间去适应它，欣赏它，拥抱它。

在很多人的观念里，生命是光亮的，而死亡往往是黑暗的。我个人觉得这过于片面化。生和死应当是相互依存的，我们没有理由将这一体拆成两个整体概念。在相对长的一个时间段里，我也将生和死画了分界线。白岩松曾经指出中国的死亡教育是不完善的，甚至是不存在的。对死亡存在错误片面化的认识是令人感到遗憾的，我们理应有完善的生命文化教育体系向人们宣讲客观全面的死亡教育。生可敬，死同样可敬。生死都是我们人生必须得经历的，谁都没有特权去逃脱这一过程，既然无法避免，那就欣然接受它。认真过好生时的每一时刻，尽情享受到生命的最后一刻。如我家两老所说，生死有时，请不来赶不去的，我们接受就好。

当然，坦然接受死亡对每一个人来说都是一个巨大的挑战，包括我在内。死亡意味着再也吃不到阿嬷亲手做的蛋炒饭、再也不能摸着阿嬷手上的皱纹入睡、再也听不到爷爷同你讲他们那个时代的故事、再也听不见你至亲至爱的人轻轻喊着你的乳名。看看，要失去这么多美好的事物，然后闭上眼去长眠，这多么让人恐惧啊！

如何去突破我们对死亡的恐惧城墙？强拆？冷置？不了，依我看，就在城墙外种满常青藤和爬墙虎吧，让它们生长繁衍过城墙那头，让死亡那里也生机盎然。是的，我们能做的也只是通过思想教育，让人们慢慢接受死亡教育。生命文化教育不应该只提"生"，也应顾及"死"的探讨。生死一体，生死相依！

愿生如夏花般绚烂，死如秋叶之静美

刘丹萍

今日不提如何精彩地活着，我们来谈谈如何安详地逝去。

你直面过死亡吗？

几乎每一个人都经历过最亲密的人去世，这样的时刻是何等地让人手足无措啊。一段时间内，亡者生前的点点滴滴在脑海中挥之不去，生者的思念无所寄托，难以纾解。好比笔者的曾祖母与爷爷去世时，理智上的意料之中和情感上的猝不及防交杂，心中宛如裂开一个大洞，痛楚与悲伤随着眼泪与哭嚎满溢而出，遗憾难舍至极，却不得不忍着悲痛送亡人最后一程。

每个人都希望我们爱的人健康长久地活着。在人类短暂的岁月里，活着不仅仅都是经历苦难，更是为了享受人生，享受生命赋予的一切。

当你走到人生尽头时，是否也希望保持一贯如此呢？

彼时对生命的意义还懵懵懂懂，直到去看望了一位病危的亲戚。我跟着大人们穿好隔离服踏入安静的无菌病房，映入眼帘的是奄奄一息的他。癌症真的能以迅雷不及掩耳之势从身心上摧毁一个人，曾几何时他是多么的体型魁梧、精神矍铄，如今却骨瘦嶙峋、神志不清，身上插满了大大小小的管子，无一处完好。我想和他说说话，却得知他的气管被切开，靠呼吸机、打强心针来维持生命。在大人谈话间我听到了治疗费用，那对于幼小的我十分震惊。

我不禁思考，在治疗无望的情况下，不顾一切用生命支持疗法抢救真的值得吗？

于是归途中我忍不住问了父亲，他沉默了一会儿说，若发生在你爷爷奶奶身上，就算存在一线希望也必须救，但如果不得不做出选择，那就听老人的意愿带他回家。母亲在一旁点头补充道，所谓养儿防老便是为了临终时有人陪伴，不孤单地走，更有尊严地走。他们说到做到，几年后，他们与亲人们协商一致，听从了两位老人的意愿：年事已高的曾祖母得知治疗无望，选择了回家休养；而爷爷生病后一拖再拖才送进了医院，幸而咽气前还有神智。

随着年龄的增长和见识的增加，大学的生命文化概论课程让我豁然开朗。把生命教育作为独立性或渗透性课程引入大学课堂，加强学生对生命价值的理解。拥有丰富而又深刻的生存感受的人，才能真正体会直面生活的悲欢离合、领悟生活的真谛与意义，体验自己生命的存在意义。若我身边那些草率地选择了轻生的同龄人，他们和他们的亲人，乃至整个社会能接触到这些知识，在大脑深处形成稳定、健康向上的生命意识，也许能从根本上避免很多悲剧。

在学习期间，我接触到了死亡质量一词。死亡质量指的是病患最后的生活质量。中国有大大小小的幸福指数，民众一般拿出"我不姓（幸）福姓张"的段子来调侃人生，却忽视每个人谢幕时必须面对的死亡。

生与死的较量在医院发生得尤为频繁，科技发展到今天，医生面对最大的问题不是病人如何活下去，而是如何死亡。2015年，EIU发布了死亡质量指数报告，涵盖80个国家和地区，英国排名第一，中国第71位。为何排名这么低？一是治疗不足，二是过度治疗。可以见到，除了迅疾的死亡，更多情况下家属坚持缓慢而无望的治疗，数据显示，中国人一生75%的医疗费用花在了无效治疗上，直到生命的最后一刻仍在接受创伤性治疗。

如今医疗保险发展更加健全，可以让保险承担部分医疗费用，保证生活质量有波动而不足以彻底改变。然而这不包括一些昂贵的进口药物。传统孝道让人无法眼睁睁看着亲人过世，宁愿倾家荡产延续病人的生命。患者只能被动承受，在治疗仪器的帮助下像个实验动物般"活着"。

扪心自问，一味地追求生命长度，就是我们爱和尽孝道的体现吗？不如在病入膏肓之前抽出时间好好陪陪家人，扩展生命的宽度，丰富生命的色彩。

我们应追求泰戈尔所描绘的"生如夏花之灿烂，死如秋叶之静美"。也许可以借鉴英国医生的做法，为患者得了不可逆转的绝症时提出建议——缓和治疗。它有三个核心原则：①承认死亡是一种正常过程。②既不加速也不延后死亡。③提供解除临终痛苦和不适的办法。在当今人口老龄化日益严峻，新的价值观挑战伦理势必碰撞出激烈的火花。但我相信，如同取消死刑犯死后的器官强制性移植，任何人都享有自己身体的自主支配权，既是对个体生命的最大尊重，也是生命伦理的重大回归。

我希望在未来，国内医院能普及临终关怀与姑息治疗。无利可图的"临终关怀"不完全等同于安乐死，它是家属与医院携手将患者的愿望放在第一位，提高患者生命质量，通过消除或减轻病痛与其他症状，排解心理问题和精神上的烦恼和恐惧，令病人内心宁静地面对死亡；而姑息治疗关注患者的躯体、心里的感受，秉承全人、全家、全程、全队、全社区的姑息服务理念，提升患者生活质量，减少癌痛折磨；帮助家属正视现状，在平静与感激中与患者共同面对。这更像是一种人文情怀下的护理照顾方案，是让老人和病人不用背负后辈高承受额费用的愧疚，保持安宁安心、身体完整得以逝去。对临终关怀和姑息治疗的关注，是人本主义对待生命和死亡的态度做出的代表性诠释。

若真正爱一个人，不如把选择死亡的权利归还本人吧。

直视死亡，活出意义

陈珊虹

谈到生命，我们想到的首先是生命的诞生，一个新生命呱呱坠地给个人及家庭会带来一定的影响，孩子的喜怒哀乐牵动着整个家庭的心，他的笑容带给父母的是满满的幸福感。即使偶尔哭闹，但小孩子的纯洁总能感染到我们，给生活带来不少乐趣，总体来说新生命的出现总是令人愉悦的。生命有诞生也会有结束的时候，生命结束对于我们大部分人来说似乎遥不可及，可当你真正接触了，奇怪，恐惧，或迷茫可能都会接踵而来，而对于死亡只有经历一系列这样的情感变化，才可以真正理解生命的真谛，理解死亡也是理解生命的一部分。

其实死亡离我们一点都不远。我爷爷和外公在我小学时相继去世，当时的我并不理解死亡，只记得当时父母每天都忧心忡忡的，轮流照顾在医院的爷爷和外公。爸妈在周末也会带我去医院，每次去医院我都会发现爷爷和外公的表情和爸妈是一样的，都那么忧愁。他们会对我说很多很多，说的内容也很相似，说舍不得我，但是他们无能为力，时候到了就一定得离开，我似懂非懂地回应着。几个月后，父母告诉我他们走了，我问爸妈他们去哪了？父母抱着我哭了，哭得撕心裂肺，我也哭了，当时的我似乎懂了他们再也不会回来了，生命总有结束的时候。小时候的我们经历得太少，遇到的事情似乎都会与死亡保持一定的距离，这样的环境给我们制造了一个死亡遥不可及的假象，因此我们也从来没有思考过死亡。

在可以理解死亡的年纪，直击它对于我们来说无疑是一次考验。高三的某天，我和朋友小嘉一起去吃晚饭，路过操场时发现有一群人围着讨论，我们并不知道发生了什么事，也没有停下脚步就这样径直地走进饭堂。晚上自习时，广播响起来了，内容大致是有个同学运动过量失去意识正在抢救。而这个同学正是小嘉从小到大的朋友，我急急忙忙跑去找她，见到她的时候她坐在地上，精神状态特别糟糕，眼睛无神地对我说："他走了，没抢救过来。"听完这句话的时候，我的大脑已经不受控制了，一直嗡嗡作响，一个年轻的生命就这样消失了，我无法相信，明明昨天他还和我们吃饭，聊着未来，憧憬着大学生活。他的离去，对小嘉而言一开始是完全无法接受的，她非常自责，自责没能去见他最后一面，让他孤单地离去。在接下去的日子里，小嘉的精神高度紧张，失眠变成常事。日子一天天过去了，虽然小嘉慢慢可以睡着，但她仍做了整整半年的噩梦。之后的小嘉对他的思念一直都在，与此同时她对于死亡的恐惧越来越重，她害怕讨论死亡这个话题，甚至刻意地去避开与死亡有关的所有新闻。

不过现在的小嘉已经可以直视死亡了，她告诉我自己在经历那件事之后，对死亡的恐惧达到高峰，精神也处于崩溃状态，但她阅读了大量的书籍，都是关于死亡的，她一直尝试直视它，一直告诉自己生命总会有结束的时候，结果成功了，在书海中她真的理解了死亡，也理解了生命，现在的她对于生命尤为珍惜，努力过好每一天。

死亡往往会引起我们对生命的思考。在我得知一个朋友患上胃癌这个消息时，我无所适从，开始失眠，躺在床上，思绪万千，回忆着我们之前每天放学一起回家，一起谈天说地，可如今他日渐显瘦，手上因打针留下了不少针孔，肌肉也开始萎缩，经常呕血，甚至失去意识。我特别心疼他，忍不住哭了。可他是一个特别乐观的男生，总是笑着对我说没事。在身边的人遭遇这种事之后，我真真切切地感觉到死亡就在我们身旁，似乎随时就会出现，而对于生命和死亡这两个话题也困惑了我许久，我感到迷茫无助。之后在亚隆的《直视骄阳》中我找到了想要的答案，"死亡虽是终点，但人生的意义却不会因此湮灭"这句话令我醍醐灌顶，死亡是我们的终点，但是对我们来说生命的意义才是我们活着的动力。我们总关注和害怕终点，忽略最重要的，即是生命意义。陆晓娅对《直视骄阳》的评价是这样的，固执走上对死亡的探索之旅，你就会得到启迪、陪伴和治疗——既然没有人能改变必死的命运，也就没有人不存在死亡的焦虑。对死亡的恐惧如影随形，一直跟在我们身边。让我们和它握手，因为向死而生教会我们活出意义，活在当下。

理解生命，活出意义。亚米契斯曾说过死是不存在的。他什么都不是，对于死。甚至连理解都不可能，而生命是可以理解的，他有着自己的法则，凡是好的东西都不会死的，而且它的生命力将随着时间的流逝而日趋强大。生命意义也是如此，即使在我们死亡时它也不会消失，只会越来越强。生命对于我们每个人来说都是非常珍贵的，只有一次，失去了就再也回不来了。但是每个人都是如此，对此我们是无能为力的，可如果因此就恐惧死亡，过度担忧甚至影响到我们的正常生活就不值得了，对于如此珍贵的生命，我们要做的是珍惜它，过好我们的每一天，这才是活着的意义。在跑步的时候，终点总会有人在意，但是跑步过程中的享受和惬意更是让人回味无穷。在人的一生，生命的终点是死亡，我们可以关注，但是与活着有意义，活在当下相比，死亡自然逊色了不少。死亡无法忽视，但是活出意义，活在当下更重要。在与死亡面对面时，直视它，探索它，在这个过程体会生命的真谛。

生与死、阴与阳

莫仲爱

每经历一次生死的离别，心里就多了一丝恐惧与悲伤，下一次再出现的时候心里会比上一次更痛更怕，更想努力去抓住点什么留下来。

生命是什么？似乎那些短短的定义不足解释其真正内涵。《人世间》《生门》之类题材的纪录片，他们一些真实的故事让我们对生命有更深的理解。人生就像在打扑克牌，总会抓到几张烂牌。有的烂牌抓到手上时就知道已经输了。张丽君26岁，怀有五个多月身孕，被查出胰腺癌晚期，由于有身孕无法从胰腺部位取组织，得知孩子不会被感染后，她决定把孩子生下来。她说：我生命终结了也应该把孩子带到这个世界上来看看，我好歹活了26年，他还没有来世界看过一眼。在孩子七个月时候她已经撑到不能再撑了才接受剖腹产把孩子取出来，肺部没有发育成熟的早产儿奇迹般地活下来了，随后张丽君被确诊为恶性程度更高的癌症，在生命的尽头，她依然乐观坚强感恩、珍惜世界一切的美好，向死而生。她明白了，她也珍惜并努力地活下去，可还是无法战胜病魔。很多时候死亡没有逼近你身边，你是不会懂也不会去思考生与死。或许我们每个人，都要努力去爱，去珍惜，去好好活着，才不会辜负来这世界一趟。生命是未知的，因为我们无法预知未来，不知有多少灾难与困难迎接我们；生命是奇妙的，因为它让这个世界有了更多的不一样，给世界增添了颜色；只有你接触过生死离别才会更加明白生命的珍贵与不易。

如果在生命的尽头，你已经无力停留于人世，你是否想过做些什么让生命得到延续，做些什么让生命更加有意义？我们最容易想到的就是器官捐赠。你愿意把你的器官或者遗体捐出去吗？或者当要你做决定的时候你愿意把你家人的器官或遗体捐出去吗？我们会受到伦理观念和社会观念的影响，大多数人都是接受不了的，特别对于老一辈，似乎这是连提都不能提的话题。一个病人等久了，他离这个社会就远了。我们也想要让这个世界多点爱，这个世界还有你活过的痕迹，有你的延续，这种永不休的"生命"，发挥生命最强大的力量。曾经听过一段话"人这一辈子一共会死三次，第一次是你心脏停止跳动，那么从生物的角度来说，你死了；第二次是在葬礼上，认识你的人都来祭祀，那么你在社会上的地位就死了；第三次是在最后一个记得你的人死后，那你就真的死了"。器官的延用，生命也在延续，也像从没离开。

生命仅仅是一个瞬间，你活着时候的每一个瞬间都是你的。有个人死了，他才刚刚意识到自己的生命如此短暂。他站在奈何桥上，迟迟不肯离去。佛祖对他说："好了，我们走吧。"那人说他还有很多事情没有完成，他不想走，他舍不得走。佛祖告诉他："你什么也带不走，因为什么都不属于你。你的身外之物它们属于这个世界，生不带来死不带走；你的身躯属于尘埃，不管伟人还是凡人，最后都不过一抔黄土；你的记忆属于时间，投胎后前尘皆忘；你的朋友和家人属于你走过的旅途，你们是彼此生命的过客。"男人泪流满面，心碎地问佛祖："难道就没有什么东西是属于我的吗？""你活着时候的每一个瞬间都是你的。"确实，生命仅是一个瞬间，几十年之后，一个石碑就是人生的终点，你站你的，我立我的。电话已经打不通了，因为我们都已经不在服务区了。

通常都说"人生如戏"，你是演戏的还是看戏的？我们的人生没有剧本，故事是自己编的，你阻止不了突发的意外中断这场戏。遗憾的是，我们每天都在忙着准备各种事情，但从没有想过为死亡做些准备。社会每天都在教我们怎么更好地活，但从来没有人教我们更好地死。"把每一分钟都活得像你人生的最后一分钟"，有没有想过如果真的是你最后一分钟那你会做什么？怎么办？你舍得就这么离开吗？明天和意外真的不知道哪个先来，无论你接不接受，有些事都会发生，不要留给这个世界的只有遗憾和后悔。好好规划人生的路怎么走。死亡没有那么可怕，在能活着的时候就开心活吧，多做点自己喜欢的事情，没有什么好畏惧的，来这世上一搏一拼本就没有打算活着回去，不开心不就很难为自己吗？

无声告白（节选）

温冰娜

"莉迪亚死了，可他们还不知道"，这是伍绮诗的《无声告白》开篇的第一句话。这句话读起来很沉重，家长们在某一天早上突然发现孩子不见了，继而便得知了孩子已经不在了，已经离开人世了，这会是怎样一种难以诉说的心情呢？当我们一次又一次地面对周围熟悉的生命悄然消失，我们会痛苦难过，我们会埋怨命运的不公，我们会萌生要珍惜眼前人的想法，可是，我们是否思考过生命消逝的背后在诉说着什么？那是一种无声告白，它提醒我们去寻找更多生命的意义。

2017年的4月27日，台湾作家林奕含在家中自缢身亡。在她刚出版不久的《房思琪的初恋乐园》里，人们读到了她的经历，理解了她被这个真实故事折磨、摧毁的一生。她自杀前，曾给大学好友发去信息，"我多希望，在我第一次被强奸的时候，我就已经死了了"。我觉得，她的自杀不是轻易放弃生命的表现，而是在挣扎了许久之后，在同内心各种苦楚的声音做斗争之后的一种妥协，她

第四篇 生命的夜曲

不愿自己再这样行尸走肉般地活下去。她敢于去出版这样一本充满噩梦的书，敢于直面这个让她有点失望的社会，最后又渴求通过自己的死让社会正视性侵这个问题。

所幸，林奕含去世后，台湾民众群起破案，并且引发当地的地检署介入调查；一些新的法规也在那时建立起来，旨在保护像林奕含这样的受害者。她的去世也鼓励了那些与她有相同经历的受害者敢于发声，让施暴者得到应有的惩治。林奕含的无声告白拯救了万千不幸的受害者，指出了这个社会存在的不受公众所重视的丑陋的一面；她让更多生命重燃希望之火，也让那些爱自己的人获得些许安慰，激励更多人去创造一个更加美好的社会环境。

岁月无声，告白无声。每个人对待生命的方式不同，每个人对生命的意义的认识也不尽相同。伍绮诗在《无声告白》中写了一句令人深思的话："我们终此一生，就是要摆脱他人的期待，找到真正的自己。"生命是自己的，只有一次机会，怎样对待生命自己说了算，所以有很多极端犯罪等违法者会为自己辩解：命是我的，我想怎样就怎样。因为我们周围有太多人了，他们期待我们成为他们心目中的样子，而如果我们在重压下无法自我调节，往往会产生一些负能量，甚至放弃生存下去。同样是要摆脱他人的期待，有的人能找到真正的自己，活出自我的精彩，有的则走上极端，走上不归路。

《无声告白》中，莉迪亚的死，她的无声告白就是对生活的一声声控诉。没有人愿意一生都活在别人期待的眼里，但很多时候却只能在这样的环境里屈服，让他人创造自己的生命价值，让他人为自己寻找生命的意义。莉迪亚的死，是一种无声告白，她告诉父母她对这样的生活感到绝望，她已经无法去寻找自己原本想要追寻的生命的意义，与其那样活着不如就此结束自己的生命，她希望父母明白，每个生命个体都有自己想要追寻的，不需要他人的过多干预；这种成为父母所期待的负担与压力，通常会摧毁一个生命，而不是塑造另一个全新的生命。

俗话说，会哭的孩子有糖吃。有些时候，只有表达出来，别人才会知道你想要的是什么，而沉默往往带来的是相反的结果。然而，无声的世界也会蕴含许多引人思考的事情。有些事情道不清说不明，只能凭借自己的心灵去体会，从中去领略无声告白的魅力。生命是抽象的，它可长可短，可大可小，怎样去看待生命，可以说是全凭个人想象，全凭个人去创造自己的生命价值，但又需要社会这个大环境去支撑，一个独立的生命难以出众，它总是需要其他物质去给予一些能量，继而让我们的生命发挥出更大的价值。

生命诚可贵，每一个生命都值得被温柔相待，每一个生命理应绽放出不一样的光彩。我们希望这个世界能更多地去包容那些不一样的生命；希望我们所处的这个社会大环境有更多的保障,让每一个生命都敢于发声,敢于诉说自己所追求的生命的意义,而不再是各种各样的无声告白;希望那些正在遭受不幸或者曾经遭受不幸的人能积极面对生命中的不如意,化悲痛为动力,敢于寻找不一样的生命历程,敢于发声;希望有更多人珍惜生命,不再轻易地伤害生命、放弃生命;希望我们都能倾听生命之声,享受生命带给我们的各种情绪……

花开花落,我一样会珍惜

许芷茵

那是那一年,蝉鸣的夏天。生命对于两年前的我来说,还没感受得像现在这样真切。两年前,还是高三的我,送走了我最好的闺蜜。她如我一般爱笑爱玩,唯独不爱花心思在学习上。有些人真的是会一拍即合,如我们。年轻总是有无限的勇气与活力,我们跟所有的姐妹淘一样无时无刻不粘在一起,日子也就这样日复一日地过去了。其实一切来得都很突然,以至于我现在都没回过神来。无原因的反复发热令她不得不休学住院治疗,忙碌的高三我真的难以抽空看望她。直到那天,她的家人来到学校帮她收拾她留下的东西,告知了班主任她的噩耗。我已经没办法也打从内心抗拒去回想起我是如何度过那段难熬的日子的,班主任说出的一字一句都重重戳穿我的心窝。我变得没有灵魂一般,整天浑浑噩噩没有喜怒哀乐。成绩一落千丈之类的我也无暇顾及,身边人对我的种种安慰我亦充耳不闻,我只知道我那时真切地感受到了小说经常写到的那种刻骨铭心的痛,内心充满无限的惋惜和愧疚,没能在她最需要我的时候在她身边。她独自与病魔作斗争的样子有多勇敢,她所承受的痛苦与折磨就会加倍。

还记得那一天,我像行尸走肉般去到她的追悼会送她最后一程,感觉身体被掏空,我很后悔用这么狼狈不堪的样子去送别她,她知道了肯定会很担心吧,毕竟她曾经这么疼我照顾我。脑海里只留下了她的一颦一笑,重感情的人永远是最万劫不复的,逝者已矣,留下生者在痛苦的回忆中无力地挣扎。然而,所有的回忆在死亡面前都变得苍白无力。很想对她说一句:"光是认识你,我这辈子就已经赚到了"。

我总是反复想,上天为什么会将如此美好的人带走,可能真的因为她太美好了上天想独占吧,天堂上面缺什么,就会从人们身边带走什么。即使已经过去两年,每当走回那些一起走过的路,总是会想起曾经的欢声笑语而陷入美好记忆的漩涡。或许,有些伤口结了痂,却是永远没办法愈合的伤痛。对于那时候的我来说,我敬畏生命且惧怕疾病,疾病总是能很轻易地摧毁一切美好的人与事。她的离开让我做了一个决定,学医。这也是我会来到广东医科大学的原因。我的想法很单纯，就是想要战胜疾病，为了挽救一条生命作出贡献，哪怕是一点点。

"有时候，上一秒还在陪你看风景谈天说地的人，下一秒就离你而去"，人生无常，珍惜眼前人，经历了至亲的离开，人生观总会或多或少受影响。不怕别人笑话，在学医的日子里，学到的知识越多，我越怕死。生命脆弱到令人惋惜，同时也强大得令人肃然起敬。有人会因为内心郁结不解轻率地结束自己的生命，也有人为了继续活下去每天都在与死神顽强不屈地做斗争，蒲公英被风吹散也许就会在被人遗忘的地方开出一片花海。

在我看来，疾病才是世界上最可怕的事。可能是因为我的身份，我想要战胜疾病却又心存敬畏。现今医疗技术不断进步较以前的确发达不少，各种大病小病疑难杂症亦渐渐得到妥善治疗。然而，我们仍会在大自然和生命面前束手无策，面对身边一条条鲜活生命逝去，我们所能做的真的有限。脆弱的生命有时候经不起人生这条大河的折腾，总会遇到这样那样的挫折。生命能够承受多大的重量，又有着怎样的韧性，没有经过考验我们谁都不得而知，但我们更加清楚地知道生命是如此脆弱。

生命如花，只能绽放一次，享受一个季节的热烈与温柔。从呱呱坠地，到垂垂老矣，人的一生可长可短，充斥着种种美好与不幸。多少婉约柔美的回忆，装点了岁月碾过年轮。人生在世几十年，说长不长，说短不短，珍惜生命其实也就是以自己喜欢的方式过好眼下的每一天。每当我想起她，我就会提醒自己好好生活，替她多看看这个还有很多未知的世界，感受更多的精彩。一花一世界，一度一轮回。《摩耶经》中说，人生的旅程就是步步近死，从出生那时起，我们就在接近死亡。索尔仁尼琴说："生命最长久的并不是活的时间最多的人。"既然生命如此短暂而无常，我们更应该好好珍惜，好好利用，好好充实。虽说生老病死是常事，在某种程度上，我们无法关注自己的生命，更无法抵挡死期的来临，但在有生之年，我们却可以让自己过得充实而有意义，这样才不会辜负生命白活一场。

我不是一个没有故事的女孩。我相信，每个人都会有属于自己的故事。生命亦并非永远残酷无情，同时它也是温暖人心的。2008 年的汶川地震生灵涂炭，我也见证了各种生命的奇迹：受伤截肢的舞者依旧在轮椅上绽放属于自己的光芒；伟大的母亲用自己的身躯为怀中的婴孩争取生存的希望；勇敢的消防官兵和热心的志愿者奋战在抗震救灾的最前线；举国众志成城共渡难关重建家园……这一切一切都感人至深，生命在此刻变得无比强大，坚不可摧。珍惜生命不能仅是局限于自己的生命，同样的，别人的生命我们也应守护。我们可能无法选择生命的开始与终止，却可以选择如何度过这短暂的一生。

我经常想，如果真的有如果就好了。如果有如果，也许一切都还来得及。可惜没有如果，只剩下结果。如果世界上没有疾病没有苦痛，如果我能珍惜与身边人在一起的所有时光……这些如果，都是因为我不够珍惜，现在后悔不已。生命没有如果，它从来都是说一不二，我们真的都应该好好反省一下，为什么总是在失去之后才懂得珍惜。不懂得珍惜的人只会不断地失去，因为，生命不相信如果。

"您是第118184位中国人体器官捐献志愿登记者"，我终于把我内心的想法付诸于实践了。谁都有求生的欲望，谁也有不幸的可能，我希望到那个时候有人能救我，所以我也希望我死后能救别人。器官捐献，就像一颗颗种子，换了一片土地，发了新芽。毕竟，有施，才有受。每个人对于挽救生命能做的事可能都只是微不足道的，可是这种观念的转变或者所做出的一个简单的决定，也许在下一刻就能改变一个甚至几个陌生人的人生。

人生路还很长，我不会再因世事无常而悲天悯人踌躇不前，相反，我会更加努力地生活，每一天都用自己喜欢的方式度过。她的离开，让我成长，我很感谢她，使我对生命有了新的理解，也学会了珍惜与放手。生如夏花之绚烂，死如秋叶之静美。生者总要继续生活，将所有的思念存放心中，每当想起她，就努力生活，也许这才是她最想要看到的我。

花开花落，我一样会珍惜。

你怕死吗

鲁小迅

"同学们，你们觉得死亡的定义是什么？或者说你们觉得评判死亡的标准是什么？"生命文化概论课上，老师如是问。

"嗯？死亡的定义？嗯……"愚蠢的我在认真地想着这个没有答案的答案。

"死亡"这个词，对于土生土长的中国人来说是一个比较不"吉利"的词。所以聪明的中国人想了很多词来代替"死亡"这个词，如高雅一点的有：驾鹤西去、仙逝、与世长辞等；通俗一点有：嗝屁了，见马克思去了，翘辫子了等，不一而足。

在古代，人们对"死亡"这个词就更加讲究了，不同身份的人死了还有不同的说法。和尚死了称"圆寂"，道士死了称"羽化"或"登仙"，皇帝死了称"驾崩"，大夫死了称"卒"，士死称"不禄"，平民百姓死了才称"死"……

从古至今，人们都很忌讳谈"死亡"这个词，人人都渴望长生，中国的历史长河中从来就不缺少"长生不老"的故事。一统六国的秦始皇派徐福到海外三神山（蓬莱、方丈、瀛洲）为其求长生不老药，平民百姓希望通过修道或拜佛而成仙成佛，连小说里大闹天宫的孙悟空当初离开花果山的目的也只是"习得长生不老之术"而已。然而，悲剧的是人们都不得不面对一个事实：谁都免不了一死。所以……你怕死吗？

接近死亡

我最接近死亡的一次是最疼爱我的爷爷去世的时候。我还是落于俗套地讲述自己亲人去世的经历，但我觉得每个人都有一段难以释怀的亲人去世的经历吧！

我是爷爷最小的孙子，从小就深得爷爷的宠爱，家里吃的玩的，我都是优先享用，哥哥姐姐"欺负"我时，被"责骂"的总是他们，因为爷爷说"大的就应该让小的"。安逸的日子就这样一天天地过去了，然而爷爷的病却一天天地加重了，直至病重躺在床上……

爷爷去世的前两天，原本病重的爷爷突然能坐起来了，把我叫到床边。此时的爷爷已经因病瘦得皮包骨了，真的就是骨架外面包了一层皮的那种瘦，但爷爷还是笑眯眯地跟我说着话，然而年幼的我并没有意识到什么，依然跟爷爷撒着娇……

聊了一会儿，爷爷说他累了，想休息。我一听爷爷说想休息就想转身离开，刚转身的时候爷爷又把我叫住了，硬要塞给我一百块钱。一百块钱对于现在来说可能并不算什么，但那时候猪肉也才几块钱一斤而已，而且爷爷本来也因病花光了所有的积蓄，这一百块钱可能就是爷爷仅有的积蓄了。我当时就愣住了，虽然爷爷每天都会给我几毛钱买零食，觉得爷爷给我钱也没什么不对，但这时我的第一反应却是我不能收这个钱，心里有种莫名的心慌。爷爷见我不肯过来，脸色突然变得严肃起来，我从未见过这样的爷爷，我被吓得有点想哭，但还是听话地走了过去，接过了这一百块钱。当爷爷看到我想哭的样子之后，又马上来哄我，爷爷看到我被哄开心了才安心地躺下休息。我被爷爷逗开心了，就忘了刚才的不安，"没心没肺"地走开了。

第二天早上，爷爷的病情又突然加重了，连话都说不出了，医生来了一下又走了，父亲开始打电话，之后，姑姑伯伯他们都陆续地回来了。我们这些小孩子被大人们带到了一个房间里待着，不让我们去爷爷房间。我在靠着门口的椅子上坐着，看着外面的大人非常忙碌地走来走去，我不知道他们在忙什么，但我却莫名地觉得家里的气氛变得有点"阴森"和"恐怖"。

懂事一点的哥哥姐姐说，"爷爷可能快要死了。"当时的我对死还是似懂非懂，对哥哥姐姐的话不以为然，和蔼可亲的爷爷怎么会死呢？我这样想着，却没有跟哥哥姐姐争辩。我当时觉得脑子有点空，什么都不想理睬，想去爷爷那，却发现爷爷的房间里站满了人。

爷爷在这天下午去世了，是否"安详"地离去？我不得而知，我没看到也没问过，大人也没说。

按照家乡的习俗，老人去世之后，其子孙要为其守夜。第二天才下葬。守夜那晚到第二天爷爷下葬，家人们都哭得很伤心，而我却哭不出来，因为在我看来，爷爷只不过是在棺材里安详地"睡"着而已，看，爷爷的面容依然是那么的慈祥……

这是我第一次如此近距离地接近死亡，给我留下的印象就是再也见不到爷爷了，那种失去亲人的痛让我到现在都记忆犹新，原来"死亡"是如此的痛苦。"树欲静而风不止，子欲养而亲不在"，要说我这二十年来最大的遗憾是什么的话，我一定会说：没有好好孝敬过爷爷，连机会都没有。我每次想起爷爷，我都很想紧紧地拥抱一下爷爷，哪怕就一下，很想亲口告诉他我很想他，很想……

无惧死亡

爷爷的去世让我近距离地接触到了死亡，让我明白了亲人的死亡是一件多么痛苦的事，那是一种让我永生难忘的痛，但这并没有让我害怕自己的死亡，感觉自己离死好像还很遥远。

爷爷去世之后，原本为了维持家庭生计跟随父亲外出打工的母亲在办完爷爷的丧事之后，就留在家里照顾哥哥跟我，让我们兄弟俩暂时摆脱了"留守儿童"的头衔，拥有了一个半完整的家。

就这样过了几年，当哥哥和我都比较懂事的时候，母亲再次为了家庭的生计而跟父亲外出打工，只留下哥哥和我两个人在家，这次，我们连"留守儿童"的头衔都没有了。

母亲刚离家那几天，我天天望着门口，希望母亲会突然出现在门口，然而并没有。我有点想哭，觉得自己好像被抛弃了一样，幸好那时候哥哥比较懂事，不仅能够照顾我，还经常安慰我，让我逐渐习惯了这种"自力更生"的生活。

那时候，农村里煮菜做饭都是烧柴火的，菜也是自己种的。所以我们兄弟俩平时除了上课之外，还要锄地种菜，同时利用周末时间上山砍柴。

因为农村里大部分人煮菜做饭都是靠烧柴火的，所以近一点的山上都没有柴可以砍了，每次我跟哥哥去砍柴的时候都要走很远的山路。

有一次砍柴的时候，路过一座"悬崖"，悬崖的斜度约有80度，高约200米。悬崖中间有一棵挺大的树，也挺适合当柴火的。于是我就跟哥哥说："要不我们去把这棵树砍了吧！我们一起抬回去，就不用走那么远的山路了"。有点恐高的哥哥起初也不同意，但在我的一再坚持之下，哥哥就同意了，但叮嘱我要小心一点。

由于悬崖上稀稀疏疏长着些草丛和藤蔓，所以我抓着这些草丛还是比较容易地爬到了那棵树旁。我砍那棵树砍了将近半个小时，在那棵树快要倒了的时候，我又用脚去"推"了一下那棵树，树马上就倒了，但我由于一下子没反应过来，没站稳也跟着掉了下去。

在下落的过程中，我觉得自己好像要死了，虽然爷爷的去世给我留下难以忘怀的死亡的伤痛，但我却没有觉得死亡对自己而言有任何的痛苦。然而，最后，我像很多武侠小说里写的那样，被悬崖上的一些藤蔓给救了。这样一说，还让我有了一种写武侠小说的感觉，唯一的差别就是：我没有获得盖世神功。

下来之后，我并没有什么感觉，哥哥却吓得不轻，连问了我好几句有没有事。在回家的路上，我只有一种感觉：这棵树好重，我跟哥哥都抬得很吃力。

我也搞不懂那时的我为什么这么不怕死，这么不懂得爱惜自己的生命。现在回想起来，确实是挺可怕的，反正现在的我是不敢再去砍那里的树了，我宁愿走多一点山路。想想也是，要是那个悬崖不危险的话，这么近的树还轮得到我们砍吗？

害怕死亡

以后的生活还陆陆续续有一些"作死"的经历，但不管以前的我是如何的不怕死，反正现在的我是怕死怕得要命。

这个转变，可能是因为我越来越"懂事"了吧！而这个"懂事"却是从父亲被查出患有重病之后才开始的。父亲患了重病，无法再工作了，每个月还要支付一笔医药费。那时候我才上高中，哥哥准备上高三了，家庭的重担全都落在了母亲一个人身上。

哥哥参加完高考之后就直接出去打工了，因为父母实在无法支付我们兄弟俩的学费，而且父母觉得我上的是市重点的高中，应该会比哥哥考个好一点的大学。哥哥对此没有一点怨言，反而觉得供我上大学和维持家庭生计是他的责任。

高二第二学期，父亲突发胃出血住院了。当哥哥告诉我这个消息的时候，我心里咯噔了一下，心里很慌，有点不知所措。我本想请假去看看父亲的，哥哥却说不用了，他说家里有什么事他会撑着，他会照顾父亲的。哥哥的话总是能够让我安心，万幸的是，父亲逐渐康复了，但医生叮嘱父亲隔三个月要去医院复查一下。

那年国庆节那几天刚好是去复查的时间，于是，国庆节放假的时候我就回了趟老家。从学校搭车回老家只能搭到老家所在的那个镇上，镇上离我家还有七八公里的路程。在回家的路上，父亲时不时地打电话给我，问我到哪里了，而我却一直重复着这么一句：我也不知道到哪了，别担心，快到镇上的时候我会打电话给你的。

车到镇上的时候，父亲已经早早地到车站了，我拿好行李准备下车，却看到父亲穿过拥挤的人群往我身边走来，接过我的行李。虽然父亲的脸上依旧是那个严肃的表情，但话却好像比平时多了很多，在回家的路上跟我讲了很多家乡的琐事。以前的我很少听父亲讲"废话"的，父亲平时话也不多，但现在的我才发现：原来"废话"也是蛮好听的，听着还有点小开心。

回到家的第二天下午，我就跟父亲去了市的人民医院。我们去到医院的时候已经是晚上六、七点了，医生已经下班了，所以我跟父亲就先在医院附近随便找了家旅馆安顿了下来。

吃过晚饭后，我想着难得带父亲来一次市里，就带父亲去了一个离我就读的高中比较近的一个公园逛逛，因为其他地方我也不熟。这个公园挨着一条江，江的两岸灯火通明，霓虹灯在不停地闪烁着，江上的船放着嘹亮的音乐，一副歌舞升平的景象，而我跟父亲却漫无目的地走着，显得跟这座城市有点格格不入。

一路上父亲跟我说了很多他的心里话。父亲说他要是没患病的话就不会拖累这个家了，更不会不让哥哥读大学，还"含蓄"地说要是哪一天他不在了，他唯一的希望就是我和哥哥能够一直这样和和睦睦……

我仔细地听着，但没有搭父亲的话，因为那时的我不仅不知道如何安慰父亲，脑海里还一直想着那句："要是哪一天我不在了……"我很害怕这一天的到来，也不知道如何去面对那一天。

这一夜，我躺在旅馆的床上想了很多。我回想起了爷爷去世时的那种疼痛感，想到要是父亲真的不在了怎么办？我还没好好孝敬父亲呢！此时的我对死亡有种强烈的恐惧感，我害怕自己死亡，因为我的死会给家人带来伤痛；我更害怕家人死亡，因为他们的离开会让我比死还难受。

你怕死吗？现在无论谁问我这句话，我都会毫不犹豫地告诉他：我怕。因为"怕死"的人才会更加珍惜自己和他人的生命，害怕死亡的人才不会因为一点挫折而选择自杀，更不会因为一点矛盾而去伤害他人的生命，人人都"怕死"或许能让我们更加珍惜彼此的生命，让我们的社会更加和谐。

……

"嗯，很好，每个同学都回答了他们对死亡的理解，答案都是对的，因为你们的答案是从不同的角度来理解死亡的,所以你们的答案凑在一起就是完整的答案了。接下来,让我们一起来看看书上是怎样给死亡下定义的,从医学的角度上来说,死亡是……"老师听了同学们的答案后如是说。

上了"生命文化概论"课之后,自己对死亡的理解似乎加深了,起码自己对死亡有了一个更加全面的了解,让我对生命多了一份敬畏之心,同时也让我明白尊重他人的生命也是尊重自己的生命。

在中国历史长河中,杀身成仁、为国捐躯的英雄事迹数不胜数,难道他们就不怕死吗?我觉得他们都是怕死的,但他们都找到了比自己生命更有价值的东西,所以他们才会在死亡面前表现得视死如归。著名的史学家司马迁曾说过:人固有一死,或重于泰山,或轻于鸿毛。当我们找到超越自己生命价值的东西之后,死亡对于我们来说或许就不那么可怕了。

倾听生命之声

张柳原

看着生命文化征文活动的主题,关于生命,一个既抽象又具体的名词却蕴含着深刻的意义,我突然无从下笔。不是对其毫无头绪,只是不知从何说起。坐在窗前,翻看笔记本,窗外狂风乍起,"呼～呼～"的声音萦绕耳畔,书桌的本子被风吹得页页掀起,窗外的树木发出"沙沙沙～"的声音,夹杂着风犹如一曲大自然的篇章。

渐渐地,空中的乌云集聚一团,掩盖了蔚蓝的天空,有种城欲倒的感觉,压得我喘不过气,点点雨滴"滴答～滴答"地拍着窗户……我看着窗外的一切,听着自然的乐章,随着跳动的音符,我陷入了沉思。

电闪雷鸣有声,大雨飘落有痕,花开花落均有声。那生命之声又是什么?

"哇哇～"的阵阵婴儿声刺入我的耳廓,那声声的哭喊让我不禁心疼,不知道为什么脑海会突然呈现了孩童时期的画面。"丑八怪又哭啦……"结伴而行的小伙伴准备开始去取笑阿八。

阿八是位70多岁的拾荒者,他衣衫褴褛,居室简陋,现在回想起来,太多的画面已经模糊,依稀地记得他住在小巷的尽头,此外,我清晰地记得,那有点历史年代感的自行车是唯一看起来最值钱的家当,而且它对于阿八来说也极其重要,因为每天他都要骑着它到处捡破烂,当然,还要背上丑八怪,风雨无阻地工作。后来,我才知道丑八怪是位弃婴,不知从哪天开始阿八便与他相依为命。记忆倒退在此刻,我双眼不禁湿润起来,这不仅是怜悯阿八,更多的是痛恨自己的不懂事,因为我也曾和小伙伴取笑过他,还胡说八道。重要的是我们也曾取笑丑八怪……如果时光可以倒流，我们绝对不会再这样做，那时不懂事不知为何丑八怪会如此的丑，不明白丑八怪的嘴唇为什么会缺了一点，更不懂为什么他们俩是如何维持生计的。

现在想想，一切的疑惑都仿佛有了答案，脏兮兮的阿八是值得尊敬的，因为他有颗善良的心，丑八怪是值得怜悯的，因为他是一位兔唇的弃婴，仿佛一切都是冥冥中注定的，当生命遭到一方的唾弃时又会从另一方得到珍惜。

风继续刮，雨依然下，窗外的行人匆匆忙忙地行走，仿佛在追赶着什么，不知道此刻他们又在思考着什么。忽然，一位坐着轮椅的老奶奶引起了我的注意，她的身后是位上了年纪的大妈，或许是她的女儿，又或许是她的儿媳妇吧，然而，这些都不重要，重要的是她们之间肯定有一定的关系，因为从背影来看，这是感人的一幕，因为这是一种风雨中的不离不弃。

那一刻，生活的录影带倒退回到两年前，那一年，我读高三，由于高考的紧张，家里人为了不让我分心，向我隐瞒了奶奶病重住院的事实。那个周末，我像往常一样回家，可是在吃饭时我觉得有点不妥，在忧郁的气氛中，我打破了沉静，在我的再三要求下父母才同意我去探望奶奶。

一股强烈的消毒水的味道加重了医院肃穆的气氛，看着病床上的奶奶——双眼闭着，憔悴的面容让我双眼不禁泛红，握着那消瘦的手，心情十分复杂……后来，家人告诉我，病危通知已经下发……在那一刻，我泣不成声，我忽然对生命有了前所未有的感慨。然而，幸运的是奶奶终于战胜了死神，虽然现在身体欠佳，但是依然能过好每一天……

我不太确定生命之声究竟是怎样的，是如潺潺流水般清脆，是惊涛骇浪般洪亮，还是如雨滴飘落般悦耳？倾听来自心底的声音，那是生命的声音，是跳动的灵魂，舞动的精灵。都说，雁过留痕，花开有声，对于生命，我们该聆听的又是什么？

看到本子里记录了这样一个故事片段：在暴风雨后的一个早晨，一位男士在海边跑步，注意到沙滩的潜水洼里，有许多被昨夜的暴雨卷上岸来的小鱼。被困的小鱼尽管近在海边，也有几百条，甚至几千条，然而用不了多久，浅水洼里的水就会被沙粒吸干，被太阳蒸干，小鱼就会干涸而死。那位男士突然发现海边有个小男孩不停地从浅水洼里捡起小鱼，扔回大海。男士禁不住走过去："孩子，这水洼里面有几百条，几千条鱼，你救不过来的。""我知道"小男孩头也不回地回答。"哦，那你为什么还在扔？谁在乎呢？""这条鱼在乎！"男孩一边回答，一边捡起一条鱼扔回大海。故事读到这里，我已经无法按捺自己的情感，对生命的敬畏，不是要惊天动地的大举动，举手投足间更显意义非凡。

生命诚可贵，你我都应该珍惜。打开电视，关于自杀的新闻报道让人不禁唏嘘；打开收音机，关于无情杀害学生的新闻令人发指；阅读报刊，关于意外事故的伤害让人痛惜……倾听生命之声，丝丝叮咛唤起你我对生命的思考，阵阵呐喊，唤起你我对生命的尊重。回顾故事，小男孩的行为是否给了我们启迪，再卑微的也是生命，是生命都值得尊重与珍惜。

雨还在下，阵阵敲打着窗户，"嘀嗒嘀嗒"地敲打我的心房，关于生命，这个神圣的名词，无法用太华丽的辞藻来修辞，朴素的言语，简单的描绘都是一种沉思。这一刻，我思绪万千却依然无从下笔，倾听生命之声绝对不是空喊的口号……相信用心去聆听，你也许会获益良多。

尽管在不同的时间段我们都有着不一样的烦恼，我们还是要一步步地往前走。倾听生命之声，收获的是对生命的认识和对生命价值的揭示。在这喧嚣的城市里，我们不应该做生活的傀儡，倾听来自心底的声音，唤起对生命的思考……然而，生命都是值得尊重与爱惜的，无论多卑微，无论多庞大，存在的意义都是不同寻常的。

你的微笑

温璐璐

慢慢地越来越明白；
慢慢地越来越了解自己；
想感谢每一件给过自己鼓励的事；
想报答每一个给过自己帮助的人；
无论我们多大，只要我们还在奔跑；
就会期盼未来，挣扎过去；
那些发生就忘记的；
那些发生便珍藏的；
都会在某一个时间被拿出来一一细数。

就像史铁生说的那样，有些事情，我没有忘记，也不能忘记，只是不能常常拿出来祭奠。

都说剪不断理还乱的是离愁。后来，所有人都会发现离别还会再聚首，可总有一些人的离去是无法回首的。

我们都走过不同的年代，我们都有我们自己的思维方式，我们都经历过新时代的洗礼，我们有着千丝万缕的联系。

你见证我来到这个世界，你陪伴我走过了嬉闹的童年，青葱的少年，却不能与我一同领略我的成人世界。

我的记忆没有那么深刻，可却有说不出的触动。

小时候，你总会送我们几个小孩去学校，你总喜欢笑着说，你堂弟受伤了，我背着他，你就拉着我的衣角吧。那年夏天，我总记得你的微笑，也记得你那带着花的衣角。

放学，我第一件事总会是去找你。你就这样坐在椅子上笑着和邻里讲着我不那么感兴趣的事。我也不会去找小伙伴，也就只是呆呆地看着你们几个老年人各抒己见，你们偶尔会争执，偶尔又嫣然一笑。现在想来，我也不知道那时的自己为什么总喜欢怔怔地看着你。或许是你们有时候也会有那么几个生动的故事，又或许是我已经习惯了这样的自己。我很感谢那时的自己，让我有足够的时间将你的模样刻进我的脑海里，把你的微笑印在我的心里。

你的微笑占据了我的眼眸，亦有你的掌心的温度温暖了我的心。你的手是典型的农村妇女的手，不如别人的光滑白皙。我也想象不到在我记事之前你做过哪些农活。我更不知道那双粗糙的大手是如何一个人独自撑起一个四口之家。我知道的只是家里的三个小男孩既成人父后，你清闲了许多，也知道那双抱着我的手是这般厚实，那双牵着我的手是这般安全。还有那双烹饪的手。味觉是最永久的记忆，亦是最易存留在内心的东西。那双躁动的手是我不忘的记忆，是我想保存的流年，是我要定格的瞬间。那个我要定格的瞬间亦有你的微笑。你很爱笑，你总是对我们俩很骄纵。我们犯错的时候，你也只是笑笑说，"小孩总是在小错中成长。"你不曾责怪过我，你没有太多的言语，你不会那些磅礴的字眼，你也没有出口成章，可你却是我的人生导师。你总说"爱笑的人运气不会太差"你也总说"我们要善良，就算被欺负了，也要告诉自己，那个人不是故意的。"刚开始我不懂为什么我们要这样委屈自己，后来我慢慢地发现，这并不是委屈啊。只有不去计较，我们才能忘却那些不愉快，我们才能继续期盼未来。可不知道从什么时候开始白丝在你头上攀爬的速度越来越快。我们都不曾注意那些会到来的生理改变，可当有一天，我从学校回来却发现那个之前每天坐在门前与同龄人闲谈的你变了，你的头发花白了许多，你的嘴角多了几道皱纹。可你还是那个爱笑的你。

然而，我们所有人都始料未及的是距离上一次见面已经快一年了。一年我的变化不足以陌生，可是你的变化却让我感到恐惧，感到心痛。那是有感知的面对至亲因为生命衰落而不再见面的事实。

我还记得你掌心的温度，你总是嫌弃我一到冬天就四肢冰冷，可却总是一边说一边给我搓手。你那粗糙的大手总会搓痛我，可我也不舍得放手，因为我慢慢发现你的微笑多了几道皱纹，你的双手少了几分力道。

我依旧忘不了你的微笑，不变的是你那6颗皓齿。那个面对生命衰落依旧担心我们儿孙辈的你，只是笑着说，"我担心你还没毕业，担心你哥还单着。或许在她的眼里我们便是她的全部。"

　　去年中秋，你还嘻嘻哈哈地跟我们话家常，我也是在你笑的时候，静静在一旁按下我的快门。那时候的我并不知道，你的每一个动作都是你给我们最后呈现的画面。我不知道，那天以后，原本生存率极高的手术会因为并发症而夺取你的生命。

　　直到，最后一次见你，你已经很难发声，只是艰难地叫着我们的名字，忍着肌肉牵拉的痛对我们笑。那是你最后一次，也是最让我心痛的一次。那也是我最后一次叫你奶奶。

　　对你而言呢？那个远在天堂的你，还记得我们的模样么？我在很努力地回忆着我记得的点点滴滴，用那一点点温存继续感受你掌心的温度，捕捉我脑海中你所有微笑的画面。我怕有一天记忆力会下降，我怕有一天会忘记当初所有的珍惜。

　　许多年后，我们都会想起，总有那么一个人的微笑，或是手，又或是背影是我们久久不能忘怀的，即便那个人已随炊烟飘去。

　　不知道从何时开始我们之间多了想念，
　　也不知从何时开始我们之间只能怀念，
　　更不知从何时开始我们之间只有我在纪念，
　　或许再过一年、两年、三年……十年……
　　我能接受这既定的事实。
　　走走停停，人来人往，一下便把我拉进了不同的瞬间，
　　如果遇见十年前的你我，
　　我会说些什么，
　　就这样随着我的思绪。

我还想你，却没法再见了啊

余钰璇

　　前一晚还通了电话，约好了高考之后去见面。我怎么也不愿意相信，父亲接的那个电话，是关于您离开的消息。

　　我也不记得，那天晚上我是怎样哭着哀求母亲带我去见您，怎样在火车站跑着去找补票的工作人员，怎样睡在拥挤的过道里……我以为还能去医院，而的士直接开到了房子旁的马路上。姨母和母亲突然爆发的大哭，才让我相信，您真的不在了。

看过很多文章，形容刚去世的人"像睡着了一样"。可是我见到的您，皮肤皱在一起，嘴巴微张，那面容让我不敢靠近。进入屋子的人越来越多，哭声此起彼伏。舅舅和外婆一直坐在地板上，没有起来过。

按照当地的风俗，要将棺材放在生者所居住的房间三晚。我成了身穿丧服里年纪最小的亲属。跟着长辈们做着烦琐的仪式，反反复复听着听不懂的悼词。那时临近月考，长辈们说不要把功课落下，所以到了晚上，就在你的房间里边学习边听长辈们讲以前的事情。他们说，两年前您在做工的时候摔伤了手，便已经是一个转折点。您从那时开始，郁郁寡欢，感觉以前身强力壮的自己如今却什么都做不了。过年的时候，以前都是自己杀猪，现在还要花200元去请别人来杀。您心里很不舒服。在那陪伴您的几天里，我每天早上一醒来，就会想起您在出事前和我打的那一通电话，念念叨叨的还是以前那些"好好听话，好好读书，过年回来给你包个大红包……"这样的话。我都是嫌啰嗦连忙说"好好好"，没想到那通电话，变成了最后一次的通话。

我还记得，您会做很好吃很好吃的菜。因为我喜欢吃您做的兔子肉，您还特意养了兔子，等我回去的时候做给我吃。我体质寒，冬天的时候会手脚冰冷，母亲告诉过您这件事，您便养了两头羊。我还记得您带我去抓鱼，看见您说"以前手没受伤的时候可以抓好多……"时失落的表情。您不善言辞，带我去挖野菜的时候，没说一句话。小时候和表哥拿扎头发的头绳缠在食指和中指上，当弹弓打树上的叶子。您看到了之后，用粗铁丝和橡筋给我们做了弹弓。现在回想起，您都不怎么说话，但是却一直用您自己的方式爱我们。对我们的爱，是宠溺的爱啊。

小学的时候学写信，我就常常寄信给您。后来我听说您经常把我的信拿给邻里看，向他们炫耀有一个成绩很好的孙女，说长大了一定很有出息。我有集邮的爱好，您把邮票从信封上撕下来放进衣柜里，然后在我下一次回去的时候交给我。一直没有告诉您呢，在邮局买来寄信的邮票，并没有收藏价值。以前不知道什么是感动，也感受不到您有多爱我们。也就是在那三天，所有的人都在回想着您的事情。当需要提供一张照片制作成黑白照的时候，大家才发现，除了身份证上您的照片，找不到其他的。

我回广州之前，外婆和舅舅找人帮忙修厕所。外婆说您担心我会嫌弃这边的条件，一直在忙修厕所的事情。外婆紧紧握着我的手说"过年就能修好了，一定要回来啊，外公很惦记你……"听着外婆的话，我眼泪拼命地往下掉，只能反复地说着一句话"会回来的。"

一辈子为了子孙们辛勤工作的您就这么走了，还没有享受天伦之乐，还没有看见我们事业有成的样子，您就这么走了。能够见到您的次数屈指可数，还没来得及看清楚您的样子，还没来得及和您分享我在大学里发生的事情，还没来得及和您拍多几张合照……

当亲人还在身边的时候，总会认为还有好多时间，一切都还来得及。却不知道，时间悄悄地带走了他们年轻的模样，健壮的身体，最后无情地把他们从自己身边掳走。有一个阳光开朗的大男孩开了一个公众号，写自己的故事，为有心事的人解开心结。突然有一天，我发现他的推文更新不再准时，甚至停更了一段时间。后来，他发了一段长话，表示感谢和歉意。为在公众号通过赞赏功能筹钱道歉和感谢一直关注他父亲身体的朋友们。我打开上一篇推文，才知道事情的来龙去脉。他的父亲生病住院，在那段时间，他所发的推文，都是在记录他父亲的病情变化……他写了父亲陪他长大的故事，写了父亲如何默默地在背后支持他，不善言辞，像个"傻瓜"。同样地，在回忆着过去的事情。

小时候牵着爸爸妈妈的手，在爷爷奶奶的臂弯里玩耍。长大后，憧憬着去遇见那个牵着自己的手一辈子不会放开的人。生命足够长，长到可以看遍很多的风景，和所遇见的人愉快地交谈，年轻的时候放肆玩耍，为人父母后平淡于柴米油盐酱醋茶。但是，年轻的时候埋头于学习，工作后忙着为了自己的生活奔波忙碌，为了下一代日夜操劳。时间也就这么过去了，因丢失的美景遗憾，因没能多爱一点身边的人而后悔。所以，生命也很短。树欲静而风不止，子欲养而亲不待。与其留下悔恨的眼泪，不如多珍惜眼前人。生命的长路，需要自己去走，但是仍然要感激为自己付出的人。毕竟他们只能够陪伴你走过一段路。

有人说，去世的人会变成天上的星星，永远地看着地上的人们。也有人说，只要还活在对方心里，死亡就不是分离。这篇文章写给在去年中秋前夕过世的我亲爱的外公。望您安息。我永远都爱您。也同样写给每一个人。我们在为梦想奋力奔跑的时候，也别忘了日渐衰老的父母们。他们陪我们长大，我们陪他们变老。在未来的某一天，他们老到走不动了，也请牵起他们的手，就像小时候他们牵着自己一样。生命中不该有太多遗憾，因为人只能活一次。有想做的事情，就要去做。有想说的话，就要去说。去爱自己，去爱爱着你的人。

自解

陈关山

中学时紧张的学习生活让我养成了晚上看报的习惯，看报是不需要用心细读，未经脑部分析，仅凭眼睛一瞥，便先捕捉了某些标题的味道。而大半夜看到他杀、自杀、意外的标题是最敏感的，自动脑补红色少女上吊、脑浆涂地的坠楼人之类的惨案。有时在不起眼的角落，能看到一段段新闻，很短却很触目惊心。小学生在回家途中被汽车碾死、七十岁老人猝死在菜市场、三块钱引发的悲剧……短短百字，便概括了一条生命的终结，简洁得可怜。

对于死者家属而言，犹如晴天霹雳，而对于旁人，只是一篇能随时间而淡忘的新闻报道。我们很难定义生命是什么，但死亡呢？戴望舒这样写，走六小时寂寞的长途，到你的山头放一束红山茶，我等待着，长夜漫漫，你却卧听着海涛闲话。仿佛萧红在坟墓里，过得比人间要幸福。诗人能够把死亡也写得这么美，实在佩服，但我们还在呼吸，当然可以想象得很美，只是当死亡临近时，还能面不改色，从容面对？只怕是不能够吧，先不说自己，光是至亲至爱，或是从未谋面却一直仰慕的偶像去世，就够伤心难过了。

早前偶像明星乔任梁因抑郁症自杀身亡，粉丝们伤痛不已，家属朋友更是以泪洗脸。半红不黑在娱乐圈中意味着要背负更大的压力，生前奔波劳碌，死后遭人各种猜测诟病，是这位乐观开朗、给人带来快乐的偶像应有的下场吗？因抑郁症自杀，遭受抑郁症困扰的人还少吗？我们所知的，我们未知的，即将要发生的关于抑郁症的事件，大家了解多少，只知道一味地责怪当事人为什么意志不坚强一些，给众人灌一些心灵鸡汤，心灵鸡汤这么有用，世上还会有轻生自杀的新闻？抑郁症，俗称情绪病，包括焦虑症、恐惧症、狂躁症等，成因是给自己压力太大，脑子生病了，脑子分泌不正常，必须要靠药物治疗才能痊愈，而不是网友所谓的心灵鸡汤所能做到的。现今人们对待情绪病非常儿戏，忽视自己的心理问题，更别说接受专业人士的建议找心理医生，接受精神治疗，这才是人们的心病啊。

而自知已经患病的人听最信任最倚靠的人劝慰，居然得来这些近似敷衍的海阔天空、人生充满希望的四字词，心理上会更加绝望，无能为力感更重，认为天下间再没有人能够明白自己肉体上精神上所受的痛楚，更加走投无路。

事发后，有看到一些抑郁症患者的自白，患病时身边人的不理解，无助感和病痛很可能把患者推向深渊，接着便是家属朋友一世的伤痛。而为什么，为什么我们不对他们当头棒喝，让他们看医生，去看医生。

隔壁宿舍同学应校医处号召，领养了一只小猫，第一次见幼猫，很可爱，非常讨人喜欢。忽而想起早前台湾大学一名澳门侨生虐杀街猫的事件，用绳索将之勒毙，手法何其残忍。就在裁决完毕，走出法院时，在外等候的爱猫人士将其痛殴一顿，保卫人士也招架不住。

这宗爱猫人打虐猫人的事件带出很多问题，虐猫者多次虐猫，分明是心理有病，单靠缴纳保释金就可以解决？另外爱猫人士拿虐猫者泄愤何尝和虐猫者不是同一行径？他们都把猫和人的性命当做什么了。抑郁症患者发病时的无力失落，小猫临死前的挣扎，癌症患者接受化疗时一束一束脱去的头发，在我看来，死亡的感觉苍白但不美丽。

能力超群的人，国家栋梁之材自然光宗耀祖，丰功伟绩。那么平凡的人呢？曾经看过一群孩子在央视舞台上表演鼓文化，却遭到一群所谓知识分子的抨击，这种统一的、形式单一的舞蹈已经落伍了，没得晋级。这种说法使一位老先生暴怒如雷，脱口而出："你看过中国多少种鼓舞蹈的表演？"而陈道明老师不急不缓地说了一番话，感动了我，也使台上的这群孩子掩面而泣。"世界上没有那么多主角，大部分人一辈子可能要甘于寂寞，或甘于平庸，但是不要打击他们的努力"。是的，他们不是群众演员，他们是我们文化的一个基础。

我们常说要继承优秀的传统文化，不能仅仅停留在说字上，他们作为基层的文艺工作者，需要甘于寂寞的精神准备，他们虽然只是时代发展的小人物，却为文化的传承和发展付出平凡的一生，我们能否认他们的价值和努力吗？

最年轻县长徐刘蔚放弃深造，到最艰苦的地方贵州丹寨当村官，想要带领当地人发家致富。这样的人让人敬佩，有魄力，心怀天下。毕竟现今"安得广厦千万间，大庇天下寒士俱欢颜"的人不多。这时有人说大材小用，不值得，只是别人的生活，岂是你我能够评定的？而不久之前，王健林和贵州丹寨县长徐刘蔚现场"交锋"，画风犀利，王健林准备资助丹寨十几个亿发展经济，面对王建林的发展项目，计划部署各方面的质疑，徐刘蔚都能从容对答，其信心和魄力可见一斑。又怎能说大材小用，不值得？

纪录片《现在完成时》，记录了两类人，一类是幼童，拥有美好、无限可能的未来；另一类是老人，夕阳无限好，只是近黄昏。纪录片讲述着这两类人为数不多的人生重叠时间，重要的是，这部片子也直指"当下"——很多成年人正无法把握、努力挣扎的时刻。我无法确切地说生命是什么，更无法说清活着的价值和意义是什么，只是人内心总有些信仰，直觉也好，命运也罢，不管什么，去相信，去听从，它总会给你带来力量，会给你信心。

关于生命的思考

李芳婷

在没有进入医学院以前，生命于我是一种沉甸甸的难以名状的东西，我时常会在残阳午后托腮冥想：这斑斓世间是不是存在着造物主、救世主这种神一样的东西？人与人之间的不同是不是存在着命运这种打一生下来就注定了的东西？是不是人们口中的有缘无分和生离死别自有定数？可是随着进入大学对生命文化概论的学习，我发现不是这样的。人的生命，似洪水奔流，不遇着岛屿和暗礁，难以激起美丽的浪花。一切有关生命的缘起缘由，始于偶然形成的胚胎，终于一抔尘土，期间造化因人而异！

　　生命文化对于大学生认识生命、接纳生命、感悟生命，有着很重要的指导作用。其中有一节课，令我印象深刻，老师给我们分析完动植物与自然的关系后，紧接着放了一段有关生物界的视频。走进我视野的，是以下这么一幅春意盎然的景象。冬去春来，波兰的大地开始有了暖意。白鹤展翅高飞，俯视大地，间或腾跃旋飞，间或梭栖林间，偶见三三两两的白鹤追逐打闹于翠绿的林间，一望无垠的碧空和空旷的土地上。奶牛三五成群地游过对岸的草坪，享受着大自然慷慨的赠予。麋鹿也归来了，正候在田野边用一双敏锐的眼睛搜寻着果腹的田鼠。嫩绿的野草也不甘示弱地冒出地面来，向着太阳蓬勃生长。

　　简单的永恒，是不是真的可遇而不可求？如果不是我亲身目睹了生命中的不幸，我可能永远相信大自然的生命只有它最美好的一面。很多时候，生命是不堪一击的！大自然的威力就像一把杀猪刀，说来就来的一场特大暴雨，一夜忽起的特级台风，都能让无数的生命沦陷。灾难过后的大地上，一片死寂沉沉，萧然寒骨。

　　大自然中的生命遭遇如此，我们人类又何尝不是这样？由此引发了我关于生命的思考。当我第一次看到生命的离去时，我才深刻地意识到自己对生命的敬畏。以下是一宗马路命案带给我的思考。还有几天就过年了，我们全家人都在张罗着为此做准备，突然一阵车子摩擦地面，伴随着浑厚沉闷的巨响传入耳中，我们瞬间愣在了原地，下一秒好像意识到了什么，箭一般地冲出家门，映入眼帘的，是一辆停住了的大货车，车轮下躺着个小男孩，旁边侧翻着一辆小型的三轮车，一对摔倒在地的四十几岁模样的夫妻。我们快步上前，走近了才清楚地看到，乘载着几吨重货物的车轮辗压在小男孩的腹部，小男孩此时已肝肠寸断，两眼圆睁，脸色惨白，血液源源不断地涌流而出，刚开始他还会蠕动双手，渐渐地一动不动了。邻居们、过路人围了上来，有人打了救护电话，有人报了警，有人试图将小男孩从车轮中解救出来，但都无济于事，小男孩停止了呼吸。肇事司机愧疚地站在人群中接受大家的斥骂，小男孩的母亲则大哭着晕了过去。

　　当我目睹一个生命的逝去时，内心的震撼不亚于被告知龙猫换太子自己刚好是龙猫那样，久久不能平静。一个四五岁年纪轻轻的小男孩，一个蹦蹦跳跳天真烂漫的小男孩，一个初出茅庐有待破茧成蝶的小男孩，把一切属于它的美好统统带走，像风一样消失得无影无踪。他瞬间痛苦地离去，安宁入土，渐渐淡出了许多认识的亦或是不认识的人心中，但是离去的痛就像一棵扎根的幼苗，深深植入了深爱他的人心中，留下的伤害无法抹去。我开始害怕生命的稍纵即逝并对生命产生一种敬畏之情，愿一切生命安康永乐。

外公走的时候，我才意识到生命是有价值的。那天放学回家，不见爸妈，家里空空的，我就有了不好的预感。打电话给爸，爸说外公走了，凌晨的时候。我眼前一片眩晕，犹如晴天霹雳，让人猝不及防。去参加了外公的葬礼，我的心情像铺上了一阵阴霾，从十八层落到了负一层。到场的人很多，有外公的亲人，村委领导，同事，学生和左邻右舍，里里外外都是黑压压的人群，脸上尽是哀伤的愁容，到了念悼词的时间，念悼词的是一位外公的挚友——周书记。具体内容不太记得了，大概是说了些外公的生平建树，对村民的帮助，带领出的优秀学生，还有养育了一群有作为的孩子。

也是从这个时候起，我在痛失亲人的同时懂得了生命的价值。外公把一生奉献给了我们，现在虽然不在了，但他还活在我们的心里。这样的生命是有深度，有价值的。作为年轻一代的我们，不应老想着别人能为我们做什么，而应想想我们能为别人做些什么。生命是有尺度的，衡量它的杠在每个人的心中。一辈子要怎么过全由自己掌舵，活出自己的精彩，兢兢业业敢为人先，忘我地投入到工作中，把顾全大局放在第一位，真正做到关切他人，这样，我们才不会在年老回首时感叹自己虚度一生。

当生命如箭在弦，徘徊于生死边缘时，我才意识到生命的宝贵。去亲戚家喝喜酒时，妈带上了我和六岁的妹妹，穿着喜庆的大红袍。到了舅舅家，妈叫我带好妹妹，便到厨房去帮忙了，舅舅家有个大院子，就在厨房旁边的空地上，里面围养了一些鸡鸭，种了果树，还有一口不显眼的井。妹妹年幼，走起路来慢腾腾的，跟在我后面跑，她没注意看脚下，踩上了舅舅用锣盖盖住的井口，只见锣盖翻转，妹妹倏地一声掉入井中，我大喊："妈，妹妹掉井里了！"妈闻声冲出厨房，顺着我看的方向飞奔，她掀开锣盖，我涌上前去，看到妹妹悬在水中，并渐渐下沉，妈想都没想，俯身伸手越过水面试图拉住妹妹的手，说来也奇怪，也不知妹妹是不是睁眼看到妈伸来的手，也将手伸过头顶去抓妈妈的手，我在一旁看得胆战心惊，直到妈将妹妹拉出水面。

妹妹出了水面后，很明显被水呛到了，妈用手拍她的后背，她才哭出声来，妈也跟着她一起哭。幸亏那口废弃的井只有两米深，幸亏妹妹及时抓住了妈妈的手，幸亏一切都还来得及，不然我将要永远失去唯一的妹妹了。生命的宝贵在于它于所有人都只有一次，我们应当好好珍惜自己的生命，为所有爱你的人和你爱着的人好好活着。

我得以长成今天优秀美好的我，很大部分原因是来自于我的一个语文老师，是她的鼓励和肯定让我学会了做人要有所期待，有所进步。五年级以前我并不认为学习是件有必要的事，但五年级以后我荣幸地成了班上的积极分子，发生这一改变是因为我的生命中出现了贵人，我很多的第一次都是从她那获得的。

第一次向我投来友善赞许的目光，第一次课堂上表扬我写字好看，第一次推荐我做班上同学学习的榜样，第一次面对面的关切谈话……所有的这些都悄悄地埋进了我的心底，汇成一股暖流，伴随我走过那些开心或难熬的岁月。

因为老师毫不吝啬的鼓励和赞美，看着我时表露出来的期许的眼神，我一直以来都不敢有所懈怠，害怕辜负了一颗满怀希望的心，一路上的奋斗和努力是为了证明其实自己还行。老师现在虽然已经退休了，但是她对我的影响将伴随我终生。我懂得了生命的意义，赠人玫瑰，手留余香。

父母眼中的我是优秀的，我是他们一辈子值得骄傲的存在。健康开心是他们对于我唯一的要求，他们并没有对我做过多的奢求。生命简简单单就好，做好自己就好，觉得以自己喜欢的方式生活就好。

这些年来，关于生命留给我的思考很多很多，然而触动我内心最深处的更多是那些生命中的种种不幸和对我造成极大影响的人和事。正是那些过往的开心与不开心的镜头构成了我的记忆链，它们时而腾出我的脑海，告诉我该如何去生活，如何对待生命的脆弱，如何经营好自己的生命。

前人亚里士多德说过"人生最终的价值在于觉醒和思考的能力，而不只在于生存。"是的，生活因思考而美好，思考让生命变得更加强大，学好"生命文化概论"这门课，愿人人都拥有一颗对生命观察敏锐的心！

花落花开（节选）

周恬华

外婆离世的时候，我不在身边。

那时正值寒冬。

听舅父说，外婆走的那天院子里枯木萧瑟，风如呓语，一声一声唤人归。

外婆远在他镇的女儿，也就是我的母亲，回来了，守在她的床前，看着她微张的双眼，气若游丝，身体弱无生气。母亲俯身倾耳，静静地等着她说最后的交代。

然而，她没有。

临行的那天，看她脸色不对，已感觉大限将至，众人呼唤她。

她应了声："哦……"，就走了。

一瓣花，悄无声息地飘落于地，支离破碎……

从前谈论生死，并不觉得痛，我总以为那些事情离我很远，远到当它们追上我时，还需要很长的一段距离。

但是，当人已逝去，她住的院子，草木凋零，萧瑟不已而再无人打理时，

第四篇　生命的夜曲

我会在一个毫无预警之时，面对一个房间，一双老鞋，一张照片，一片落叶，一顿吃了一半的晚饭……倏而怔在那里，悲伤入骨，泪眼盈盈，痛苦得不能自持。

我在那时才感到，外婆，我生命中最重要的亲人，真的被死亡带走了。"三千繁华，百年过后，不过一捧黄沙。"这莽莽苍苍的世界，这滚滚红尘，已经没有了她的一丝气息。她无声无响，她消失了，再也找不回她了。

我想叫她一声，但喊声未出口，已在心中泯然消逝。我知道，喊声一出，便无人接收，只会落得阵阵苍凉。我想告诉她："外婆，我想你了，你快回来吧。"话在心中回荡半晌，已被眼泪冲回肺腑。

比我更伤心的只有母亲了。母亲诞下妹妹三个多月后，外婆就走了。

外婆走后，母亲一个人在夜晚默默地抹着眼泪。母亲是个知性的人，自我记事起，她刚强能干，把工作和生活打理得井井有条，她从未有过脆弱之时。可是，她仍然在某个夜晚失声痛哭。母亲说："得与失的情感无法相互抵消，就像两条永不相交的平行线，只会绵绵不断地各自延伸。此刻明白，为什么有人喜欢活在伤痛里，因为他们不想忘却。任由悲伤弥漫，是另一种痛快。"

人年纪越长，越无法忘掉至亲逝去的伤痛。

我爱你，所以我希望你继续活下去，希望你别走。可是，数月之后，曾有人指点我，她痛苦得无法支撑下去时，你可曾想过她的意愿？你有没有想过，她想告诉你："别养着我了，让我走吧。无论如何，已成定局，不必责之过甚。你们只需要和我说你们想告诉我的每一句话，趁我还能记在心里，趁我还能给你回应。"我永远不能切身感受到癌症给她带来的痛苦。那是怎么样的痛苦让她难受得没有了活下去的意愿？任何一个人，都无法忍心任由自己的至亲痛苦离去，我们只能不断地挽留，希望他们能活得长久一些，希望陪伴他们的时间能多一些。或许，是自私的我们，希望他们能陪我们走过更多的人生历程，只留得他们苟延残喘。

给外婆上坟那天，正是我的生日。而我的余生，再也没有了她。我和她，从此隔了一道坟。一切妥当后，回家的路上，我们一路叫着她，因为我们都相信，只要我们一路喊着她，她就会找到回家的路，跟随我们回家。

回到家门前，表弟轻声说："外婆，我们回家了。"我泪如雨下。

《寻梦环游记》里的亡灵世界是这样的，当世上无人再祭奠你，无人再记得你，你才会真正消失。外婆离开后的第一个清明节，是我第一次真正感到悲伤的清明节。至此，我才真正明白了祭奠的意义。祭奠，不是为了让飞鹤成仙的亲人在天边保佑我们，听我们诉说各种祷告和愿望，更不是例行的走程式；祭奠，是为了把对他们的那份感情——那份爱，更长久地珍藏于心。也许我们看不见,但只要你把他们留在心中,他们就会归来。死亡已去了,被带走的人会在某个时刻悄悄回家。

亲人故去了,留下的人泪水长流。

也正是那时,我才真正思考了"生死"。每一个亲人的故去,都让人感受到了生命之重。我的生命中,有的人将要陪我走一生;而有的人却只能陪我走到这了,只能陪我走一程,他们来给我上了一课,就匆忙离去。但他们的精神,他们的爱与坚持,就在我的血脉里流淌着。他们,一直都在。泰戈尔曾说:"花落,不必采了花朵来保存,因为一路上花朵自会继续绽放。"可能这,就是生命的永存。

月圆是画,月缺是诗,外婆,愿最好的祝福都追随着你。你看见了吗?花开了,一瓣,两瓣,三瓣……馨香,心香。

红尘远了,近了,聚了,散了……生命的美,生命的重,生命的永恒,终究取决于心。

敬畏生命,直面死亡

陈晓清

生老病死,是大自然亘古不变的规律。然而,处在忌谈生死的文化下,死亡这个话题就像是一个雷区,我们从不敢轻易触碰,甚至不曾谈论。是的,因为敬畏生命,我们惧怕死亡,甚至惧怕谈论死亡。然而,只有当我们勇敢地直面死亡时,我们对生命的最崇高敬意才得以表达。

在纪录片《人间世》中,触动我的是那位患了乳腺癌的26岁孕妇妈妈——张丽君的故事。在怀孕5个月后,她被确诊患有胰腺癌。这突如其来的噩耗,曾一度使这位年轻的准妈妈内心崩塌。但在经过内心苦苦地挣扎与适度调整下,这位坚强的妈妈毅然接受医生的引产建议,先生下宝宝,再接受治疗。在化疗期间,为了能"陪伴"儿子"小笼包"走过18年的未成年生活,她拖着病躯提前为孩子录下了18年的生日祝福。

镜头下这位身患重病的准妈妈,从一开始惧怕死亡,到后来说出那句"我不怕死,我怎么死都想好了"的变化深深地震撼了我,我意识到这个在生死边缘上奋力挣扎的姑娘成长了。她变得不再畏畏缩缩,而是以一种乐观的心态去面对即将降临的恐怖结局。她要用仅剩的生命去珍惜那为时不多的时光,并努力用最后那点光照亮所爱的身边人。那一刻,她是一个勇者,而她骨子里的勇敢也正沿着血液流向那个仍未出生的婴儿身上。

蔡崇达的《皮囊》中描写的阿太,也是一个不畏死亡的勇者。阿太是作者外婆的母亲,是一个坚定的女人。外婆在五十多岁时突然结束了生命,阿太白发人送黑发人,在别人看来本该伤心欲绝的阿太在女儿的葬礼上却只是平静地看着女儿的身躯进入焚化炉,由始至终一声没哭。对此,她的解释只有一句"因为我很舍得"。九十九岁时,阿太也离开了人世间。在她看来,死后没有了皮囊那包袱,反倒落了个方便自在。

原来死亡在阿太看来,不是一种束缚,反倒是一种超然。也正是这种有着"生命本就很轻盈,都是被这肉体和各种欲望的污浊给拖住"的生活观,才使得阿太活得如此洒脱,如此令人艳羡。

张丽君和阿太的命运虽然截然不同,但是她们对待死亡的态度却是一致的。对她们而言,死亡就像是一场棋局上的博弈,局中人对命运,结果张丽君输了,阿太也输了。但是她们已经不在意输与赢了,她们只管享受这场棋局带给她们的最后乐趣。

当然,在这场生与死的较量中,除了局中人与命运外,我们往往会忽略在一旁出谋划策、加油鼓劲的局外人。然而,在这场失败的博弈中,这些局外人却往往成了那个最无法释怀的人。

张丽君的死,使丈夫韩诗俊一下子失去了支撑,使咿呀学步的儿子失去了生命中最重要的母爱,这对于他们而言无疑已经成为心头一根永远的刺,每每触碰都将感受到一阵刺骨的痛楚。但对于逝去的张丽君而言,绝不忍心看到丈夫与儿子在痛苦中度日,而是希望他们也能像自己一样勇敢地直面逝者已逝这一事实。也只有当丈夫与儿子勇敢地直面妻子、母亲的死亡,才不至于让悲伤掩盖了妻子、母亲对其最真挚的爱意与祝福。至于经历了黑发人送白发人的悲剧也坚决不落一滴眼泪的阿太,更是不希望亲人因为自己的死去而感到悲痛难当。如此,生者倒不如早日释怀。

有人说,直面逝者的死亡,意味着忘却那个曾经实实在在的生命体。其实,事实并非如此。

村上春树在《挪威的森林》中写道:死并非生的对立面,而作为生的一部分永存。那些死去了的人,其实未曾离去,他/她只是以另一种形式存在于你的生活中。直面逝者的离去,并不意味着要忘却那个曾经实实在在的生命体,而是只有你从悲伤的束缚中挣脱开来,才有余力去拥抱逝者留下的仅存的东西。

我们所以敬畏生命,是因为我们知道每一个鲜活的生命的背后,都经历了重重困难。面对死亡,我们所以选择释然,是因为我们知道这才是我们对那已燃尽的生命的最崇高敬意。

第五篇　生命的赋格曲

我所有文章里的人都是你

梁　晶

　　我是七岁的时候来到她的身边生活的，可好像在她身边三年便已抵过了在父母身边的七年。即使是现在我依然记得她为我做的许多小事，记得她眉眼温柔地为我挑去眼角脓包，记得她动作轻缓地为我带来夏日凉风，记得她语气温和地哄我上学。

　　可是那么多的小事好像也并不足以串联出一个完整的轮廓，我好像忘了好多好多关于她的事。

　　以前的我非常害怕她的离开，我曾天真地想过，世界上那么多的长寿老人，如果她也可以长命百岁，她就足够看着我结婚生子，或许我还先她一步走也说不定。记得有一次，她要探访亲戚，哥哥和姐姐都向学校请了假随她一起，只有我一个人，因为害怕，没有请假，所以我被留下了。那个时候我多急呀，知道结果的前一天晚上，我站在自家的阳台，就像世界末日来临一样，捂着嘴哭得那么绝望，可只有我一个人知道。

　　小时候的我一直觉得她就像无所不能的超人，她会那么多的东西，比如她会做很好吃的饭菜，比如她不害怕黑夜，再比如，她总是能在天还没亮之前就起床为我们准备好早餐，然后来到我们的床前，满脸慈祥地叫我们起床上学。所以有那么一天，我在洗澡的时候在浴室里发现了一只蟾蜍，即使满心害怕，却坚信着她一定会像超人一样帮我解决。那个时候，那个小小的我满目崇拜地看着她淡定地徒手抓着蟾蜍，一心想着我什么时候才可以像她一样呢，却不知道她现在的一切都是岁月流逝换来的。

　　其实我们之间有过许多争吵，从来在父母面前一声不敢吭的人，却会和她争吵得面红耳赤，实在是大不孝。可是到后来发现，漫长的时间里只有她一个人在此生活，那么的孤独，好像很可能便会患上老年痴呆，便再也没有和她吵过了。

　　我好像已经预见了未来，却不忍再去想。

　　我上大学的时候，她摔了一跤，好像就是从那以后，她的身体便大不如前了。寒假回家过年的时候,她走路都要人扶着才能走了。我能做的就只是多陪她一会,聊一会。年后,她住院了,那天我和我姐,还有大伯母,三个人忙前忙后,从早上九点多,一直跑,做检查,待到了晚上七点多。然而后来没有等到她出院,我们就已经开学了。

  她自那次住院,就只熬了四个月,便离开了人世。

  我能想起她以前的样子,可我想起的更多却是我和她的最后一面,那个样子并不美好,可其实她是那么爱美的一个人啊,她怎么就舍得以那样子离开了呢。

  那个时候她已经被家里人送进了养老院,看到家里发的消息,知道她的状态已经非常差了。我和我姐通了一个电话,我们都觉得应该回去看望她一次,毕竟她以前看了我们那么多次啊。我们谁也没告诉一声,两个人就这样踏上了回老家的归程,我们有预感这可能是最后一次见她了。

  回去之前我什么时候都没哭,真的,只是看到她的那一刻我就红了眼眶。平常那么瘦的一个爱美的小老太,长发却已剃成了平头,全身水肿,躺在床上话也说不清,看着她咿咿呀呀的只是觉得难受。那天我背着身擦了好久的眼泪。

  因为还有考试,我第二天便坐车回了学校,在车上的时候就接到了她的噩耗。我还记得那天,天色已经微暗,我在车上睡了一觉,刚醒过来,对着车窗想起她的样子发呆,眼睛有一点发酸,这时电话铃声响了起来。

  那一刻我没有哭。

  生命消逝得如此措手不及,我好像并没怎么来得及伤心,她便已经从彩色变成了灰色。

  回到学校之后,我发了一条仅亲人可见的朋友圈:"今之行,忘前尘;路茫茫,独踽踽。愿此途,有相随;执尔手,护忘川。——惟愿一路顺风。"

  可笑的却是,堂哥看到了这条动态却无动于衷,只取笑我是从百度摘抄下来的。我听完之后忽然就生气了,生气他在她的事上那么的漫不经心;生气他对我,以及我对她的感情的看轻。

  后来呀,我的生活就那么继续下去了,我发现我其实并没有想象中的那么想她,好像想起她的时候都是不经意的。就像,看到书本的某句话时,会想到她,脑海里浮现一句:好像她就是那样子的。仅此而已。

  生命没办法只靠文字阐述,可仔细想想,好像,我以往的所有文章里出现的人都是她,就像我和她的生命的另一种交缠都是文字,如今亦然。

还不都是你

冯亚威

　　清风也不愿与你相携，你从大理来，带的是风花雪月，而今凄凄已不随，暖暖常相伴。

　　九月已是夏末，但热辣的气息一直延续到十月中旬才有消退之势。天不蓝湛，阳也不娇艳，草虽浓密，但蚊虫之类却让你望而却步，多靠近一分都像是一种对皮肤的无情宣判。不觉想到在大理，躺在草地上的惬意——眼前是蓝蓝的天，身边是绿绿的草……那段时间似乎很远，总感觉记忆阑珊，星星半点，却也只是数月两两。细寻缘由，也就只是胆小而做出的逃避罢了，那时学不来李密庵的"半半人生"，也就品不出"百年苦乐半相掺"的中庸之乐；更读不懂"一花一世界，一树一菩提"的不纠缠。现在却也敢去直视彼时的心情与补缺不了的遗憾，虽说勇气会在时光机里被撕扯得破碎难拾，但收获的却是"人生何处不巉岩"的坦然。婆娑影里，学会了接受，平凡中才会暗生出传奇。

　　后来，在这里的雨中看见了紫荆花满地散落，你却不再感叹自然的美妙多情。这里的冬日比大理暖上许多，它来去温和，如果不是那几场雨的到来，你丝毫不觉冬天已经悄悄走近。时间还是走得波澜不惊，却也怨它不了，似乎在追着时间走，停下来才发现一无所获。一如来时，两手空空，好不似朱自清说的匆匆徘徊，来去赤裸裸？

　　再后来，你也开始浅尝游子道不明说不尽的乡愁——"近乡情更怯，不敢问来人"。你将车票如数留藏在小盒子里，似乎这样就能锁住与家乡的距离。那年，一句"不是说走就走，而是蓄谋已久"——你走得那么潇洒，但却也在后来尝遍了辛酸苦辣，这份乡愁，它似愁非愁，只绕你心头久久不散。

　　鸥还在原地等候着与你的重逢，它不言，你便也不语，相看也不两厌。天有些阴沉，洱海却也丝毫不减美感，别有一番朗日未有的风情。它静，静得沉霭，青灰的水与天共色，相连在远处，茫茫一片，不无所依。枯老的树桩立在水中，一只海鸥静立于此，颇有一番"遗世独立"的孤寂与豁然。

　　再走，三月起，冬尽末，像将"夏日谎言"一把丢进了冬天，冷却火辣得刺痛。佛说"短短今生一面遇，前世多少香火缘"。你既该感谢知遇之恩，却也要承受着之后的欢与悲，零星数日，却叫你了却千万般酸涩。"此时迷径处，行问影何从"——对于将行之路，你感到从未有过的陌生与迷茫，焦躁像是快要将你吞噬，然而却又无可奈何，你期待着"山重水复，柳暗花明"，它是来了，但迟了些许。

时间渐苒，一次久得让你喘不上气的行走，停歇显得那么重要。八月香格里拉之行，带给我的不仅是视觉的冲击，更是心灵的震撼，喇嘛僧侣用色彩渲染了宗教的敬畏与神秘。庙宇的神圣，景色的自然，民风的淳朴……心灵得到的是一次彻底的洗涤，这是一个尘外的世界——正如《消失的地平线》里所说，这是心灵最自由最适合安放的地方。它的美丽让你念念不忘，离开的那一刻，望着渐行渐远的山与大片的草，你的心灵在呐喊："后会有期，后会有期！"

又一年四月，我们相约去看海。大亚湾正值游客最多的时候，既不见"潮起潮落，云卷云舒"的诗情画意，也不见"海日共生，天涯此时"的壮阔。细软的沙、深蓝的海、胡乱的风……满满都是大海的标配。大海就是有着属于它的独特魅力——此时此刻的你，忘记了来自何方，忘记了将行何处。这里既无世俗纷扰，也没有车马喧嚣，海风夹杂着咸味，轻松与快活洋溢其中。随着太阳落下，海慢慢回归于最初的平静，到最后，只剩下咸涩的风与潮水作伴。

你无需言语来决定对与错，那只是在特定的时间做出的选择，你痛苦过、欢笑过，最后，"半中岁月尽悠闲"——这是时间留予你最好的馈赠。酒辣酒甘、茶浓茶淡——这只会是你的人生，容不得他人半分置喙。

清茶半杯，半雅半粗，佳人半半，乐乐已足。

懒懒散散，已过了一年又一半载，这个大学，地不大景不美，却说不上来的喜欢，还不都是你！

听听心跳吧

容淑怡

人生数十载浮浮沉沉，转瞬即逝。生命中不如意的事常有，但是这些不如意却能让短暂人生中的快乐时光更显珍贵。

那一天直到黄昏的时候我才出门闲逛。像以往一样，我观察了如咸蛋黄一般金黄色温暖的落日和落日下被拉长的我的影子，艳丽的晚霞悄悄爬上了天幕。我实在是太喜欢这种时分，天空、咸蛋黄、像火一样温暖而绚丽的火烧云一同出现在天幕，绚丽又壮观。落日的余晖渐渐地变得不再有热度，晚风夹杂着丝丝凉意吹在我身上。往常这个时候我该回家了，否则可是要生病的，但那一天我刚站起来，意外地发现有一个桂圆核静静地躺在我的脚边。我把这颗小小的，黑亮黑亮的核捡了起来，细细擦拭。不得不说，这真的是一颗其貌不扬，长相中规中矩的……厨余垃圾，我应该赶紧把这颗路人缺乏公德心、羞耻心的"证物"扔到垃圾桶去的，但我没有这么做。

我盯着这颗黑得发亮的核,在这颗娇小的果核里沉睡着一个小生命,我感觉不到它的呼吸,也不知道它被遗弃在路边多少个日夜,但它可能还在努力存活下来。万一它真的有破壳而出的那一天呢?这样的一个小生命在我手中,我心里有一种奇异的感觉,仿佛下一秒我就能听见它的呼吸,感受到它的心跳。我把它小心翼翼地放在一个没有石头的小坑里,轻轻地盖上沙土。

我对这个小生命有祈盼,也有怀疑。老师们都说种子有强大的力量,能让坚硬的人类颅骨裂开细缝,我相信它能挣脱它那柔韧的外壳,但它被留在一个不起眼的阴暗小角落,除了上天眷顾的一点雨水和沙土里少得可怜的养分,它没有其他援助,它要想活下去真的太难了。也许一个月?也许两个月?也许下周它就能长出芽来?不管怎样,我就是很想只在一旁静静地看着,看看它到底能不能像童话故事里说的一样,顺利而又不出意外地长成一株像样的树苗来。

小孩子玩心大,想法一会儿一个,等到第二个星期我就忍不住伸出了罪恶的小手手无情且粗鲁地拨开了掩盖着的沙土。对,它确实破壳而出了,而且长得还挺好看,嫩黄嫩黄的,像是家里煮姜醋蛋用到的嫩姜。我叫它小树苗。虽然它还没能长成,但是它已经证明了自己是一颗很有潜力的种子。

我欣喜地把小树苗转移到了我家后面的小菜地,精心地"圈养"起来。我隔一段时间就会去看看它,给它浇浇水,给它听听我最近喜欢唱的歌,和它分享我对于其他事物的看法。我期待着它能破土而出,期待着它在我的照佛下长成一株健康的树苗。我幻想着风吹过它的枝叶传来的"沙沙"的声音,这是年幼的我想到树的心跳所能想象到的全部了。在孤单的时候,我和这颗种子互相分享着拥有健康的生命所带来的喜悦。

小孩子成长速度是惊人的,我很快就长得更高,升上更高的年级,而小树苗还是慢慢地长着,仿佛几年的光阴对它来说只是几个月。我搬离了家乡,原来的家里属于我的东西只留下了墙边矮得像一株草似的小树苗。我长大了,开始发现有时候有些事情不说出口心情也能很好地被消化掉。那些发现新生命,看着新生命慢慢长大变得强壮、健康的欣喜心情早已无法寻觅。

在我四年级的一天夜里,家里突然来了一通电话。那一天的深夜时分,我被爸妈摇醒,急急忙忙地穿戴好就往家乡赶,可惜还是晚了,奶奶已经走了。

我很喜欢我的奶奶。在我第一次搬家之前,我一直由我的奶奶照顾着。奶奶长得很慈祥,奶奶的名字很好听,奶奶身上的味道很好闻,奶奶的怀抱很温暖柔软,奶奶的心跳规律有力,带给人无限安心感。对小时候的我来说,奶奶几乎是我的全世界。只有奶奶会一直陪着我,只有奶奶会一直听我的奇思妙想,我还没来得及长大,她就突然离开了。

我看着静静地躺在不远处的奶奶,安静地流着泪,身旁的大人们一直在低声谈话,原来奶奶患了癌症,癌细胞很强势,奶奶和病痛抗争了几年,终究还是挣脱不过死神纠缠。

我只是静静地站着,耳边的声音仿佛越来越远,周遭静悄悄的,我听见了自己的心跳声,心脏有力而规律地跳动着,我仿佛还听到了其他人的心跳声,但是我知道我不会再听见奶奶的心跳声了。

奶奶走了以后房子彻底冷清下来了,我无法忍受这样的寂静,逃离了房间,跑到院子后面,一抬头,正是那棵小桂圆树苗。小树苗终于还是长成了我曾经期待的样子,高高的、直直的,虽然还不算粗壮,但是已经可以预见到它未来亭亭如盖的样子了。

晚风温柔地吹拂着,小树在风中微微摇曳,风声和枝叶拍打声混在一起,那就是它的心跳了,尚不算强劲但有力,迸发出生机与活力,在这静谧的夜晚里,给人安心的抚慰。

爷爷,坚强地活着

戴国清

1935年冬天,我不知道这一年发生了什么,我只知道这一年的冬天我的爷爷平淡地出生了。爷爷是曾祖父唯一的一个儿子,想必他的出生会给家里带来很大的欢喜吧!

困苦的时代总是更加能够磨炼人的意志。可能是因为爷爷是家里唯一一个儿子,也可能是因为爷爷也想多子多孙,所以他生命的存在很好地诠释了父爱。不知道爷爷的桃花运在他几岁时开始的,总之他的这一生的感情道路并不顺畅。

听别人说奶奶是个很好、很慈祥的人。爷爷对她也很好。我的爸爸是他们的第四个孩子,当爸爸出生后不到一个月,奶奶便患病去世了,留下四个可怜的孩子和孤单的爷爷。

在奶奶去世之前,爷爷还有一份很好的工作,是养路工。当时这个工作可以维持家里的生计,让家里的孩子生活得好。后来还听说做那个工作久了有很好的发展前途,以前和爷爷一起工作的都奔更好的生活去了。可是奶奶去世了,谁来照顾那四个可怜的孩子?

爷爷不得不放弃工作,回家照顾孩子。奶奶没了,工作也没了,家里的生计实在维持不下去了。爸爸还那么小,实在没钱买奶为爸爸提供营养,于是爷爷便想到四处去讨奶喝。怎么也想不到,为了爸爸的生存,爷爷竟然变成了"乞丐"。

在爷爷为了爸爸四处讨奶喝的时候,不知道经历了多少谩骂。对啊,有多少人会愿意在那么困苦的时代还给别人家的孩子提供奶水呢？又有多少人能够接受把自己的奶水给别人家的孩子喝呢？

值得庆幸的是，爸爸最后还是很好地活下来了，没有辜负爷爷所做的努力。感谢那些心地善良的人，愿意给爸爸喝奶水的人是她们为爸爸生命的延续带来了希望，是她们让爷爷的努力有所回报。

或许就是经历了这种事，爷爷想通了，他就这样拉扯大四个可怜孩子，并不再去找寻人生伴侣。一个人，走一生。

他没有再去想着怎么增多子嗣，而是就这样平平淡淡地抚养着这四个可怜的孩子。爷爷没有工作，说实话，我不知道当时家里的生计是怎么维持的，总之那时候家里过得很是困苦。

据说爸爸小时候得了一场大病，当时家里没有经济来源，老祖母也已经不在了。爷爷没有兄弟，没有妻子，他唯一的精神支柱就是这四个可怜孩子吧！爷爷凭借自己吃苦的那股劲带着爸爸到处求医，可能是爷爷的父爱感动了上帝，爸爸的病终于好了。

不知道受了多少年这样的苦，生活还是继续这样过着。只是家里的四个可怜孩子都已经长大了，渐渐地，他们都结婚生子了。爷爷也算是实现了多子多孙的夙愿了。只是，后来的爷爷却变了，变得和以前完全不一样了。

在我的记忆里，家里的生活一直都很困苦，爷爷在我家里住着，几乎不去其他子女家。说起这点，我便想起家里的爷爷从来不去干什么活。

经历了那么多的事情，爷爷也变得麻木了起来，对于我们，他远没有以前对他的子女那样在意。渐渐地，他连他的子女也不在意了。他便日日自顾自地快活，每天早出晚归。很多人都说年过半百的爷爷喜欢酗酒、喜欢赌博。可能也就是这样，他的子女便渐渐地只记得他晚年的所作所为，却永远地忘记了他年轻时拉扯他们长大的许多悲惨情景。

终于，他风花雪月的生活结束了，但却病倒了。我记得很清楚，七八年前的一个夏天，我们一小家人都在田里干活，突然听说爷爷由于脑中风摔倒了，摔得很严重。我们便匆匆地赶到他跟前，看他已经完全动不了了，生活已经不能够自理了。自那以后，他便由我们服侍着。

久而久之，我们便习惯了这样服侍爷爷。爷爷一直瘫痪着，身体成这样了，心却变得友爱了起来。可是因为他病前的所作所为真的太伤人了，他的子女便不喜欢去看他，只是当病人来服侍着。我知道，在他生病的期间，他变了许多，他变得十分在意我们，十分希望我们多陪陪他。我从他的眼神里看出了许许多多的忧伤，我真正地去理解他，便喜欢常去他身边看看他。

对啊，爷爷如果不是经历了那么多的沧桑，他何尝会是如此？奶奶的英年早逝,爷爷为了生计而去乞讨……谁会经历那么苦的生活呢?倘若不是为了他的子女,他可能早就不想这样过了,他后来的所作所为不过是为了发泄罢了,可是又有谁能够理解呢?

或许是爷爷最后明白了生命的意义,又或许是他想继续对"父爱"进行诠释,他便这样带着病坚强地活着。我每每去到他跟前,看着他的眼睛,我都觉得他的眼睛里带着渴望、后悔、坚强和满满的父爱。

爷爷如今还在人世间,病痛已经陪伴他七八年了,这可能就是他生命的孤独吧!如今,我只想对他说:爷爷,请您坚强地活着!

倾听生命之声

张晓明

生命,深厚而不失其韵律。

不离不弃,信守诺言的爱的生命之声——What are words。

What are words 歌手 Chris Medina,曾是星巴克服务员。在他与相恋多年的女友订婚两年后,未婚妻因为车祸事故,脑部受到重创,康复后智力只有两岁,生活完全不能自理。但是他却没有嫌弃,依旧不离不弃。因为他把订婚作为结婚的一个承诺。后来他为赚到更多的钱让未婚妻受到更好的治疗而参加了《美国偶像》。虽然最后止步于全国 24 强,但 What are words 这首充满爱的歌已经牢牢地印在人们的心里!

What are words 是他为未婚妻写的,从歌词里我们能看出其表达的全是对未婚妻的爱和不离不弃的决心与信念,"Anywhere you are, I am near. Anywhere you go, I'll be here. Anytime you whisper my name, you'll see. Every single promise I keep."真挚的言语,字里行间流露着对爱人的爱意,让旁观者为之动容,的确,生命无常,或许上一秒是美好,下一秒却变得很糟糕了,但是生命也不过如此,永远打不倒我们,击败不了我们之间的爱。也许,这就是生命的另一面吧,因不离不弃的爱而延续。

生与死的挣扎,舍与得的纠结,母爱礼赞的生命之声——《生门》。

大型纪录片《生门》,讲述了四位遭遇极端情况的产妇在医院产子过程中的自己及其家人经受种种考验。其中,影响我最深刻的是陈小凤和陈锦菊两位产妇的经历。

陈小凤,一个被拐卖过的妇女,后来逃出来以后才遇到现在的丈夫。现怀的是双胞胎,同时前置性胎盘,情况很危险。然而在主任医生那里,手术的技术性并不难,最难的却是他们没有钱。他们来中南医院的五千四百块钱都是借的，家里穷得连对联都没贴。纪录片中，陈小凤的手术经历无疑就是一场金钱和生命之间的赛跑。庆幸，陈小凤的丈夫有一个有魄力也有能力的哥哥以及好心的老乡竭尽全力地帮他，最终手术成功了，大人和小孩也都保住了。然而一波未平一波又起，新的问题接踵而至——两个小孩子需要接近二十万的治疗费用，这下逼得丈夫打算把两个孩子送给别人养，好在最终坚持下来了。看到陈小凤的丈夫来接女儿时开心的表情，觉得生活确实不易，但也不是一条死路，就像丘吉尔说的"哪有什么胜利可言，挺住意味着一切"，最艰难的生与死的挣扎都熬过了，眼前的贫穷也将会慢慢有所改观。

夏锦菊，三十三岁，此次产子是第三胎，怀孕二十六周的时候开始住院，医生都说她的情况特别危险，属于凶险性前置胎盘，容易大出血。但是，夏锦菊特别乐观，即使特别痛苦，脸上也始终挂着笑容。《生门》的高潮部分，就是李主任给夏锦菊做手术，十五秒就把宝宝拿出来了，但是紧接着夏锦菊就开始大出血，必须要摘除子宫以保命，但她一再地央求李主任能否努力保留子宫，毕竟她还年轻。随后由于失血过多，她陷入了昏迷。权衡再三后，李主任还是决定摘除子宫，然而病情突然急转直下，心脏停止跳动，医疗团队又开始抢救。始终守在手术室门外的父亲接到了女儿的病危通知，要求看女儿一眼。从急救室出来，父亲声音颤抖地告诉了女儿的姑母，然后埋头痛哭。女儿的姑母立刻打电话通知其丈夫，让他放下手中一切事情，火速赶往武汉，"这边好危险"。那个音调被拖长的"好"字，力透纸背。父亲手中的香烟在无声地诉说着生离死别的痛苦。万幸，在鬼门关走一遭的夏锦菊最终被抢救过来，转入了ICU。镜头转向病房里，当夏锦菊痛苦到手抽筋时，父亲在耳边低语"坚持、坚持、爸爸陪着你"，瞬间让人流泪。病情稳定后，李医生去看她说："这辈子你忘不了我，我也忘不了你。"一起走过鬼门关，今生难忘。事后回忆自己生产情景，她说从来没想过这种事情会发生在自己身上，自己死了无所谓，但是家人怎么办。她不仅是一个女儿也是一个母亲，还是一个妻子，身上担着众多责任。为了一个孩子差点丢了性命，在生与死之间从来没有绝对，舍与得，都要付出代价。

精子与卵子的努力结合，小小的胚胎，逐渐分化成长，造就了生命；母亲艰辛的十月怀胎，经历生与死的挣扎和舍与得的纠结，使我们得以面世；而后又得到母亲精心的养育教育，可谓含辛茹苦，使我们长大成人。我们感叹生命的美妙同时赞美母爱的伟大，母亲的默默付出，坚强与隐忍，大概就是生命之声。

第五篇　生命的赋格曲

你和它的两三年

黄纪平

"生命是什么？"老师在课堂上如是提问。你的思绪一下子从天马行空的想象中回来，"生命就是生命嘛，还能是什么？"你在心中嘀咕，又继续沉浸在你的白日梦里，那时还没什么会使你难过。

早春，寒意初消。

小小的它缩在笼子里，皱巴成一小团，粉嫩透明的皮肤上稀疏分布着白软细短的绒毛，血管的纹路清晰可见。整只小仓鼠看起来就像一只胖乎乎的虫子，一点也不可爱，你是这么想的。你想起了你出生时的照片——像一只瘦巴巴红彤彤的猴子，也好丑，原来生命诞生之初并不是那么美丽。

很快，它已经能睁开眼睛了。乌溜的眼睛水雾朦胧，肚皮贴着地，像蚕宝宝似的爬过来，努力地蹬着它短短小小的四肢一点点挪动。你忍不住伸出手戳了戳它的小脑袋，温温软软，让你的整颗心都要化了。人生一世，草木一秋，你明白生命脆弱如朝露，阳光一照，便消失得干干净净。你小心地捋了捋它的毛发，这是你第一次如此认真地呵护的一个生命。

已是暖意融融，它懒洋洋地蜷在木屑堆里，只冒出毛绒绒的脑袋。你用瓜子将它诱惑到你的手心上，看着它蹲坐着，前爪灵活而迅速地剥着壳，两腮的小胡子一抖一抖，时不时还抬起头观察周围的动向。你五指合拢将它圈住，透过皮毛感受到它血管的搏动，你如此轻易地掌握了一只小仓鼠的生死命运，那你自己又在谁的手上、被谁掌握着呢？你生命的开始不由你，何时被夺走也还未知，只有中间的过程还由你定。

春去夏至，它却一如既往。睡觉，吃饭，喝水，磨牙，从笼子一侧跑到另一侧，这方寸之地里它是唯一的活动空间，茕茕独立，没有另一只毛绒绒的同类相伴相随，你以为它是孤独的，但这份孤独不属于身为独居生物的它，而属于你——你眼中所看到的孤独。生而为人，你不能离群索居，有的时候为了摆脱孤单，甚至苦心孤诣地将自己雕琢成别人欣赏的模样，只为了能获得亲近的机会。生命会有尽头，而孤独没有。当狂欢后你独自坐车回家，当你站在欢乐人海中默默无言，你便明白，孤独是生命必将承受的重量。

它在跑轮里飞快地奔跑，绒绒的脑袋微微上扬，目不转睛地注视着上方——出口的位置。有时小爪子抱着笼子的栏杆就开始咬，白色的油漆早已被它磨掉，却依旧没能被啃断。隔着栏杆，是悠悠白云，在夕阳的光辉里，归鸟扑腾着翅膀抖落一身红霞消失在余光里。生命因为有渴望而改变，因为渴望陆地而化出了四肢，因为渴望天空而长成了翅膀，最后成就了如今这般模样。那它又渴望什么呢？看着它卖力地奔跑，似乎希望借助跑轮到达顶端的出口，可是，它或许不能理解——那是一个不可能到达的终点。跑轮围绕轴心转动——跑断了腿，它依然都是在原地，可它不知道。累了，趴下歇一会，饿了，就自己从木屑里刨出"干粮"，然后继续跑——一个没有尽头的循环。你看到了一个生命无果的追寻，命运给予它的是虚幻的理想，可望不可及。可它或许又是幸福的，因为它永远也不会知道它在一条没有终点的路上。

时间如流水，从虚无中蜿蜒而来，奔流向那没有终点的远方，从不回溯。站在时间一岸的生命，其实才是正在流逝着的存在吧。

春生夏长，秋收冬藏，又是一年春将至。

光晕里尘埃腾飞，它安静蜷缩成一小团，一如往常每一次睡觉的模样，可它却不会再睁开那乌溜的眼看着你。在傍晚的光柱中，你听到了狂风卷着沙砾在废墟上呼啸，那是一个生命碎裂的声音。风从远方呼啸而过，像一声声呜咽，霞光漫天，那炽热的温度隔着空气熨在你的脸上、身上，明明隔了那么远那么久，你却依然觉得很烫很烫。

"什么是死啊？"

"就是没有了"

"没有了？"

"就是，天上没有了，地下没有了，此生没有，来世也不会再有了。"

你想起了某一次"生命文化概论"课堂上曾讲过的天葬——灵魂抽丝剥离，余下的皮囊被鹰吞食。生命回归原点，不留痕迹。

一生有多长？多不过百年，短不过瞬息。蜉蝣及夕而死，夏蝉不知春秋。不要问生命是什么，它是春风吹又生的野草，是凋零在凉风里的秋蝉，是那朵你清晨掐下带着朝露的花，一点点枯萎在夕阳的光辉里。你帮它洗过澡，喂它吃过玉米粒，看着它一点点长大。它温柔地咬过你的指尖，亲吻过你的手，你陪伴着它生命的几乎每一个时刻，它也在用生命陪伴你，然后，你看着它走向生命的终点——死亡。

慢慢地，你会忘记曾被悲伤淹没的日子，甚至连你悉心收藏的回忆也变得模糊，也许你会在某个午夜梦回的瞬间重拾记忆，但是，从白天到黑夜，从现实到梦里，你都永远地弄丢了它，而那些曾经在你心中留下浓墨重彩一笔的生命，也终将被时间渐渐风化。

你忽然明白生命就像是在画一个圆，兜兜转转，前行或是倒退，你也会在茫茫人海中遇到另一个生命，短暂相伴，然后挥手告别，接着再遇见别的什么人。在许许多多场遇见中，各种各样的生命总是不可避免地从你的生命中退场，哪怕你将其视若珍宝，哪怕你把他们看得比自己还要重要。死亡，从来不是结束，那些出现在你生命中的另一些生命，他们并没有凋零在荒芜的记忆里，他们会涅槃，会生生不息，会抽芽，开花，结果，扎根在你最美好的梦里。

感悟生命

赖美伶

人生天地之间，若白驹之过隙，忽然而已。

——题记

Eason 的一首歌中有这么一句歌词"得不到的永远在骚动，被偏爱的有恃无恐"。确实，生命对于我们来说，又何尝不是这样？多数人生于世，日夜为所谓人生而奋斗，美其名曰"追求人生意义"。我们往往会为了追求某种事物更深层次的意义，而忽略这件事物最纯粹的本质。活着的人，在这一个光怪陆离的世界里闯荡，在追逐功名利禄的路上越走越远，却不曾记得，人生，除了"人"，剩下的还有"生"。人们在追求更高层面的"人生意义"的同时，是不是也越来越忽略了生命——这万物之源的意义？

马可·奥勒在《沉思录》里提到"将每一天当作生命中的最后一天来度过"的观念被无数人熟知，但真正能够在生活中如此去践行的人又有几个？恐怕只有在我们真正面对生命考验的时候，我们才能体会到：什么是生命的最后一天，什么才是生命的意义。

十六岁以前的 M 同学，和"命运多舛"这个词语并没有太多交集。十几年来平平静静的生活让她觉得自己就是上天的宠儿，生命似乎永远不会有终止的那一天。直到后来，她才开始慢慢地体会到——活着，是多么美妙。

睁开眼睛，我还会想起谁？

"失忆"二字，对于 M 来说，并不陌生，甚至可以说是熟悉，但是这种熟悉只是来自电视中那些老掉牙的偶像剧情节罢了。倘若不是亲身体会，她甚至都一度怀疑生活中是否真的有"失忆"这么一说。

初三的某节体育课上，给了 M 一次永生难忘的经历。那是距离中考只剩 50 多天的日子，大家除了努力地复习九大科外，也在拼命地为体育加试（200 米和铅球）而训练着。体育课在周五下午第一节，刚刚睡醒带着起床气的 M，像往常一样，换好鞋子，来到操场，找好搭档⋯⋯一切的一切，与往常似乎并没有什么不同。

就在即将下课之际，M 准备停止训练，拖着疲惫的身躯，转身走向课室的那一刹那，M 倒下了……原来，她的后脑勺被正在训练的男生用铅球砸到了。猝不及防的一砸，让 M 没有一点点防备，接下来的事情，M 是全然不知的。睁开眼睛的时候，M 发现自己躺在医院里，吊着点滴，身边围着一圈自己完全喊不出一个名字，十分陌生的与自己年纪相仿的人。见 M 醒了，父母激动地跑到床前，握着 M 的手，轻轻地抚摸着 M 的头。M 见到自己再熟悉不过的父母，终于忍不住问："妈？我怎么在这？发生什么事了吗？她们是谁啊？"在场的人被 M 的一连串问题都惊呆了。

"你不知道发生了什么？不记得我们了？天，我是你同桌啊……"

"我同桌？谁啊？"

"那今天星期几？你中午吃了啥？"

星期几？我吃了啥？星期几？我吃了啥？M 脑子里不断重复这两个问题，可半天也回答不上来。

同学们不断地问问题，不断地比划着，尝试着能不能让她想起些什么。可是面对这一群"陌生人"的"陌生问题"，她努力地回忆，却什么都想不起来，她急得哭了，感觉脑袋简直要炸了，又顿时觉得脑袋好沉好沉……母亲见状，心疼又心切，看着女儿那么痛苦，她只能示意让同学们停止一系列的提问，并把医生喊来。因为是镇上的小医院，医生也无法给出明确的诊断，只是含糊地说了下"病人除了后脑有一个很大的包，没发现其他的异常现象，至于刚刚这种现象，可能是失忆了，具体的你们等下最好去县城里面做更全面的检查"。"失忆"二字仿佛像一道晴天霹雳劈向这间小小的病房，大家都沉默了。M 的眼泪再次流了下来，她着急，觉得自己脑子空空的，自己想抓住点什么却一直抓不住；她害怕，害怕自己会这样一直浑浑噩噩地过下去。母亲只能一边安抚着女儿，告诉女儿不要多想，一边联系去县城的车，尽早带女儿去更好的医院检查。

晚上八点多的时候，M 在父母的陪伴下来到了县城里的医院，负责 CT 检查的医生本已经下班，着急的 M 父亲到处找人帮忙，终于联系到了医生，请求她给女儿做个检查。CT 扫描结果给了大家一颗定心丸：除了后脑起了一个大包，脑内并没有太大异常，什么都想不起来应该是脑震荡引起的短暂性失忆，慢慢就会恢复记忆的……

此刻，M 的心才开始慢慢放松下来，后脑勺的灼热感让她迫切想睡觉，折腾了那么久，她是真的累了。躺在床上，闭上眼睛的前一秒，她嘀咕着"睁开眼睛的时候，我会想起谁呢？"

一个星期过去，脑袋的大包慢慢散去，脑中的记忆慢慢拾起。经历过失忆与拾忆的她，回到学校后越发地努力。因为她知道，自己是多么的幸运——幸

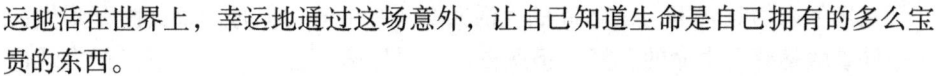

运地活在世界上，幸运地通过这场意外，让自己知道生命是自己拥有的多么宝贵的东西。

仰望天空，我能多看这世界一眼吗？

世界那么大，意外每天都在发生。可是大家应该不会觉得车祸这种事会降临到自己身上。向来自认为是命运宠儿的 M 更是想不到，命运会让自己去鬼门关再走一遭。

16 岁那年的夏天，M 的人生旅途中又有一段不同寻常的经历在打卡。七八月的天空，兴许是一年里最蓝的时候，中午的太阳也是一天中最火辣的时候。午饭过后，叔叔兴致大发，突然提议去山庄里避避暑，玩玩山游游水。听到如此大快人心的提议，M 怎么可能会不心动？她二话不说就拉上表妹的手，屁颠屁颠地跟着叔叔婶婶出发了，甚至开心得忘记和父母打声招呼。

尽管大地是那么的炙热，太阳那么的火辣，车里的冷气让这一家子人高高兴兴地出发了。叔叔开车，婶婶就坐在副驾驶位，俩小美女在后面又唱又闹，一路上笑声不断……笑过闹过，M 觉得有些困意便闭上眼睛睡了，也不知道睡了多久。突然，路口出现一辆黑色小轿车，叔叔猝不及防，急刹车也阻止不了这场灾难的发生，两车相撞之后，他们的车再一次撞到防护栏上，混乱之中只听到婶婶喊了声"小心！"。而坐在车后排中间位置并且没有一点点防备的 M，直接就是各种无休止的撞……等到车子静止下来的时候，M 只知道自己被婶婶抱了出来。鼻子、额头不停地流着血，身上处处都隐隐地作痛，婶婶在耳边不停地喊着"宝贝儿，没事的，再坚持会，救护车马上就来了……"

地面的热气丝毫没有减退，天空还是那么蓝，太阳还是那么辣，只是 M 觉得自己快要窒息了。或许是环境因素，抑或是出血过多，M 渐渐地想把眼睛闭上。她用力地睁眼，可眼皮就是不听使唤，她只是想知道"我这是要死了吗？我还能再看这世界一眼吗？"她感觉时间像是静止了，空气也停滞了……直到躺在救护车上，M 才感受到了一丝生命的气息。尽管双眼是闭着的，但她隐约地能感受到婶婶与表妹就在身边，能感受到她们的担心与焦急。一路上，M 是有意识的，她在心中不停地祈祷，乞求上苍给她一次机会，让她好好地活着。

下了救护车，M 也不知道经历了什么，只是当医生给她的额头缝线的那一刻，她能清楚地感受到那一针一线穿过皮肤，一拉一扯的感觉。痛，很痛，但是她没有哭，因为这就证明自己还活着……

忘了那一夜是怎么过来的，但是 M 清楚地记得第二天醒来的时候，第一眼看见的是窗外那蓝蓝的天，她很感激命运让她再次活着，生命带来的喜悦甚至可以治愈所有的疼痛。也许只有真的经历过生与死，才会倍加珍惜生命的可贵。

在接下来的时间里，尽管 M 的生活回归风平浪静，但是她每天睁开眼做的第一件事就是感受生命的美好，感恩自己又可以多存在一天，又可以努力地向上活着⋯⋯

生命，是命运送给所有人的礼物。她真真切切地存在，却也极其容易被我们忽视。她是与生俱来的，但从生命的萌芽开始，很多人都在为之不断努力。母亲精心呵护十月怀胎，让我们能顺利出生；父母又辛苦抚养我们长大，让我们能看到、听到、感受到大千世界的美好。当我们尝遍酸甜苦辣的人生百态；当我们不断努力奋斗最终尝到胜利的喜悦；当我们终于能用双手创造出自己的价值；当我们喝着茶，品着糕点，看着这篇文章，请不要忘记：生命是脆弱的，她在不断地缓缓流淌，更难保在哪个瞬间，她会突然离你而去。我们要珍惜且敬畏生命，不要等到失去的那一刻，才开始感悟生命的意义。

黑色咒语，黑色生命

黄海群

生活中很多东西都是有颜色的，树是绿色的，天空是蓝色的，云是白色的，那么你知道生命是什么颜色的吗？我想，生命也像彩虹那样有各种各样的颜色，而且每个人的生命色彩都不一样，红的，绿的，蓝的，五彩缤纷⋯⋯而我的却是黑色的。

我们要走的路，有太多的不确定性，他人的一句劝诫，自己的一个闪念，偶尔的得与失，都在改变着我们命运的走向。"这个小女孩是克命的，会给家里带来不幸和灾难"。还在襁褓中嗷嗷待哺的我就这样被一个算命先生下了一个黑色的咒语，我接下来的人生就此偏离了它原本应有的生命成长轨道。暮色降临，亲生父母因为这样一句话，而把刚出生几个月毫无缚鸡之力的我丢弃在一个田埂上，我的生命就像那天的夕阳，挣扎在黄昏的尽头，与黑夜抗争着，然而，我能做的只有漫长的等待。

第二天的早晨，露水沾湿了田埂上的小草，在初阳的映衬下绽放耀眼的光芒，显得生机勃勃。一年之计在于春，一日之计在于晨，一位朴素的人儿挑着担子出门赶往自己的田地里播种。也许是黑色生命力太顽强，我不仅在漫长的黑夜等来了黎明，还等来了这样一位心地善良、朴实的人儿将我领回家，就这样，他成了我的养父，给了我一个温暖的家，养父母没有自己的亲生儿女，而我是他们唯一的女儿，被宠着，偏爱着。

然而，黑色的咒语并没有像亲生父母的抛弃那样离我远去，在我六岁那年，养父不幸发生了车祸，家里不但陷入了"经济危机"，而且迎来了巨大的精神打击，给我无限爱的父亲突然身上插着各种管子，伴随着喘息声躺在病床上，对于年幼的我，面对这突如其来的巨变，仅能用哭闹来应对，以为哭了，父亲就很快醒来陪我玩了。也许因为父亲的伤势严重，加上我无理的哭闹，母亲控制不了情绪，我的身世就这样倾泻而出。"都是你的错，当初要是不把你捡回来，就不会发生这样的事，你这个害人精，扫把星……"母亲哭着说。从那天起，我才知道我是捡回来的，从此不再哭闹，别人家的孩子在玩的时候我在干活，别人家孩子在看电视的时候我在做作业，我要努力做爸妈的好孩子，即使不是他们亲生的，但他们对我从来不比亲生的差，我也会把他们当成亲生父母一样对待，是他们给了我第二次生命。

　　一段时间后，父亲出院了，我听到他责怪母亲，不该把我的身世说出来，怕我幼小的心灵受到打击。父亲告诉我，他当时捡我的时候我那可爱的模样，父亲说的时候脸上带着甜甜的笑容，我就像上天赐给他的礼物，他对我的爱胜似亲生，他们会一直这样爱我。著名文学家雨果曾说过："人生至高的幸福，便是感到自己有人爱，有人为你是这个样子而爱你，更进一步说，有人不问你是什么样子则仍旧一心爱你。"

　　平淡的生活磕磕碰碰地来到了初三，我正上着课，母亲带着两个陌生人的出现打破了我内心的平静。他们正是我的亲生父母，就像虚构的电视剧那样，然而我怎么也没想到它竟这么真实地发生在我身上，他们苦述着当初的无奈，而我无法理解以任何理由去抛弃一个孩子。那天回家，养父母对我说，我可以选择回到亲生父母那里去生活，毕竟他们才是我的亲生父母，而且他们的家境比我们现在好很多，但我永远是他们的女儿，这，永远都是我的家！著名作家三毛曾言："家，对于每一个人，都是欢乐的源泉啊！再苦也是温暖的，连奴隶有了家，都不觉得他过分可怜了。"是啊，虽然这个家不富有，但我在这个家，从来没缺少爱，它是我的港湾，是我欢乐的源泉，更是我生命的所在，我爱这个家，爱父亲母亲！

　　母亲告诉我，我亲生母亲患了肝癌晚期，让我抽个时间去看她，母亲说，即使她当初把我抛弃了，但毕竟是她把我生下来的，是她给了我生命，人不要背负着仇恨过日子，过去的就让它过去吧，生命有时候很脆弱，稍纵即逝，面带微笑，宽容别人，也是对自己的一种宽容。我知道自己早已不再恨她了，也许还要感谢她的抛弃，如果不是这样，我又怎会遇到现在的父母，让我学会了坚强，学会了宽容，学会了感恩，懂得了生命的可贵。

　　黑色的咒语不仅能带给别人厄运，而且还会让自己承受生命之不可承受之重。高三那年，我突发心肌炎，医生下了病危通知书说要家长签字，家里离县医院比较远，母亲搭车出来需要一段时间，而亲生父亲先到达了，但他并没有签字,我不明白,我真的是他亲生的吗?他当初说的爱我,难道只是伪装吗?他要再次放弃我的生命吗?曾经试着,用微笑细数你给的伤,无奈最后,泪却随微笑流出眼眶。面对亲生父亲对自己生命的淡漠与无情,我想,生活中没有什么比这更让人难以承受得了。也许是命运之神垂怜了我,黑色的生命又挺过来了。心总是在最痛时,复苏;爱总是在最深时,落下帷幕。

每个人在成长中都会受很多伤,会哭泣,会悲伤,会觉得痛。而疼过之后,你就是一个全新的自己了。你疼过了,便懂得了;你跨越了,便成熟了。黑色的咒语也许在下一秒又给我来一场暴风雨,黑色的生命在未来也许还有更重的打击,别怕,每一种创伤都是一种成熟,它使人思索,使人坚强,使人懂得宽容,懂得感恩,更使人懂得珍惜,珍惜生命的每一个时刻。

时间都去哪了

李腾飞

"门前老树长新芽,院里枯木又开花,半生存了好多话,藏进了满头白发……"每次听到这首歌,我都会禁不住地想起家中的父母。他们生活过得好吗?爸爸还经常咳嗽吗?妈妈经常腰疼吗?顿时,无数的问题涌入我的脑海,此刻我最想说:"爸、妈,我想您们了。"

小时候,我坐在爸爸宽广而又充满力量的肩膀上,那时的我,觉得爸爸是这个世界上最厉害的人,因为坐在爸爸的肩膀上,我就可以俯瞰一切;小时候,每当我犯了错之后,总躲在妈妈的背后,来阻止爸爸的"狂风暴雨",也不知道为什么,每次躲到妈妈背后,我都可以安然无恙;小时候,每逢周末总会有一些好吃的东西,分给他们吃的时候,他们却总说"不喜欢吃",总要留给那个曾经无数次惹他们生气而又叛逆的孩子,这个"谎言"连续骗了我好多年……小时候的我,总是那样的幸福;而现在的我,无时无刻不在怀念我那个金色的童年,可是时光匆匆,物是已人非。

中学时,我有着听不完的父母的唠叨,可是现在却又无尽怀念,这些唠叨我多想再听一次,哪怕仅仅只有一次,我也心满意足了。在电话的另一头,我听到的再也不是无尽的唠叨,而是满满的思念,他们期待我经常回家,而我却离家越来越远。

如今我真的长大了,成功考入了少年时朝思暮想的大学。许多人告诉我说:在大学这座象牙塔里,很多人会迷失了自我,因为在大学里,我们整天抽着父亲买不起的香烟;吃着爸爸妈妈从来都不去高档的餐厅;穿着爸爸妈妈至今都没穿过的名牌服饰;用着父母多少年来都用不起的名牌手机……如果是这样,跟我想象中的大学完全是格格不入的,而带着父母亲满心期许的我,该如何度过大学这段弥足珍贵的光阴呢?

在大学的时光里,我似乎有着参加不完的课外活动和开不完的学生会议,终于在开学的第一个周末,我忘记给爸爸妈妈打电话。我忘记了上大学前许下的诺言:每周一次电话或者一条信息。如今的我却被眼前的琐事弄得晕头转向,把当初许下的诺言,忘得一干二净。而我总会在夜深人静的时候失眠,会情不自禁地慨叹生活好累、真的好累,然后在唏嘘中度过这漫长的黑夜。

终于有一天我打电话回家了,可是开口的第一句,我便说:"喂,爸,我的生活费花光了,您抽空赶紧打点钱给我吧……好了,没什么事,我先挂了,我和同学们要出去吃饭了。"第二天,我清楚地看到我的银行账户上不仅仅有生活费,还多了几百块钱。此时的我走进了超市、服饰店……我没有回复电话向父亲表示感谢,哪怕是一条信息也没有。

国庆节终于到了,于是父母的电话一个又一个地打来,不停地嘱咐我路上注意安全,早点回家吧。可是傻傻的我却回了一句:"我和同学们出去旅游,今年的国庆节就不回去了,嘟嘟嘟……"于是我就挂断了电话。父母每日翘首期盼我归家的梦就这样落空了,而此时的我正在某个景点发着自拍,父母却只能通过朋友圈去看我。当我回家的那一天,爸爸妈妈早早地去集市买好了菜,准备了一桌"满汉全席"来招待我这位远道而来的"客人"。当走进自己的房间,我瞬间湿了眼,感觉到家才是最温馨的、最幸福的港湾。

坐在饭桌旁边吃饭时,我接过妈妈帮我盛的饭,触到妈妈的手比以前粗糙了许多,猛然发现妈妈的眼角处多了几道皱纹,头上也多了几根白发。刹那间,我怔了一下,不知道为什么我的眼睛居然湿润了,我不自觉地将头仰起45度,因为我听说头向上仰起45度,眼泪才不容易流下来。曾经那个只会理直气壮张口要钱的我,今天却不知为什么变得如此的羞愧……回想起曾经的时光,我骑在爸爸的肩膀上骄傲而又自豪的仰望;躺在妈妈的怀抱里放肆地玩耍;听着妈妈的唠叨;犯着年少轻狂时的青春叛逆;记着爸爸总是在醉酒的时候和我谈论人生;打着永远都是张口闭口都是生活费的几分钟电话;接着永远都不明白父母对我的无尽思念的电话……父母用他们一生的时间来照顾我、呵护我、关心我,而我却总是不理解。

其实他们对我的要求并不高,在他们孤独的时候,我能去陪他们说说话;在父母之间闹别扭的时候,我能够去调解他们之间的矛盾;在我们家里遇到困难的时候,我们全家人能相互鼓励,一起渡过难关;在遇到幸事的时候,我们一家人能在一起开心、一起欢乐……可是我这些都没有做到,恰恰相反,当这些发生的时候,我或许在KTV里唱着某个明星的歌;或许在某家餐厅陪同学吃饭；亦或许我在宿舍里面打游戏或者睡着觉……人的生命是有限的，如果我们有空闲的时间，少一些朋友间的大吃大喝、少一些旅游、少一些借口……让我们多回家陪陪父母，父母用尽一生的时间来呵护我们，我们怎能让父母独守空巢？无论你有多忙，请放下手中的工作，记住：钱是永远是赚不完的，而无情的岁月会带走我们最珍贵的东西。当你在忙，忘记回家的时候，扪心自问：时间都去哪了？

耳边突然响起：记忆中的小脚丫，肉嘟嘟的小嘴巴，一生把爱交给他，只为那一声爸妈，时间都去哪了……

谁的花开柔了谁的岁月

梁 晶

生命就是一段旅程，走走停停，每一次的驻足都是为了途中美丽风景。而对她而言沿途风景最美不过花开。她的一生有过三次花开，第一次，是她呱呱落地的一瞬间，生命的诞生；第二次，是她初识情滋味的瞬间，情感的开蒙；第三次，是她初为人母的瞬间，生命的延续。

人生几载，花开几何？而她何其有幸，一生换来花开三次。

（一）

那时花开正茂，生命的诞生于她而言，是另一个生命的延续。只因，彼时她的出生，恰逢亲人的逝去。

江南小巷，平凡人家，细雨朦胧，她的出生似乎已经注定她的小家碧玉、温婉淡雅之女的身份。

自她有记忆以来，她便喜欢常青藤，后来，据她母亲说，墙上爬满常青藤的时候，她正蹒跚学步，却是径直走向常青藤，拽着常青藤呀呀地笑，自此一拽便是一生。

情不知所起，一往而深。

墙外，同龄的孩子在欢声笑语中彼此打闹，一言一语间都是欢乐；墙内，只她一人坐在常青藤下的秋千上，安静地低头刺绣，秋千旁的石桌上放着她最爱的书。偶尔，她会双手托腮看着远处发呆；可更多的却是靠着秋千双目微闭，似小憩，恰有微风拂过，撩起耳边青丝，嘴边微微弯起一个弧度，就像做了一个温柔的梦，一个关于常青藤的温柔的梦。

一面墙，一片常青藤，隔开的好像是童真。她好像一直就这样，过于娴静。

秋去冬来，她开始种植常青藤，所有她能做主的地方都被她种上了常青藤，并细心照料着，盼着开花。那时，常青藤绿意浓浓，那时，她正值青春年华。

（二）

年轻的岁月，稚嫩的情感，以致，少女情怀总是诗。生命最美的年华里，她遇见盛世流光。

江南初夏，多雨时节，那时，她正躲在屋檐下避雨，手中方帕已半湿，却仍然用来轻轻擦拭着发尾。

抬眸之间，一抹青衫闯入眼帘。

男子一身青衫，身姿挺拔，手撑雨伞，缓缓走过，身后一帘烟雨，像一幅水墨画。

常青藤。

她想到了常青藤，就像神话中的故事一样，那个男子就像常青藤的化身。

次日，她再一次经过，却已不再细雨淅沥，似是不经意间，她看向了那天的路口，只有人来人往。

似乎有点低落。

低眉敛眸之间，她攥紧手中方帕，转身却蓦然看见那一抹青。男子依旧拿着那把伞，却正半蹲着身子，神色温柔地哄着迷路走散的小女孩，小女孩看着他终是停住了哭泣，却忍不住抽抽噎噎，愣愣地看着他。待孩子的母亲过来后他才直起身来，淡笑着目送他们离去。

她必定没发现，自己的眉目已一片温情。

待到思念成灾时，她才发现自己似乎已然对他一见钟情。

然而，一见钟情的感情之于她就像一壶酒，如果在一开始的时候开封，便不会有经过时间沉淀之后的愈久弥香。酒，愈久，愈醇愈烈；感情，愈久，愈泥足深陷……

她不是蒙尘的珍珠，一经洗礼便惊艳了谁，对于他，她终究缺少勇气。

可那一抹青衫却于后来潋滟了她半生时光。

（三）

生命就这样，不是所有人都像大江奔腾，勇敢而热烈；她只是小溪潺潺，温吞而不轰烈。有些事不勇敢，终究只能错过。

最后，她终是嫁人了，可嫁的却不是他。说到底，她也没有多少求而不得的苦闷。那个男子就像她生命中最重要的一个过客，在她平淡的生活中，溅起丝丝涟漪，可最后终究会平复。

十月怀胎，一朝落地，孩子降临的瞬间，她似乎听到了花开的声音，恍惚中，她好像回到了过去，看到自己的出生，一个生命的诞生，同时也意味着生命的延续。

自此她的幸福只与孩子以及常青藤有关。

院子里的架子上已经爬满了常青藤，那时，绿叶正茂，微风吹过，总会带起一片片叶子浮动。闲暇时，她总会抱着孩子在常青藤架下看书，偶尔愉悦之时，不由哼上几句，却总惹孩子哼哼的抗议，此时她便会回复一贯的温婉沉静，而身后常青藤轻轻摇曳，似乎有点不解，也有点淡淡的无奈。

待得孩子会走路之后，她却依然如少女时期一样，一人坐在藤架下刺绣，旁边石桌上安静地放着几本书，耳边伴着孩子的奔跑声。渐渐地，孩子长大了，孙子也长大了，她的身边只剩下常青藤了，这种陪伴了她一生的植物，也终将陪着她走到尽头，温柔她一世的岁月。

又是一年秋季，常青藤开花了，她倚在旁边，却不再年轻。凉风拂面，她再次微闭双眸，依旧做着关于常青藤的梦，只是青丝已成白发，墙外也没有了当初的欢声笑语。

所有的花开花落，都是她生命中的美丽景色。她的一生和她的故乡一样，有着烟雨朦胧般的温馨平淡，别人只当索然无味，却只她一人从中尝出丝丝甜味。

有人说，生命的意义在于它的喧嚣，可喧嚣与否，安静与否，都有着它自己独特的韵味。她的生命历程或许并不震撼，但却让人意识到，其实生命不必轰烈，温馨的幸福也能抵御漫长岁月中的寂寞。

一生的执念

黄涌波

尘世似风，飘零碎落，风过无痕。人一生中总有一段坎坷路，在黑暗中苦苦挣扎，风雨中一路前行，需要凭借的便是心中那份执念，也是生命中的不朽的意义所在。

树叶之所以苍翠，在于经历风雨的吹打；花儿之所以艳美，在于多年蓄养只为一刻绽放；人生之所以精彩，在于不朽的生命不停演绎。风雨中飘摇不倒，就为雨后那抹光，坎坷中一路前行，只为心中那份执念。

记忆深处的那份景总是藏不住，如投影机般时刻投映在脑海白屏上。残阳西下，白雪般散走于半山坡上的羊群，妇人扬鞭催赶，扬起的鞭带起翠嫩的草叶，与大地相触发出脆响，仿佛在向命运宣示她的不屈。命运坎坷的她在我生命中留下最大的刻印便是如定海神针般的坚定，为心中那份执念，用大半生去抗争。

那年夏天，正值青春美好岁月的她遇到生命中的另一半，结婚生子，男耕女织，幸福洋溢着整个小屋，这是人生最美好的时刻。和睦的家庭，甜蜜的生活，让人沉迷其中无法自拔，一切似乎向着世人宣告幸福的降临，显示着命运的善良。可惜命运最喜欢作弄人，一场突然而来的大病夺走了丈夫的生命，留给她的只有一对年迈的父母以及嗷嗷待哺的孩子们。正如伏契克所说的：我们都要面对生活，不管一切如何。面对横来的灾祸，不管如何逃避，残酷的事实就在那里，总归需要面对。此时，她用柔弱的双肩毅然挑起家庭的重担，既要出门耕作，又要照顾双老以及幼儿。村里的人都说她傻，规劝她改嫁，她总是含泪看着家中的老人以及年幼无知的孩儿，摇摇头："我走了，老人和孩子怎么办？"那份无法割舍的爱让她在那段煎熬的日子中苦苦坚持，支撑着这个风雨中飘摇的家。生活磨糙了她的手，吹白她的双鬓，却削不去她心中那份爱的执念。内心深沉的爱让她成为坚定的守护者，用多年的青春换回一个家庭寒冬中所需的温暖，坚守心中那份执念的归属地。

熬过了黄连般的苦日子，昔日嗷嗷待哺的幼儿已成为壮汉，接过她肩上的重任，成家立业。满堂儿孙，衣食有所依，家庭的温馨仿佛暗示她已苦尽甘来，可安享充满温暖阳光的日子。然而，不幸的事情又再次袭来，一次建筑工事意外让家中的壮汉失去了劳动能力，落下了伴随一生的病根，刚刚迎来朝阳的家庭又陷入了黑暗。陷入低迷环境的家庭，失去顶梁柱后无助的家人，让年近半百的她不得不再次担起照顾家庭的重任。带孩子，放羊，打理家中琐事，一切都需要她亲手操劳。繁重的生活在她给她的双鬓再添上了几分霜，不停的脚步，停不下的操劳慢慢压弯了她的腰，脸上慢慢添加的斑纹也告示着她慢慢老去。但也许是一切琐事在她心中都不如那份对家的爱沉重，她始终如同悬崖上的青松，屹立不倒，撑住整个家庭。

我的童年是在羊背上度过的，苍翠的草地，白雪般散布在草地上的群羊，最重要的是那堵坚实的背，让我能安心在茫茫草地上自由玩耍。她就像草地上群羊的将军，挥鞭驱赶群羊，而我只需在夕阳西下注意那一声呼喊。她是我幼年记忆中的大山，是我人生教育的启蒙者，是家庭的顶梁柱之一，是永远不倒的白杨，悄然守护着一切。

正如历史所证，再威武的将军总归敌不过时间的催促，岁月催苍了她的脸，皱纹慢慢爬上她的眼角，满头半白的发丝也悄声说明她的身体已渐渐不如往日般坚实。一次放牧归来路上，她跌倒了，且后脑着地，昏迷了。经过多天抢救，她安然醒来，面对众人的担心，她坦然一笑："我还没看他们都成家，怎么舍得走。"是啊，她心中对后代的爱还未满，这份执念未曾完成，她怎么舍得走。这份执着几十年而不曾改变的念头，以及她多年来的面对生活苦难不屈不挠抗争的精神，如果这么轻易就被击败，那她就不是那位心有执念而傲然屹立于岁月风雨的"将军"了。

苦难是人生的老师。它让我们跌倒，但也让我们学到很多人生的哲理。生活总会在不经意处为我们准备一场暴风雨，让我们"享受"风雨的袭击，狼狈前行，同时告诉我们生命需要一份执着的信念，伴随我们一生，点亮我们内心深处的光明，在黑暗坎坷中摸索前行，而不至于迷失方向，成为命运的放逐者。走到生命的哪个阶段，就该完成那一阶段该完成的职责，不沉迷过去，不狂热于未来，坚定心中的执念。不管正经历着怎样的挣扎与挑战，坚信执念会让我们虽然痛苦而又快乐着，并相信未来。

叔本华说：为了解人生多么短暂，一个人必须走过漫长的生活道路。而漫漫人生路中有荆棘，有鲜花，也许有时候没有掌声，但却有浓浓的亲情相互扶持，共同走过那段风雨之路。正如家中那位历经风霜的老人，为心中浓浓血缘之爱，执着半个世纪，以深刻的内容充实每个瞬间，傲然挺立于风吹雨打之间，宣告她一生内心深处对爱的执念。

又是一年寒冬，归乡的我轻轻推开院子的门，她正躺在院中的椅上，眯着眼睛，阳光下银丝微扬，说不出的安详，我悄声接近，双手半搂着她，轻声呼了声"奶奶，我回来了"。她抬起头，看着这从小伴她左右的孙子，轻声唠叨着一些陈年旧事，这时候的她似乎又回到昔日的雄姿，眼中带着一股神采，言语间已带着往日挥鞭赶羊的神气。我双手轻轻地帮她揉着肩，眼前又出现那场景：苍翠的草地，云般的白羊，年轻的她。

叔叔，把我卖了吧

黄佳鹏

甘肃省西渠村……

这间屋子跟村里的大多数屋子一样，是直接用黄土夯成的，用手蹭蹭便能抓下一把泥沙，初见时便惊讶于这样的房子是如何在风雨中苟延残喘至今的。房子的门是开着的，从门口一走进去便能看见同样是由黄土夯成的灶台，破旧的灶台前，放着一张木制的小板凳，应该是有些年头了。

"咳咳，我这身子骨是越来越虚了，瞧了大夫也不见好，就是可怜了我的娃儿……"蓝色布帘后的里屋传来一阵急促的咳嗽，随后变成喃喃低语。

"娘，我回来啦。"门外传来一声清亮愉快的招呼，随后从门口走进一个小姑娘，约摸七八岁的年龄，穿着一件大了两三号的花格子衬衫，外面还套了一件男式的宝蓝色毛衣，只是仿佛裹了一层黄土一般显得灰扑扑的，小姑娘看上去也跟这条村子的环境一样，显得灰扑扑的，除了那一双明亮且黑白分明的眸子……

"娘，起来吃药了！"小姑娘小心翼翼地端着一碗不知是什么药材熬成的中药进了里屋，招呼着妇人起身将药放在炕头上后，轻轻地为妇人扯了扯被角，又拿起枕头拍了拍，然后塞在妇人的背后，干完这一切，小姑娘好像对自己的动作很满意似地点了点头，端起炕头上那碗药，轻轻吹了吹，纠着眉头，大抵是被中药的味道冲了鼻子吧。

"娘，吃药。"

"诶。"

"娘，你说你什么时候才能好呀？这药的味道老难闻了，也不好喝吧？你什么时候才可以不喝药呀？"

"乖，娘也说不好什么时候能好，你现在上了学，要好好用功读书才行，娘治病要很多钱的，你只有好好念书，以后才有钱给娘看病呀。来，读书给娘听，娘最喜欢听你读书了。"

"好。"小姑娘蹦蹦哒哒地出去拿书了，却没有听见背后微微的叹息声"这苦命的娃儿，娘这病怕是好不了了……"

"娘，隔壁大婶子给您带药过来了。"小姑娘掀开布帘说道。

"哎呦，大妹子，你这病恹恹的可不敢瞎起身了，好好躺着就是。"一个身形有些壮硕的中年妇女操着一口子关中口音迈进了房子的里屋。

"囡囡，你去给你大婶子倒杯水。"

"好嘞！"

"大妹子，你家女娃子可真乖呀，要是俺们家那个混小子有你家女娃子一半懂事就好了。"

"是啊，最近些日子确实是苦了这闺女了。她婶子，我这病乡里那王大夫怎么说的？"妇人瞥了一眼门帘外的人影，突然提高声调说道。

"呵，王大夫说你这病不重，就是要买个好药，要 2000 块钱哩，怕是要等娃子出息了才能治好了。"壮硕妇女也是斜眼看了一下门帘，大声地说着。

"我也是盼着我家囡囡能好好读书，早点长大，早点出息。"

"娘，婶子，水来了"小姑娘端着两杯水进屋，"娘，婶子，我去做功课了。"

房子前绿色斑驳的柱子多了一道道白痕，隔几天便来比一下自己有没有长大已经成了小姑娘的习惯，每天都能从这破旧的房子里传来清亮的朗诵声，房前屋后的乡邻早已习惯。总有荷锄而归的老农指着这边说："每天都做学问，女娃娃要出息了!"

"咳咳……咳……咳咳咳……"深夜了,里屋还是传来一阵阵的咳嗽声。"娘的身子越来越虚了,我什么时候才能长大呀?"

"诶,三块,阿婆您拿好,下次再来哈。"一个收废品的小哥将三块钱递给一个前来卖废品的阿婆,并热情地招呼着。

"叔叔,"小姑娘看到这一幕后跑了过去"你为什么要给那个奶奶钱啊?"

"哦,那个阿婆把这些瓶子卖给我的钱。"

"啊?给你这些瓶子,你就可以给我钱吗?"

"是的,你给的瓶子越多,我给你的钱就越多,天不早了,小姑娘快回家去吧。"

"谢谢叔叔。"

"叔叔,这些给你,你可以给我钱吗?"小姑娘拖着一袋空瓶子放在收废品小哥的面前,然后用手背抹了一下自己小脸上的汗水。

"行嘞,叔叔给你称一下哈,"小哥踩灭了烟头忙活了起来"嗯……两块一,"小哥从口袋里掏出零钱,捻了捻,"算了,叔叔多给你点吧,三块,小姑娘你收好哈。"

"谢谢叔叔。"

"诶,不客气,下次再来哈。"

小姑娘蹦蹦哒哒地走了,快到家的时候看见了经常到她家送药的大婶子。

"婶子好!"

"你这女娃娃快回家吧,听说村西头的那个人贩子放出来了,小娃子可不敢一个人在外面待太久。"

"好,婶子再见。"

"回去吧,"壮硕的婶子一招手,目送小姑娘走远后喃喃道:"真是个好娃子啊,真是可怜了。"

"娘,我回来了,我去给您熬药。"小姑娘神神秘秘地跑到自己的小床那里抽出一个本子认真地在上面写上了"2000 − 3 = 1997"。

以后的每一天都会看到一个小姑娘穿街过巷捡空瓶子,绿色柱子上的白线也是越来越多,越来越密集……

落日的余晖灿烂了黄土铺成的路,背光的那道身影显得柔弱却又坚挺。

"咳咳……咳……咳咳咳……"小姑娘窝在自己的小床上,听着里屋传来的一阵阵咳嗽声,妇人的病情越来越重了,经常是一咳就是一整夜,小姑娘把头埋在被子里,默默地抹着眼泪,掏出自己的小账本,借着里屋昏黄的灯光可以看到上面一排排的算式,最新那一条是"1807 − 7 = 1800"。

小姑娘今天起了个大早把里里外外都收拾了一遍，仿佛是要过年一般。收拾好一切，小姑娘把自己也好好地拾掇一番，洗完了脸后还理了理自己的刘海，走进里屋，妇人咳了一夜刚睡下不久，窗外已经是亮堂堂的了。小姑娘给妇人拉了拉被角，又轻轻地理了理妇人有些散乱的头发……默默地注视了妇人很久后，小姑娘深吸一口气，笑了："娘，我先走了。"

　　小姑娘一路走到村西头，这个地方临近山里，本就没什么人烟。看到那个一直被村子里的叔叔婶婶指指点点的中年人，小姑娘很害怕，可还是一步步地走了过去。感觉到有人过来，中年人停下手中挥舞的锄头看了过来，小姑娘被这突然的一眼吓得抽了一下肩膀，等了一会才惴惴不安地抬头看向中年人："叔叔，你……你把我卖了吧……我娘……我娘治病还差1800……"

左耳，听到紫荆花开的声音

王炯亮

　　生命伊始，万物无异，人始于精卵相交，盛于青壮之时，衰于病痛之害，唯生命之定数，万物皆有一死，非一人之力可左右之。生命之长源于基因调控，亦受环境左右，然生命之厚起于对生命的敬畏与追求，起于对生命意义的探索与升华。自然生命承载着人类这一物种的延续，而文化生命则是对自然生命的补充与发展，敬畏生命，以自强不息的精神去阐释生命文化的另一番美好。

　　生命本无高低贵贱之分，然生命却有长短整残之别，亦如月之阴晴圆缺，残缺的生命也有追求生命价值的权利，尚且残缺的生命之美往往更能将自强不息的生命意识诠释得更加淋漓尽致。我曾随队前往一偏远贫困山区支教，而那里一位叫"小左耳"的小女孩的一句话，笔下的寥寥数字令我终生难以忘却，让我亲眼见证了残缺的生命是如何演绎出自强的生命文化之美。"小左耳"相貌平平，留着一头短发，不过个子挺高，比同龄女孩子足足高出一个个头，因此在编排座位的时候，我将她安顿在教室靠后面的墙角。不像其他小孩子在课堂上争着抢着给予我回应那样，她总是身子侧向一边，脸几乎斜对着讲台，就坐着静静听，偶尔用眼角瞟一瞟残破的黑板上我留下的几行赤裸裸的粉笔字，显得与欢快的课堂格格不入。可能乡下总会有另类的孩子吧！既然她不扰乱课堂，我也没多想，就由着她去。

　　随着破瓦房教室外那个沧桑的古钟被当当撞响，其他小孩子都蜂拥而出，只有她缓缓走过来，靠近我的左耳，轻轻说道："老师，您能听到紫荆花开的声音吗？"面对这突如其来的提问，我木然了一会，还没回过神来，她便拉着我的手，踱步出了教室门口，指着门口那棵苍老的紫荆树，依旧轻轻地贴近我的左耳说："奶奶说过，我们村里的紫荆花只有淡淡的清香，老师们在学校里紫荆花开的时候才会有声音，跟爸爸妈妈的声音一样动听。老师，我也要考上大学，跟你们一样，我想用我的左耳，听听紫荆花开的声音。"说着她便傻傻地笑了，映着夕阳落下的余晖，斑驳的树影下，她显得那么的天真可爱，就像一颗含苞待放的花蕾，为这棵苍老的紫荆树重新渡上生机。尽管我完全没有明白她说这些话的意思，也搞不清楚她为什么那么肯定地相信自己能听到花开的声音，却一句都没有问过我是否她真的能听见。

　　出于对"小左耳"的好奇，我趁她隔天上课的时候去她家进行家访。向村里人一打听，原来她也是村里面的名人了，村里人都喊她"小左耳"，而她没有父母，平常跟她唯一的亲人——奶奶相依为命，她家里也是村里最穷的一户人家。寻着一条坑坑洼洼的泥路，七拐八弯才找到她的家，而我也亲眼见证了什么叫家徒四壁，屋里仅有一台收音机还勉强算得上家用电器，除此之外，烧柴做饭，水井打水是我所能见到的她家中的日常了。向奶奶表明了我的来意之后，奶奶便与我聊起了"小左耳"的身世。奶奶告诉我，在"小左耳"很小的时候，她父母都意外双亡，后来她得了一场大病，几乎花光家中所有的积蓄才将她从死神手中拽回来，但她的左耳也永久性失聪，所以本来留长发会更好看的她只能留着短发，目的就是为了不挡住右耳。于是奶奶便编造了一个考上大学就能听到紫荆花开的声音，就能听到父母亲的声音的故事去激励"小左耳"好好读书。

　　"小丫头她爸以前读过几年书，也希望小丫头以后能像你们一样上大学做个知识分子，她自己也喜欢看书，抱着收音机听广播，床头那几本旧书是以前几名大学生来的时候送她的，她每晚都看，都不知道翻了多少遍了。"说着，奶奶把我带到"小左耳"床边，顺手拿起了其中一本书递给我。泛黄的纸张向我诉说着书的年纪，已经翻烂的页面足以看出"小左耳"的勤奋，随手一翻，书中群蚁排衙的笔记足以看出她是多么爱学习。恰巧，一张布满字迹的纸张掉落下来，拾起的时候无意间看了一眼，竟发现上面写着"奶奶告诉我：等我上了大学，我的左耳可以听到紫荆花开的声音，可以听到爸爸妈妈的声音，虽然村里人笑我傻，我也知道不可能，但我一定要好好读书，上了大学，赚很多很多的钱，好好孝敬我的奶奶，好好帮助像我一样的孩子。"落款已经是几年前的时间了。寥寥数字，却教人别有一番滋味，年纪虽小，却没有因为生命的残缺、命运的不公而怨天尤人，也没有成为她停滞不前的理由，从内心散发出的自强不息，敢于向命运发起挑战的精神，激励着她努力向前行。敬畏生命存在的意义，她没有指责命运的不公，她坦然接受事实；追求生命的幸福，她立志好好读书，赚钱养家；探索生命的价值，她在贫苦之时还能想着去帮助他人，她用自己积极向上的人生态度，用她自强不息的生命精神，向我们演绎出生命残缺之美，为我们诠释自强之美。她的生命，不因残缺而黯淡，而因她的追求，她的自强而显露光芒。

慌乱之中，我胡乱将纸塞回书中，生怕惊扰了属于她们婆孙之间的秘密，或许，秘密的不公开，对她们婆孙两个都好吧。"我这身子骨也快不行了，小丫头每天都要洗衣做饭，说是我照顾她，倒不如说是她照顾我，虽然每天都要干杂活，但是她一有空就读书。别人笑话她没爹娘，笑话她耳朵听不见，但小丫头心态好，干活也麻利着呢！"奶奶话语之中不由得流露出一丝自豪之情。虽然她不知道，她的"小左耳"已经长大了，是一个懂得自强不息，懂得敬畏生命，懂得与生命的不公抗争，懂得追求她生命意义的大丫头了。

待到下一次开课后，我笑着贴近她的右耳，轻轻说道："'小左耳'，等你考上了大学，不仅可以听到紫荆花开的声音，还能听到更多来自内心深处的声音。加油，老师在未来等着你！"她莞尔一笑，似乎彼此之间心有灵犀一般，灿烂的笑容，如同她生命的紫荆花开一般绽放出迷人的光彩。

如在大学"生命文化概论"课堂上那样，解读生命并学会尊重生命，关爱生命并学会珍惜生命以至于让生命有所延续。人生的道路有时候天生已然注定，那我们只能在接受命运安排之下学会用精神文化的力量去撬动似乎已经成型的命运，而在感恩生命存在的同时尊重生命甚至是创造生命辉煌也曾是我对于生命文化含义感悟的最深所在。"小左耳"用自己的坚强守护着生命的脆弱，用乐观的态度修复生命的残缺，实践着我最想传播给他们的生命理念同时也是我选择的人生道路：生命短暂，惟有敬畏生命，才能延续生命，绽放生命的光彩。

左耳，听到紫荆花开的声音，听到内心深处的呼唤，听到生命自强不息的呐喊。

说给自己听，做给自己看

麦康婷

如果有来生，要做一棵树，站成永恒，没有悲欢的姿势，一半在尘土里安详，一半在风中飞扬，一半洒落阴凉，一半沐浴阳光，非常沉默，非常骄傲，从不依靠，从不寻找。……这是我最喜欢的作家三毛在《说给自己听》里的话，她说给他自己，也说到我的心坎里去了。

有人说上帝关了你的一扇门的同时会给你开一扇窗。有时候你会发现门关上的时候，窗户也钉死了。我是农村长大的，我们村很穷很穷，直到今天也是做着传统的农耕。条件不好的人娶不到当地的媳妇，会托人买越南或外地的妇女为媳妇，很多生下儿女后不堪贫困，逃走了。小云的母亲就是。听说她当时只有3岁，弟弟1岁。我们那里穷、落后封闭，重男轻女的观念根深蒂固。现在慢慢回想起，小云的命很苦。我们那里没有幼儿园，上小学之前，我们是跟着爷爷奶奶去放牛，再在路上捡些柴什么的，像我们这些就是去玩的，可是小云不行，她没有妈妈，没有爷爷奶奶了。她只有忙着赶农活的父亲、年幼的弟弟，当我们蹦蹦跳跳时，她背上的是小弟弟，左手牵着牛绳，小小粗糙的手还要扶着牛背上驮着的柴。回到家我会大声喊着妈妈去找吃的，小云只能在邻居的帮忙下，烤火做饭。我七岁上的小学，特别兴奋，早早背上我的新书包蹦蹦哒哒去学校了，小云也去了，她背的是她妈妈唯一留下的一个老式布袋，里面没有书，那会儿还没有九年义务教育，所以她爸爸无法帮她交200多元的学费。老师是村里的，让她坐在教室里上课，就这样上了10多天，我们会笑话她、赶过她，不让她坐在教室里，她爸爸终于在村长的劝说下卖了养了半年的那头猪，交了100元的书费，她终于得到了课本。

世上只有妈妈好，有妈的孩子像个宝，没妈的孩子像根草。我们早上起床吃上妈妈做好的早餐，一群人疯癫地去上学，下课就蹿到教室门口跳橡皮筋、走胜利格等各种游戏往疯里玩，下午放学把牛迁到一个岭或者大片的农田里，开始新一轮的疯玩，天黑了回家吃饭。小云呢，早上起来把饭煮好，背上书包，牵着刚会走路的弟弟去上课，课间陪着弟弟玩，照顾弟弟，中午背回家喂饱弟弟就去打扫，打水洗爸爸换下的脏衣服、弟弟尿湿的衣服、自己补了又补的衣服，到点去上下午的课，下午再回来煮饭照顾弟弟。

春去秋来，每天重复，小学毕业了，她爸爸就说供应不了两个人，不肯让考上我们镇最好的初中的她上学了，后来校长说免她的学费，好说歹说才让他爸点头同意她上初中。初中是寄宿的，周五下午回家周日晚上回校，半个小时的自行车程，她没有自行车，每次都是早早出发，学校是学生自带米去蒸饭的，菜由饭堂售卖，她三年没在那里买过一份菜，至少我没看到过，每天吃着周末在家带去的萝卜干，酸菜那些。有时我们看不过去会把自己的菜分她一点，她也是很客气。饭堂的阿姨知道她的情况，有时偷偷拦着她给她夹些青菜。她没有钱订校服，是班主任知道他的情况，把刚毕业的女儿的旧校服给她穿的，我们冬天的热水是要去饭堂买的，她没钱只能顶着冷风洗冷水澡，不管多冷都不舍得买。

她是珍惜和感恩的，她的成绩和她的贫困一样轰动全校，各科都是第一。穷，但不自卑，对我们也友好积极，所以招人喜欢。很遗憾，她的中考没考，她父亲查出胃癌晚期，她回家照顾他了。半年后她爸爸去世了，她离开家去了东莞打工。15岁，叛逆期的我时不时跟爸妈吵架离家出走，被逼着中考，考到县城市里去，那样才能走出去，才能出人头地，不用回来种田了。我们爸妈和老师说山的那边不是山，是城市，晚上有灯，有很高很高的楼，路很宽很干净，没有牛粪。那是我们村里大多数人的 15 岁的经历，还不懂什么是失去。小云爸爸走了，留下一个小小泥砖房，上初一的弟弟，看病欠下的债务，以及弱小的她。

我不知道她是怎么过来的。高中三年失去了联系，她没有回过家，听说在一家工厂打工，大一时知道她还在东莞，就联系上了，两年来，考上大学的我好像已经忘了曾经努力是为什么，变得迷茫、颓废。她没有，一直没有，执着地活着，也许世界就是这样，坚韧的她一再地被苦难的生存环境洗礼，而周围没人给他一个值得信任的肩膀，给她无声的鼓励和支持。要是没有咬着牙支撑的坚强，也许怕是没有今天了吧。

问过她一次觉得苦吗？她是这样跟我说的：有时放假因为不舍得花钱不敢出去逛街，一个人待在宿舍，太阳照进窗户，玻璃折射的光线打在脸上，晃动的光影刺伤了我的眼睛，虽然很多时候我很孤独，但后来发现原来自己的成长道路上，还是有或多或少的陪伴的。我羡慕过，哭过，怨过，甚至恨过，想过去死，可是不甘心呢，难道一生都是这样吗？我觉得好不公平，所以我想争取一下。

今年，她弟弟考上了大学，所以她要开始抗争了，上夜校，考大学，当导游，可以出去看看外面的世界了，说想去看一场雪。

有人说想哭就去跑步，把眼泪和汗水一起蒸发掉；觉得伤心就抬头仰望天空，这样眼泪就不会流下来了。然后呢，哭过之后呢？去努力一把呗，失去的已经很多，也不在乎多一点不是吗？梦想还是要有的，万一见鬼了呢？

所以，即使觉得命运亏待了你，也要报以微笑，武装自己，能将就，才能讲究。

她的"牛"音，自带芳华

唐一丹

故乡广阔的原野上，春天，已经姗姗来迟，莺歌燕舞，草木葱茏，百花吐芳。万物生机勃勃，历经风霜雨雪，生命的音符重新跳跃。侧耳倾听中，她的陈年旧事突兀地泛滥于心，二十载的袅袅生命之音随之萦绕在我的耳畔，余味无穷。

二十年前，也就是 1999 年除夕夜，一个小女孩，她如同破土的嫩芽，于凌晨时分在一个县城的医院呱呱坠地。她用响亮的啼哭宣告着生命的到来，生命最初的声音，在万家灯火通明之夜悄然而至。

她跨过了世纪的风云，在父母的臂弯下，不急不慢地成长为一个"背书包，上学堂"年纪的小女孩。这时的她，表现得突然意识到，这个世界其乐无穷。于是，生命的无拘无束开始在她的言行举止中淋漓尽致。课堂上，她一边在书本上一个劲地画小人，一边"思考"下课和谁一组玩扮家家，捏泥人。放学之后，她的事情更多了，采野花，找果子，看蚂蚁散步。胡令能的"蓬头稚子学垂纶，侧坐莓苔草映身"；高鼎的"儿童散学归来早，忙趁东风放纸鸢"；范成大的"童孙未解供耕织，也傍桑阴学种瓜"。她都曾经历，她无忧无虑，活蹦乱跳着。生命也以同样的节奏陪伴着她，给她演奏着温婉和谐的《月光曲》。风平浪静，欢声笑语的童年，余音绕梁的生命之音。那时她的每一刻生命，都在演绎着纯粹与无畏，如此明媚。

童年，在她的生命中呼啸而过，她迎来了属于她的"娉娉袅袅十三馀，豆蔻梢头二月初"的年华。这是一个含苞欲放的时光，是生命最年轻的姿态。她以一颗热烈的心接纳着生命中的每一天，当时的她，享受生命回馈给她的点点滴滴，同时，她也敬爱着每一个生命。她会在春天里看着草木繁荣满眼欣喜；她会在夕阳下看着老人相扶散步嘴角微扬；她会在课间听着朋友谈天论地而心潮澎湃。她对生命领悟浅薄，却又如此热爱，让现在的我时常热泪盈眶。那时的生命之音，朝气蓬勃，没有一丝一毫的阴郁，恰似《海阔天空》的旋律，铿锵有力，掷地有声，一曲完毕，荡气回肠。

"世间好物不坚牢，琉璃易碎彩云散。"十六年的风平浪静，生活可能认为太寡然无味了。它决定，让惊涛骇浪排山倒海的压向她。一场突如其来的车祸，在她父亲的归途中，从空而降。未及五十载的生命，转瞬即逝。徒留一片撕心裂肺燃烧了她余后的岁月。那一年，她不敢哭却又无法笑，不敢思念却又无法忘却，在无数的矛盾与不知所措中，接受生命的磨砺，在磕磕碰碰中挣扎着成长。恍恍惚惚中，她似乎明白了，生命是坚韧的，但更是脆弱的，生命是洋溢着奇迹，但更多的却是充斥着无奈。生命之音，从来不只有一个音调，轻重缓慢，时有交错，平庸抑或精彩的生命，只有存在，只有跳动，才有耕耘的机会。也许，活着便是对生命最好的诠释，心脏跳跃的节奏才是真正的天籁。

从1999年到2018年，20年的时光，不长不短，却真真切切地流淌在她的生命里。而我余下的文字，将记录她穿越时空的生命沉思，这将是她对生命风韵，生命之音的另一种阐述，愿你们有所感，有所悟。

10年之后，早已从医科大学毕业的她，已经行走在救死扶伤的征途之上。此刻她对生命，感慨颇多。她开始对生命充满虔诚的敬畏，尊重并慎重地对待每一个生命，她会愿意为拯救一个生命而赴汤蹈火，在所不惜。因为她明白，责无旁贷。"性命所托,健康所系"的教诲终生难以忘却。生命之音于她而言,不再单一,而是填满人间曲调,它可以让你在上一秒欢呼雀跃,也可以让你在下一秒束手无策。生命瞬息万变,音律错综复杂,谁也未曾彻底领悟,倘若想要生命疏影横斜,暗香浮动,也许丰子恺的这句语录"不乱于心,不困于情,不畏将来,不念过往"便是完美的解释。

"闲云潭影日悠悠,物换星移几度秋?"岁月最终将她雕饰成白发苍苍的老人。生命,也终究要归于茫茫天地之间。这几十载走来,她不再畏惧死亡。生命的葬礼——死亡,将是对生命的升华。横渡了死亡,也就横渡了生命的终点站,圆满地完成了她的一生。那时的生命,将不再局限于现实中,它还存在于他人的记忆里,言语中,怀念里。她此生的所作所为,她曾经忘却的点点滴滴,可能都将成为别人对她生命的评价,能否在平凡中闪耀?能否在优异中卓越?能否在消失中永恒?是否可以如同贝多芬《命运交响曲》般世世代代被他人所感慨?这些,在未来,生命都会给她一个答案,让她完成这一生的生命旋律。

毕淑敏曾言:"生命有裂缝,阳光才照得进来"。而于我而言,生命之音有变幻,阳光才能遍布。平仄起伏交相辉映才能锦绣为人生的华章,每一个与众不同的生命之音,都在每一个人的生命中,娓娓道来自己的故事。最终会如同我所言的她,也就是我自己一般,不胜气势磅礴,却可与波澜壮阔相比拟。

"生"音天地间,忽如远行客。变幻莫测的生命之音,在时光的洗礼中,终究自带瑰丽,自成芳华。

愿你从她的往昔,今日以及未来的生命之音中,有所感悟,有所深思,在俯身倾听里和生命把酒言欢。

母亲!母亲!(节选)

赵亮熹

人们常常说,生命是有声的,因为每个人都伴随笑声而生、伴随哭声而逝。只要我们用心,都能聆听到这些富有内涵的生命。但,生命又岂容我们简简单单地下定义?若不是亲眼目睹,可能我们都不会知道,对每一位平凡的母亲来说的生命之声,是这样子的:生是自然流露的喜悦,死又是撕心裂肺的痛楚。

脆弱

我们总以为,能活过来那么多年,是靠自己一手一脚辛勤赚来的;但我听说过,原来我们能如此茁壮成长,也是一种幸运。知道吗,曾经你也可能在无声无息间就已蒸发人间。

手术室。面前，是位年仅16岁的少女，在我们的印象里，她应该浸淫在好学的气氛中，又或者在周末开心地玩耍。但她，即将接受清宫手术。昨天这个时候，她刚排完胎，把腹中那团不舍又不似人形的组织遗弃。消毒铺巾时，我看得出来，她脸上还写着些许疑惑和恻隐，但她只能带着这些慢慢沉睡，自己作出要与它彻底撇清关系的选择，大概也只能这样了。

　　过程十分短暂，然而每一个步骤都沉重得让人透不过气来。随着仪器的清扫，一点点曾经可能属于她、身边那个人以及家庭的美好幻想和期盼被刮出体外，不带一点声响地坠入废物桶，似乎对她没有任何留恋；机器持续运转，明明速度很快，我却看到暗红色的痛苦的过往在慢慢被往外抽吸，好像病人极不情愿割舍一般，再在我眼前经过，然后堆成残余。体内清空了，可能就忘记了，但是伤害造成过了，可就不是你想愈合就能愈合的。

　　对面那厢也是清宫手术，仿佛是麻醉力度不够，病人醒了。她喃喃着什么，我听不清楚，麻醉师再推了点麻醉药后，伴随着眼睑的合拢，她眼角泛着的泪光和幽怨，我也看不见了。

　　第二天早上再去查房，那女生脸上稍微恢复了点血色，也许身体已无大碍了。住进来数天，我从没见到过她的家人，旁边只有一个脸带羞涩又不知所措地盯着手机屏幕的18岁男生，相比起那个男生，她面部悄然成行的纹路和情绪告诉我，她承受了更多东西，一行人不禁感到惋惜。

　　在这里，有生的喜悦，也有难以形容的沉重；有活的实在，也有人为的消失。人们总在思考，存在或不存在，但是你能否拥有思考的机会，还得问问造就你的那个人。

强韧

　　凡世间，每有一个灵魂悄然地离去，就有一名天使圣洁地降临。

　　面前是一位怀着二胎的妈妈，她正在爱人的陪伴下等待着。两夫妇在安静地交流，互表安慰或者谈论这个未出生的胞儿的秘密，嘴角不时上扬。没过多久，妈妈的宫口开全了，爸爸只得暂别妈妈，目送她进入产房。

　　躺在产床上，尽管她已不是第一次，但是仍难免出现一阵阵伴随宫缩的紧张，幸好身旁缠住大衣的助产士们都和蔼善谈。"现在都开放二胎了，很多妈妈又去努力造人了，你生完这个，也再接再厉。"助产士戏谑道。

　　"不了不了，生孩子多辛苦啊。"孕妈的眼神里有份口是心非的泰然。

　　分针刚踏上半点，肚里的生命就迫不及待地要往外冒。我听着跟前这位女性不断呻吟，脸上的五官扭曲到极端，两边的助产士用尽话语去鼓励，她也没能忍住要脱眶的泪水。有人说，女人怀孕是受罪，那么也许十月怀胎过后，孩子的出生就是对她们的最后一个考验，她必须承受这些痛楚，但是又必须含泪忘记种种，方能迎接生的喜悦，成为一名平凡而伟大的母亲。

15：42，一声声生机蓬勃的哭声充斥着产房，这个世界上又多了一位新光临的访客。刚离开母体，他显得异常雀跃但又不安，挥舞着小巧的四肢在寻找庇护。助产士小心地将他抱入襁褓内，温柔的安抚令他暂时安稳妥协，呆在半梦半醒里。我凑近一点观察这精灵，他正在贪婪地大口呼吸空气，重温那份只有母子二人深谙来之不易的幸运。

另一边，刚顺产完的妈妈在拿着手机拍照，不顾下身暴露于血污和冰冷，吃力地捕捉着骨肉想要传达给她的信号，还一个劲地唠叨：他还没我老大重呢，我老大刚出生时六斤八。这位妈妈起初嘴里的抱怨，已经完全被浸润头脑的母爱取代，但我一点都不觉得意外。

一场迎生典礼结束，还会有无数场，生命就在这不断的轮迭中延续。你见过静默的死亡，也经历过艰难的出生；你感慨人生的无常，但又必须活在当下。逝者已矣，生者如斯。

对母亲来说，生命既脆弱又强韧，既可爱又可怜，既懂事又任性。但无论怎样，她们都能以强大的包容去面对，因为她们种过因，也看过果；她们制造过生命，也听到过有关生命的真谛。

倾听老呆的生命之声

胡海应

生命，或深厚高亢，或凄美孤独，或卑微平凡……却都隐藏着一段属于自己的独一无二的故事。一花一世界，一叶一菩提，愿诸君细细倾听老呆的生命之声。

——前序

光阴荏苒，岁月如梭，于不知不觉中，老呆已经步入知天命的年纪。

"老呆"这一外号，是妻子给他取的，妻子一生他的气，就"老呆老呆"地唤个没完没了。结婚二十几年，这一外号也跟着二十几年，二十几年来他从未反感这一不雅的外号。

老呆不高，目测离一米七还差一小截，然而他的身体从头颈到脚趾无一不显得臃肿，走起路来松垮的肉抖个不停，三女儿说老呆那是虚胖，老呆眯着小眼哈哈笑。

幼时的老呆可不胖，反倒是面黄肌瘦，形销骨立，天天奢望能够吃上一碗香喷喷的白米饭,他的家境那真叫穷,衣弊履穿,食不果腹,家徒四壁。有一天,老呆掀起衣角搂着几个番薯像只猴子般蹦蹦跳跳地往家里跑,还未到家门就亮起嗓子大声喊道:"姨,姨,我们有番薯吃喽,有番薯吃喽"!他姨嗖的一下从厨房里露出张黝黑的脸,"娃,哪里来的番薯啊?""丽嫂刚从地里收番薯回来,我不好意思跟她要,就一步一个脚印,一步一个脚印,慢慢地、慢慢地挪近装番薯的车,然后丽嫂就给我啦。"他姨在一旁听得笑弯了腰。番薯煮熟时夜已拉开了序幕,月儿透过树梢,洒下清凉的光波,乳汁般浮游在远处近处,氤氲在醉人的番薯香里,又丝丝缕缕向四周弥漫开去,窗外传出老呆大口大口咀嚼番薯的声音。

老呆二十来岁的时候,经媒人介绍,他认识了一位年纪相仿的姑娘,据说人家姑娘起初不肯答应出嫁,后经媒人多番解说才点头呢。老呆上头还有一位哥哥,老呆刚和那姑娘结婚不久,他哥哥就提出要分家产,老呆什么话都不说。家里的田地、农具、家具、牲畜等都分得一清二楚,双亲把建好的新屋分给老呆的大哥,而老呆只能和妻子住在原有的旧屋子里,此外,小小的旧屋子还要空出两个房间给双亲住,妻子心里略有些不平,而老呆没有任何怨言。几年后,老呆和哥哥一样,各自有了几个娃娃,老呆的母亲经常去哥哥家带侄子侄女,很少帮妻子照顾娃,久而久之,妻子嘴里开始念叨念叨着,而老呆仍旧沉默。孩子上学时,老呆双亲渐渐老去,不再去田里劳作,老呆的母亲把她和父亲原来分得的几亩田地全给了哥哥,老呆一丁点也没得到,老呆仍旧只言片语也不露。这次,老呆的妻子实在看不下去了,红着双眼抽噎着对老呆说:"你哥是金子、银子、宝子,你算啥子啦?一声也不吭,呆!呆!呆!真是老呆!"望着热泪盈眶的妻子,老呆抱紧她,久久不语……

老呆还是有点能耐的,上山坡下海水,都干得来。早些年,老呆跟着村里的伐木队去山坡上砍树,冬日寒风凛冽,冻得身体裸露部位红肿皲裂,夏天烈日炎炎,豆大的汗珠满身子流淌,觉得难熬的时候,老呆就会想起家里操劳的妻子和勤恳的儿女,增加了继续干下去的劲头。没有伐木任务时,老呆就拿出渔网到水里去,总是能捕到或多或少的鱼虾,归来做一顿美食改善家人的吃食。后来,老呆考了驾照,为了生活,他学会开各式各样的车,今年你可能见他开大卡车运甘蔗到糖厂加工,明年可能见他开油车从市里运载汽油回镇上,下一年你还可能会看到他在大城市里开面包车运货……

从不惑之年到如今的知天命之年,这十年里,时运不济,命运多舛,老呆在充满荆棘、泥泞的路上走得颇为艰难。妻子平日面朝黄土背朝天,夙兴夜寐,积劳成疾,身子虚弱,近来更是不堪,老呆看在眼里,虽无言语,确着实疼在心里。令老呆更为忧心的是大儿子频频遭难,小学时,大儿子在操场上从不高的杆上摔下，竟也能把手骨弄折，中学时，遭受肠息肉长时间困扰，虽一直吃药，却不见好转，磨啊磨，磨啊磨……孩子身心压力巨大，最终引起精神分裂。有那么一段时间，天灰灰，地茫茫，风凄凄，落木萧萧，老呆黯然神伤，仰天长叹。几天不见，他全身肿胀起来，似忧伤膨大挤占每一寸皮肤。

"心儿永远向往着未来，现在却常是忧郁，一切都是瞬息，一切都将会过去……"屋内传来三女儿朗朗书声，老呆似乎抓到生命里的某寸光，一阵奔波后，阴霾渐渐散去，大儿子的病情得到控制，街道上人们不时可听到他们家传出的欢声笑语，那么真，那么甜。

今早，黎明刚咬破夜的唇，三女儿打开房门，伸伸懒腰，看到两个影子在厨房里晃来晃去，"爸，妈，早啊，怎么这么快就煮早餐啦呀？""今天是老呆生日呀，"老呆的妻子满眼柔情地说。嘴角上扬，老呆笑得两眼都合起来……

倾听老呆的生命之声，它有过深厚高亢，有过凄美孤独，有过卑微平凡……每一段经历，都是生命的一部分，都蕴含着生命的真谛。

第六篇　生命的变奏曲

即便轻微，依然芬芳

唐玲燕

路边的野菊开得很盛，而我总会因为匆忙的脚步而错过。纵然如此我也会明白，野菊即便渺小普通，但也在倾力绽放，我即便平凡，但也努力活出精彩。

是不是每个人的童年都有英雄梦？是不是每个人的年少都会轻狂？

垂髫时的乐趣，是自己总爱幻想，一会儿是个像郭靖一般拥有无双绝学的大侠，忠肝义胆，义薄云天，在万千崇拜下一统江湖，匡扶正义，指点江山；一会儿是不畏生死的抗日英雄，弹无虚发，深谋远虑，浴血奋战，集国家荣辱于一身；再一会儿又可以是杨利伟在月球上与世界对话，向中国敬礼，插上向世界宣告中华崛起的五星红旗！

髫年的"壮志"被时光冲刷着，慢慢地变成了对未来走上人生巅峰的宏愿。曾以为自己能靠着实力考上清华北大，然后建立一座独占鳌头的企业，成为像李嘉诚那样的商业大鳄。然而曾一度烦恼选北大还是清华的天真还是敌不过现实。

其实越长大越明白，要做好每一件事都很不简单，没有一步登天的能力，也没有忍辱负重的勇气。越长大越明白，我其实是普通的、平凡的，不是最引人注目、卓尔不群的。

英雄的背后离不开普罗大众的支持，娇艳欲滴的鲜花离不开绿叶的衬托。但是，世界上并不需要那么多英雄，总会有人成为英雄背后的人民，做衬托鲜花的绿叶。人们都想做主角，为此争得头破血流，满身伤痕，是因为总会有人忘记，自己一生的主角其实是自己。是啊，自己一生的主角其实是自己啊，为什么总要活给别人看呢？何不自己去做自己的英雄呢？

也许别人的一步，有些人要两步甚至三步去完成，那就慢慢来好了，去和别人比较的才是弱者，战胜自己的才是赢家。目视前方，路在脚下，就像田径运动员，忍住四周观望，才能把握前方。

即使是平凡的，但依然是伟大的。瓦特是英国的一名工人，而他正是在平凡的工作中发明了蒸汽机；瑞典化学家杜勒13岁起便在一家药店当学徒，在长达 8 年的制药工作里，使他对化学产生了浓厚的兴趣，并通过实验研究，成了第一个分析出了氧气的人，使得人类科学向前迈进了一大步。他们正是在自己平凡的工作中创造了伟业。医生帮助人类战胜各种疾病，老师为祖国培养人才，军人用生命保卫着国家，农民在辛勤的劳动中创造丰收，每一个平凡的背后其实都不简单。

没有人确切地了解莎士比亚的出身，但不容置疑的是他来自社会底层。他的父亲是一个屠夫兼牧场主，莎士比亚年少时的目标就是成为一个梳毛工，其他人则认为他可能会做学校的门卫，以后顶多成为一个代写文书的文员而已，然而他却从平凡中成就了不平凡。他描写海洋的措辞是如此的精确，以至于一位海军军官还断言他以前肯定是个水手；而一位神职人员则表示从他作品中的种种迹象看来，他以前很可能是一个牧师的文员；一位出色的驯马师则坚持认为莎士比亚以前是个马贩子。若不是莎士比亚在平凡中细致的观察与用心的体会，我不能找到更好的理由去概括他的如此成就。莎士比亚无疑是个演员，在他的一生中，他"扮演了多个角色"，从广泛的阅历和观察中他收集了丰富的知识。在任何一件事情中，他都是一个用心的学生及勤奋的工人，直到今天，他的作品对英国人品格的形成仍具有强大的影响力，他似乎"不是一个人，而是所有人类的缩影"。莎士比亚的成功从平凡中来，在平凡中绽放。

现实当中有不断涌现的伟大，而更多的是日常中的平凡。面对平凡，首先应该接受平凡，接受渺小，接受自己，才能孕育一种自我向上的精神。

当杜鲁门成功当选美国总统时，有记者采访杜鲁门的弟弟有何感受，他一语惊人："我为哥哥感到骄傲，他将是美国最优秀的总统之一。但我同时也为自己感到骄傲，我是一名农夫，用自己的手养活了自己，照顾了父母。"他不愿借当了总统的哥哥扬名，更没有为自己的平凡渺小而感到惭愧。坦然地接受了平凡，何尝不佩服？

你肯定听说过生长在岩石缝里的小草吧！这是大自然最平凡、最顽强的生命，更是平凡生命中的伟大精神。

最美司机吴斌是杭州长运客运二公司的快客司机。在 5 月 29 日中午，他驾驶着一辆大型客车从无锡返回杭州，车上有 24 名乘客。11 时 40 分左右，车行驶至锡宜高速公路宜兴方向阳山路段时，一块大铁片突然从天而降，在击碎挡风玻璃后，砸向吴斌的腹部和手臂。

监控录像记录下短暂而令人震动的画面：被击中时的一瞬间，吴斌看上去很痛苦，本能地用右手捂了一下腹部。但他没有紧急刹车或猛打方向盘，而是强忍着巨痛缓缓减速，拉起手刹，开启双跳灯并打开车门。

倘若司机失控，很可能车毁人亡。然而车子没有失控，而是稳稳地停了下来，并且这辆大巴没有一个乘客受伤，很难想象忍着剧痛的他是如何将一系列的动作完成。他是最美司机，保全了全客车的人，牺牲了自己。他，是平凡的人却拥有不凡的精神。

一花一世界，一沙一天堂。茅盾的名篇《白杨礼赞》中有一句描写白杨的话。"那就是白杨树，极普通的一种树，然而是实在不平凡的一种树！那是力争上游的一种树，笔直的干，笔直的枝。"朋友，你能执着地把手上的小事情做到完美的境界吗？能收回那颗骚动的心，从小事做起，从身边的事做起，从本职工作做起吗？

有的人努力去成为伟人，有的人努力去实现理想。不管要的是什么，自己清楚就好了。在有着理想与信仰的路上，纵然是最渺小的存在，也胜过最伟大的虚空。

就算不是玫瑰，依然艳丽夺目；就算不是十里香，依然香远益清；就算是一朵野菊花，即便花香轻微，依然芬芳怡人。

星光

王梓流

在那个夏天的夜晚，漆黑的夜空布满星辰，忽然间一颗暗淡的星星闪烁了一下。

第一次见到他的时候是在一节语文课上，他作为一个插班生转到了我们学校。那时我们正在饶有趣味地齐声朗读着课文，班主任突然走进来打断我们说我们班今天转来了一个新同学，他叫程星，程门立雪的程，流星的星，说着她头转向外面示意他进来。

刚开始，听名字以为是一名女生。然而一个微胖的男生从门口走了进来，身上挎着一个老式的单肩包，包上还挂着一个军用的大水壶，水壶有些地方瘪了。衣服沾上一些无法洗去的污渍，显得很陈旧，鞋子上还有未干的黄土沾在上面。他脖子上还挂着一条挂坠，但藏在衣服里不让人看见。正当我们仔细打量着这位新同学时。他小声地说"大家好，我叫程星，以后请多多关照"。由于他带着浓重的地方口音，引得大家哄堂大笑。他随即低下头，黝黑的皮肤涨得通红，当我再次望向他的时候，他抬起了头看向了我这边，发现他目光如火炬般炯炯有神。"安静，大家鼓掌欢迎我们的新伙伴，以后他就是我们班的一分子了，大家要互帮互助，多多关爱我们的新成员。"然后班主任指了指我旁边，"以后你就坐在那位同学的旁边"。他，成了我同桌。

开始，我并不喜欢他，他身上常散发着一股怪味，似乎好几天都未洗过澡。

但他却总是乐呵呵地对我笑，真诚待我。不过这并不受我待见，我依然保持沉默。他也似乎明白了，然后没再说话。每次下课他都独自一人坐在座位上望着窗外发呆，其他同学也都远远地躲着他。直到后来，有一事情改变了我对他的看法。我与一位同学起了争执，他看见了，以为我被欺负，立马便冲了上来护住我，并与那位同学打了一架。我被他的义气所触动，不再拒之千里，慢慢地了解到他是被我们当地的人领养的孤儿，在这里上学。他的养父母对他很不好，经常打骂他。但他并没有表现出多少自卑，反而很开朗，每次聊天都眉飞色舞，诙谐幽默。

渐渐地，在我眼中他变成了带有传奇色彩的人物。

他学习成绩很好，很快，他就取得了班上的第一名。但接下来的日子他突然没来上学了。大约间断了一个星期左右他重新出现在了校园。我向他询问情况，他支支吾吾，我注意到他的手上有几处瘀青。在我的再三追问下，他说出了实情，但要让我保密。"我的养父母不让我上学了，把我囚禁在家里。我很想上学，于是我凿开窗户逃了出去，但后来被他们发现抓了回去，并被打了一顿。在我的苦苦哀求下，他们终于答应让我再来学校。"囚禁了一个星期的他终于回到了学校，但这也可能是暂时的，因为他养父母说读书无用，还不如在家放羊！

接下来的日子我发现他的走路姿势变得有些异样，注意到他的脚上也变得青紫。我没有问他原因。他也开始变得沉默，目光变得有些黯淡。在一天放学后，他没有走，我在收拾着东西，突然他说了一句"我不想再回家了"。当时我没听明白，他便消失在了暮色里。第二天他样子有些憔悴，一天都没有说话。直到放学了，他问我要东西吃。因为我家就在学校旁边，我便带他去我家吃了一顿，最后他有些哽咽，连声道谢，当我问他原因后他却什么都不肯说，我没有追问下去。直到有一天傍晚我路过了学校，听到学校里传来一些移动桌椅的声音。因为我们学校都是走读生，放学后所有人都回家，学校大门会锁上，我顺着声音，在窗户里，我看到了一个熟悉的身影。

我唤了一声，那个人影有些惊恐，躲在了桌底下。发现是我后便抬出头来，小心翼翼地示意我别出声，眼神里带着怜悯。我让他一起到学校楼顶去，那晚是六月的下旬，天气晴朗，没有月亮，天空布满了星星。像是一张黑布上嵌满了会发光的宝石。他望着天空说："听大人都说我们每个人都对应着天上的一颗星星，你觉得我会是哪一颗呢？""最亮那颗！"我脱口而出；"不是"他指着黑暗的天空里的一边，那里星星少得可怜。"就是那颗，最亮那颗的旁边那颗！"，"为什么？"我诧异着。"有的星星天生不会发光，它只是反射着光，虽然是微弱的光，但我相信这光同样能给黑暗世界带来光明。"（说着的时候，那颗星星闪烁了一下）。"像月亮那样？"，"没错！月亮虽然不会发光，但它同样能照亮地球的黑夜！"在夜色里依然能感觉到他眉毛上扬兴奋不已的样子。"你的名字是，谁起的呢"我问道。"我养父，他说领养我的时候，看到我经常望着窗外的星星，所以就叫我程星了。我确实很喜欢星星，我常想假如有一天我离开人世了，我希望我也可以变成天上的一颗星星，哪怕只能反射微弱的光！""呸呸呸，怎么能这样说呢，我们还那么年轻。"他没有说话，继续望着星空出神，夜空下，我竟发现他眼睛里闪着星光！

我们在楼顶上躺了一夜，也刚好是周末，第二天早上他对我说他要回家了。我以为他没事了，站起来后我发现他的肚子有点鼓起来，我调侃道："看你那么小都大腹便便了，一定是有福之人，一切都会好起来的。"他喃喃自语："是的，会好起来的，会好起来的。"然后他离开了。

到上学的时候，他却再也没有出现在校园，后来在无意间听村里的大人们谈话的时候，听到了他的消息。原来他养父母领养他回来后，发现他得了一种怪病，到处找医生给他治病，但花了很多钱依然无法治好，他的肚子也因为有腹水变得肿胀起来，最后他们绝望了，决定放弃他了。后来对他的态度也越来越差，经常打骂他，有几次他一个人跑到山林里过夜，早上被当地砍柴的村民发现，叫他养父母把他领回去，再后面的事就不得而知了，有的说他被送到条件比较好的亲戚家了，有的说被送到孤儿院了……

我整个人都被震住了，懊悔当初没有继续问下去让他说出实情。我努力回想着他的样子，却发现，我能想起来的都是他在上学时乐呵呵地笑着的样子。他在学校虽然很少找同学玩，但他和别人打招呼交谈时，总会是一脸阳光地笑着。

后来我发觉每每在人生的最黑暗的时候，我都会莫名想起他，他仿佛像一道星光，点亮我的世界。或许是他改变了我对生命的态度。虽然他只在我的生命里匆匆路过，但他撒下了漫天星光！

当我再次抬头仰望星空的时候，竟然发现那个暗淡的星星已变得明亮起来，且在闪烁着……

夹缝里开出的花

潘莹莹

有人说："生命就像是夹缝里生存的花，不屈不挠，坚忍不拔，在环境越恶劣的悬崖边开得越茂盛"。生命的意义所在，便是在绝境之中迸发出精彩的火花，在朝升暮合的困境下笑谈人生，以顽强的毅力和伟大的抱负不屈于人生的劫难，在漫长的岁月中展现生命的坚强。

在我还是一名初出茅庐的大一新生时，有幸参加了我校优秀实践队伍"暖风中国"的三下乡活动。那是我第一次真正接触到关于"农村"的一切，那里的人朴实善良，待人友好，那里的孩子可爱好学，纯真懂事，就连花草树木也能令人愉快。

下乡过程中，我印象最为深刻的是小志伟，那个坚强得不像五年级学生的小大人。最初被他吸引是因为他能默写出初中数学知识圆周率的前九位，能背出高中文言文《蜀道难》，感叹小小少年就如此博学，长大必定是能成大器之才。而后才慢慢了解到他的家庭情况，他父母亲为了供养他和哥哥两兄弟上学没日没夜在田间劳作，哥哥已经考上大学准备贷款读书，父亲的肺病近几年愈加严重，单靠母亲种田的收入根本无法供小志伟念完高中。因此，年仅十二岁的志伟清楚自己的家境情况，在面对可能无法完成学业的问题下，选择了提前自学初高中知识。

茅屋为秋风所破歌

家访时，首先映入眼帘青砖石瓦的土房就是志伟的家，"床头屋漏无干处"，裂缝斑斑，黑色的烟灰弥漫在空中，粘附在本就破旧的泥墙上，陈旧的水壶、泛黄的沙发与墙上崭新的奖状形成天壤地别的反差。扎根于大山的半山腰，远方的白雾笼罩群山，仙气妖娆，美如画的风景却是禁锢一个11岁孩子梦想的始动源泉。当问到父母亲的情况时，志伟不禁三次落泪，坚强的他，却在父母话题里暴露出自己的脆弱，深知年过半百的父母的病痛，他的无力和心痛在无数的眼泪中慢慢浮现。父亲患有严重的肺气肿，工作能力下降，母亲患有先天性兔唇，双亲病魔缠身，一贫如洗的家除了需要养育两个孩子之外，还需要担负父母沉重的医药费，于是食不果腹成了家里的常态。

不读书，不知义

"家纵贫寒，也须留读书孩子"，用这句话来形容志伟家再适合不过了，但是在现实面前，志伟父母的努力太卑微了，志伟哥哥的大学学费在哪里，志伟升初高中的生活费从何而来，这些问题都让志伟父母在这沉甸甸的压力之下无法喘气。"就算贷款也要多读书"，志伟的叔叔告诉志愿者，为了供养两个孩子读书，志伟的父母甚至连村里修公路的钱都拿不出来。

因为出身贫寒，志伟要努力学习，不仅是为了不让父母成为田间地头农人闲聊时的笑谈，更是为了给那些闭塞而愚昧的乡土树立一个"读书有用论"的励志故事，让更多孩子不因为经济而离开喜欢的学校。

三更灯火五更鸡，正是男儿读书时

　　为了改变命运，走出这个被群山围绕的农村，让父母过上好日子，志伟早在7岁时就下定决心好好学习。每天六点起床，经过一个半小时蜿蜒曲折的山路到达学校后，志伟先将班级的卫生打扫干净后就开始预习课本的内容，"有些我还没教的知识，他都清楚地知道。"志伟一老师欣慰地说。除此之外，志伟还经常阅读中外名著，小小年纪就已涉猎《诗经》，连高中时期的《蜀道难》也背诵得朗朗上口，他说他的梦想就是当一个作家，把大山贫苦人民的生活置于笔尖，诉讼大山深处的无奈和情感，那些关于梦想的坚持和面对窘迫压力前的无力。

　　路漫漫，雾飘飘，在探访志伟时，志愿者发现11岁的小志伟为自己制订了一套暑假计划，从几点起床到每个时间段做什么都清楚地列在他那贴在裂痕斑斑的黄土墙上，计划表还郑重其事地写上了一个大大的"哈佛"，整齐的书桌在杂乱的房间衬托下更加令人悲怜。志伟三岁开始写字，在得知"哈佛"这所学校后就将其视为自己往后的追求，自此以后，志伟就踏上了漫长的求学之路。尽管因为学校资源问题，志伟还没有真正接触过英语，但是他不曾放弃过心中的梦想。在现实面前，他的梦想很微小，微小得如天上多得看不见繁星，但他的梦想也很伟大，像夹缝里渴望生存的种子，终会开花。

千磨万击还坚劲，任尔东西南北风

　　或许像志伟一般的励志故事还有很多，但是在亲眼见证他的日常生活时，真的深深被这个孩子的优秀品质感动。在平凡的生命里，他没有选择碌碌无为平淡接受生命的打击和磨难，而是选择突出重围，为自己，为家人，披上盔甲成为一名盖世英雄。像夹缝里开出的花，从来不会屈服于环境的恶劣和风雨的无情敲打，用自己顽强的生命力，最终也能开出一朵耀眼鲜艳的花。人生难得的是，在遭受那么多考验时还能坚持自己心中的梦想；生命可贵的是，能够在绝境里用坚强的生命力改写既定的事实。

　　在遇见志伟之前，我一直无法解释生命的意义究竟是什么，只知生命的可贵，莫过于道"生下来，便活下去"的道理，直至这个简单的孩子用他的行动告诉了我，生命的真谛：不要被困难吓到，用行动改变自己的命运，谱写生活的乐章，坚强如钢，乘风破浪，不屈于现实，心有所想便能以柔克刚。不要将眼光局限于眼前的困境，要在有限的情况下，去打拼出一个无限的未来。夹缝里生存的花，缺乏的从来都不是土壤的水分和肥沃的养料，而是坚强的生命力。

　　写着写着，思绪又飘到去年炎热的夏天，想起志伟哭着对我们说："哥哥姐姐，我一定会从这里走出去的，我一定会做到的"时的那副憧憬和一脸笃定的样子。

我知道，他会做到的。

生命，顽强拼搏着

林晓俊

人的一生并非风平浪静，艰难险阻近在咫尺，我们应顽强地拼搏，绽放坚强的生命。

——题记

暴风雨拍打的地面，那一颗颗不引人注意的小草屹立不倒，它不怕艰难险阻，它在风雨的洗礼中茁壮成长。种植在沙漠中瘦小的树苗顽强与风沙拼搏，在贫瘠的土壤中仍坚强地长成一棵棵大树。地球高纬度那极其恶劣的天气下生长的地衣，虽然生长很慢，但它依旧存活着，没有死去，诠释着困难再大仍不要死去的生命本质。生命，顽强抵抗外界的一切压力，在风雨过后总会有彩虹，这是生命的声音，它顽强，它绽放着光芒。

霍金的一生让生命焕发光彩，大学时患上渐冻人症的他没有向生命低头，没有对病魔妥协，轮椅上50多年的岁月并没有阻碍他前进的脚步，他对物理学的发展贡献了巨大的力量。史铁生的一生让生命绽放美丽，21岁生日那天再也无法站起来的他，却诠释了在生命脆弱的同时依旧坚韧不拔，他坚持文艺创作的道路，推动了中国文学的发展。张海迪的一生让生命生机活泼，5岁时就因脊髓病导致胸部以下全身瘫痪的她，没有了像普通小孩那样自由自在，无拘无束的童年生活，但是她顽强地活出精彩人生，她的著作在国际上影响很大。即使人生对他们不公平，生命的坚强也一直陪伴着，他们相信没有过不去的坎，而是要生命再次美丽地绽放。

生命的过程并非一帆风顺，难免会遇到跌跌撞撞，会感到事事不顺，会遭遇艰难险阻，但我们要一直向前走，不要停下步伐，相信生命的坚强，顽强地生存。

产房里尖叫的声音不绝于耳，一位在母亲宫中孕育了十个月的新生儿即将来到世间，可是母亲已经嘶吼到力竭了，那胎中的宝宝却仍然没有半点出来的迹象，心电监护仪时时处于红色警报状态。是母亲对宝宝生命的祝福与期望，她坚持着，没有丝毫松懈，因为这也是她的命，宝宝的头慢慢露出来，在助产士的帮助与母亲的顽强下，新生儿出来了，那啼哭的声音"呜啊呜啊"萦绕着整个产房,这一刻多么美好,宝宝的生命饱含着家族的冀望与期待,亲朋好友的祝福与深爱,更蕴含着父母对生命的坚强与自信。

母亲对生命的坚强带来了新生的力量,诞生了那可爱娇小的身躯,赋予了生命新的拥有者,而且坚强地生存蕴含的是家人的希望与祝福,在成长的道路上迎难而上。

在我读高一时,一个噩耗传来,我父亲出车祸,肇事者逃逸,他在路上足足躺了一个多小时后,被几个小伙子看到并送到镇医院,再转到县医院,听到这个消息的我十分悲痛,陷入深思"生命怎么如此对我和家人开玩笑"。但是父亲没有放弃生还的机会,他坚强地挺着,顽强地活着,直到进入手术室治疗,终于他逃离了死亡,维持了生命。是他在生命危亡之际没有放弃活下去的机会,是他在生命不公之时没有对死亡妥协,更是他在生命看似最后一刻没有丧失生存的毅力。

生命有时是如此的脆弱,一次车祸便能夺去那珍贵的一命,一场灾难便无情地夺走那数不清的生命,但坚强地活着,不放弃生还的机会仍掌握在我们手上。

汶川大地震至今已过去10年,可是那场灾难酿成的损失仍旧无法挽回,数不清的生命被埋在废墟中,那句"快来,救娃娃,我痛",那句"下面一片漆黑,我怕。我又冷又饿,只能靠看书缓解心中的害怕!",那一句"孩子,千万别睡!老师陪着你。"是多么的潸然泪下,他们对生命的坚强,没有放弃任何生还的可能。那一幕"母亲用身躯撑着那无情的石块,把孩子深深拥抱在怀里,用乳头维持着孩子的生命",那一幕"先去救援比我更危险的人,我还可以坚持",那一幕"男子跪仆在废墟上,双臂紧紧搂着两个孩子,两个孩子还活着,而他已经气绝!"是多么的触动人心,他们用自己顽强拼搏的生命换来了他人生命的存活。灾难是多么的无情,但人们仍没有放弃追求活着,只要有一丝生存的机会就不会放弃。

参天大树长成的过程是多么的艰难,从播撒在土壤的种子开始,就注定有各种各样的艰难险阻,可是破土而出的树苗并没有妥协,越是艰难的环境,它们成长得越强壮,它们体现的是无比顽强的生命,是在困境中顽强拼搏,追求生存的能力。任何有生命的物质在成长经历中都或多或少会遇到风雨,但这不应该成为阻挠我们前行的借口,我们要诠释顽强的生命,这不仅是美的,也是闪亮的。

生命,顽强拼搏着,它是如此的美,它能让树苗长成令人敬畏的参天大树,它能带来新生的力量,它造就了一个个伟大的人物。这样的生命值得我们倾听,值得我们拥有,让自己的生命更加坚强,迎接困境,成就更好的自己。

那段品尝生命的日子

马炫芝

有一句名言说:"人从一生下来到死去,这中间的过程,就叫幸福。"在生命的这个过程中,重要的不是长度而是宽度,每一个丰盈的生命背后,能享受烈酒般的欢乐,也能忍受冰霜般的痛苦,有得有失,有笑有泪,有鲜花和掌声,也有荆棘和泪水,而生命的意义就是披荆斩棘去追寻欢乐。这种追求生命的过程给予你的就是幸福。

在高四那一年,一开始我还不懂整天为了成绩哭哭啼啼,挣扎难受是为了什么,我这样安慰自己,我是复读生,注定要受许多委屈,注定这一年是你最需要拼搏的一年。我是复读生,我要明白,一个人的成功,他所下的功夫要很深。想要使自己的高中以完美的结局收场,就不能太在乎委屈,不能太在乎过程的艰辛,不能太在意你过程中所留下的汗水,要相信,所有的苦、汗水与努力换来一张我满意的录取通知书。但其实我不知道意义何在。

直到我的所谓坚持让我考到了靠前的名次,父母高兴,老师表扬,我突然觉得好幸福,我猜那是因为自己的努力得到了回报,我看看桌上的笔筒上的字条清晰地写着"我要上重点"五个大字,我突然明白,那是为了理想为了生命中自己设下的目标靠近的快乐。月落乌啼霜满天,江枫渔火对愁眠。姑苏城外寒山寺,夜半钟声到客船。这一年我以张继落榜,来年再战,一朝中举为榜样。自此,每天六点半到学校,埋头苦干,吃午饭还不忘戴上耳机听口语,午觉之前看看笔记,晚上十一点回家,睡前回忆当天所学的东西,日复一日,不敢与高三一起奋斗的战友有太多的联系,因为我知道他们已经到达彼岸,而我正在重新开始,相比于高三的人,我作为一名复读生,比他们多一份负担,我跌过一次,好多期盼的眼睛希望看着我重新跃进终点,我知道我不能给自己退路,我要逼自己一把。我的睫毛上凝满了寒霜,苦雪冷水凝住了我的迷茫,我褴褛的衣衫在凄风中飘荡,一路上的荆棘让我历经沧桑,但我的目光反而更加明亮坚毅,我坚实有力的臂膀正在挣脱命运的枷锁,也许不是每一步都踏着朝阳和希望,但日复一日的努力让我越发坚强,坚定心中信仰,我告诉自己,即使用双手攀爬,也要到达心中天堂。我一直和别人说高四是我最快乐的日子,事实也是如此,我生怕往后再没有像高四那样为了一个目标这么纯粹地努力了,这么不顾一切,这么执着实现自己的理想。

我是一名复读生,请不要嘲笑我的梦想,我想要有逆袭世界的骄傲,一念之间,洒下信念,原来还在这里的是我自己,我有对大学的热情,我渴望美丽的大学生活,我向往,所以,不管现在的我,我在哪里,都有最值得奋斗的事要做。"桂折一枝先许我,杨穿三叶尽惊人"。我在证明,在轻轻地诉说:我充满信心,我从未放弃过什么。我有着鲲鹏般宏大的志向,波涛般奔腾的活力,磐石般坚定的意志。我是自信的智者,我要从失败中总结经验,学会走出阴影,明白成功就在触手可及的眼前。温暖的阳光下,我在奋斗,我在耐心地积累,我等待着爆发的一刻。我们未满足于什么,我有着悬梁刺股的刻苦,凿壁借光的奋斗,囊萤映雪的努力。我是进取的勇者,我像河流一样不停地奔向大海,像红日一般不停地燃烧。我从未停止过前进的脚步,我身上处处闪耀着努力的光芒。

高考放榜,我以中等的成绩考进了一个本A的学校,两年之后,学校更名大学,成了重点大学,我笑了笑,觉得生命很神奇,我坚信努力付出过后,尽管生命只给了你该得到的一半,但在将来它一定不会辜负你,它会帮你弥补所有的遗憾。人活着就是为了解决困难,这是生命的意义,也是生命的内容。逃避不是办法,知难而上往往是解决问题的最好手段。没规划的人生叫拼图,有规划的人生叫蓝图;没目标的人生叫流浪,有目标的人生叫航行!每天给自己一点时间沉淀,当你可以直面自己身体里与生俱来的笨拙与孤独,你便能够彻底谅解过去的自己。感谢这段让我品尝生命的日子,只有珍惜人生路上的点点滴滴,我们才会更懂得人生的内涵、生命的意义,不再因为一时的失意而一蹶不振,也不再因为一时的成功而手舞足蹈。

有的时候灵魂的孤寂不需要别人理解,其实不是不希望被理解,可是时间久了就会觉得只有自己能理解自己,那就像是一种死循环,走不出心中的那个围城。坚定执着于自己所坚持的某件事就会感到全世界都好像与自己背离,大脑里面充斥着各种对于生命的意义的追求,其实,只需跟着自己心里要的东西走。"我不去想,是否能够成功,既然选择了远方,便只顾风雨兼程。

我不去想身后会不会袭来寒风冷雨,既然目标是地平线,留给世界的只能是背影;我不去想,未来是平坦还是泥泞,只要热爱奋斗,一切都在意料之中。"这是汪国真教会我热爱生命。

高兴与痛苦,人皆有之。高兴时心平气和地感受它;痛苦时平静地体会它。人,由于没有开悟,许多痛苦由此产生,一旦了解了生命的意义,事物就没有太多区别。因为,高兴与痛苦都是生命的组成部分。宽窄都是路,前后皆为空,只有一部分一部分加起来,才叫完整的人生,才是真正的生活。

愚者用肉体监视心灵,智者用心灵监视肉体。感恩生命,感谢它给予我们一个聪明的大脑。思考疑难的问题,生命的意义;赞颂真善美,批判假恶丑。记住精彩的瞬间,激动的时刻,温馨的情景,甜蜜的镜头。感恩生命赋予我们

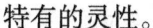

特有的灵性。

感谢那段让我品尝生命的日子,感谢生命,感谢自己。

你

郑帮英

生命可贵,爱情价高。生命是什么,是一颗卵子与一颗精子的相遇之旅吗?不,这是两个相爱之人的幸福结晶。在孩子生下来之前,母体孕育着这个生命,幸福而又美好,可是世间又哪有那么多美好?你的父亲不带一丝眷恋离开了母亲,像丢弃一件无关紧要的东西一般舍弃了你,作为一名受过高等教育的大学生,没办法正确理解和处理关于生命的困惑,说什么现在还不能承担一个孩子的未来。没办法正确理解和处理自己和他人的关系,自卑又自大,可笑地去追求他所认可的爱情,原来只是那个人能让他少奋斗二十年,你看他连正确理解和处理物质与精神的关系也办不到。你何其无辜,难道你不是他和母亲相爱的证据吗?你的第一声哭,第一声笑,与他无关。可是你又是多么幸运,一个女人在遭受爱人的背叛与离弃后,不顾众人的苦苦劝说,不忍不愿打落你,因为你是最宝贵的,也是她一生的延续。你是一条活生生的生命,她有什么理由拿你的生命为她的不幸买单?凭什么?打胎就像一场不需负法律责任的谋杀。十个月对她来说是煎熬,也是最美的等待。"啊"你的第一声啼哭在这个力疲的女人的耳中听了犹如天籁之音,为她柔弱的身躯打了一剂强心针,这一天,你成了她的孩子,她抱着你笑了,在你皱巴巴的小脸庞上印上她今生最虔诚的一个吻,而此刻又有多少人不被这个场景,不被你这个坚强的生命所感动呢?

你开始踏上你人生的旅程。你从一个什么都不懂的小屁孩慢慢成长。一岁的时候你就学会了走路,多可爱呀,妈妈啊看着你一摇一晃的走向她,心都感觉快化了。你总是不知疲倦地围在妈妈的周围,你的一切妈妈都想参与,可惜赚钱不易,生活让这个平凡的女人忙得焦头烂额,她不能时常陪着你,就这样错过你的第一声"妈妈"。外婆是个温柔慈祥的人,她煮得一手好菜,把你养得白白胖胖的,每次都要抱着你在怀中亲亲才行,亲亲热热地喊你一句"小可爱",你也对这个占据你整个童年记忆的外婆十分依赖眷恋。外公可就严肃得多了。他多不喜欢你呀,你害他的小情人小棉袄受尽委屈,受尽白眼,还占据了他一生挚爱的时间。他曾经多么希望你从未出现在他的生活中。可是当你揪住他的胡须,在他怀中傻傻地笑,口齿不清地叫着,不知是"歪弓",还是"外公"的时候,他那个本就不强硬的心早就软得一塌糊涂,脸上也绽开了笑颜。

慢慢地你也开始上学了,一天你哭着回来,外公外婆可急坏了,问你你也不说，就一个劲地哭，晚餐都不吃，跑进了房间躲起来了。外公打电话给老师才知道你在学校被同学欺负了。最后还是外婆用好吃的哄你才让你从房间里面出来，一脸哭鼻子还冒着个小泡，哼次哼次地说为什么我没有爸爸？外婆刚想和你解释，外公制止了她，欺骗不是最好的方式。外公让你冷静下来，既然你想知道，那他就明明白白地告诉你。虽然你只是个小孩，可能还不能完全理解，但是在了解之后才不再会被这个真相困扰。你听了之后，还是很困惑，但是也知道自己不是多余的了，爸爸没有又怎样，有外公外婆妈妈就足够了。等到长大后你才明白在没有做好准备迎接一个新的人生，新的生命，不要轻易说爱情，这样的爱太廉价了。

没有爸爸的日子你过得也很好，上学有外公接，生活中有妈妈外婆的疼爱，你真的很幸福。初三这一年你考上了本地最好的一所寄宿高中，你偷偷改了志愿，选择了离家最近的一所高中，妈妈知道后差点没打死你，她让你打电话给老师改回去，而你阳奉阴违，还是坚持己见。虽然她明白你是因为外公外婆年纪大了，想多陪陪老人，但是她不想因此让你学习吃力。不过在你的再三保证和外公外婆的求情下，妈妈还是默许了你这个决定。而你也没让妈妈失望，高中三年次次考试都排在年级前三，都能让家人喜笑颜开。你不只一次希望时间过得慢一点再慢一点，这样和家人在一起的时间可以长一点，妈妈外公外婆能够青春永驻。

高三这一年外公得了一场大病，为了不打扰你的学习，他们硬是瞒着你，还杜撰了个很假的借口，说是和外婆来一场夕阳红旅游，而你也傻乎乎地相信了。幸好平时外公比较注重锻炼，身体健康，最后终于熬过来了。你也是等到过年的时候外婆说漏嘴才知道，所以你越发珍惜与家人相处的时间。因为你知道死亡是不可抗拒的，是一种自然的规律，它源于人类与社会，也必然随着人类社会发展而发展。生命真的是最残忍的，它给了你希望，又带给你绝望。你没办法逆转。

上大学四年，你老是突然地回家，害得家人以为你有什么事，但其实只是你希望可以多和家人见面，每次见面都很匆忙，但是你还是乐此不疲，而外公外婆也从最开始的一乍一惊变得处变不惊，有时候还会打赌，看看你什么时候回去，多么可爱的两个老人呀。每次的相见都是最美的期待，而生命中也因这些相遇相见而变得生机盎然。在大学期间你也会经常去敬老院，给临终老人带去关怀和关心，给生命最后的安详。死亡并不是终点，在他们走进死亡隧道时，也同时迈向了阳光生命。正因为他们，你才更懂生命之奥秘与美好。大学毕业后你终于可以赚钱养最疼爱你的外公外婆和妈妈。第一次拿了工资你超级兴奋的，整个人都坐不住了，同事见了都觉得奇怪，平时那么沉静的一个人，怎么疯了似的。你可不管他们，一下班直奔家里，外公外婆可真是为你高兴，那一天也是你最开心的一天，你可能记不清那天妈妈外公外婆穿了什么，你笑得有多傻，但你多年后还清晰记得他们开心的笑颜和欣慰的神情。

多年过去，人走的走，散的散，但你总是能记得当年外公说的那番话，一段承受不了生命的爱情一开始就不应该存在。外公希望你通过现实的积极进取来创造生命的不朽，用不朽的言论和行动来抗拒死亡。人生的爱情是什么，生命又是什么？生命通过繁衍而延续，DNA是生物遗传的基本物质，种瓜得瓜，种豆得豆。你清楚的只是心中那不变的笑颜与教导，让你成为那个骄傲自豪的人。你说爱情曾出现在你生命中那就够了，向往的爱情叫作外公与外婆，渴望的人生叫作生命。

你说
他说错了，你说好了；
他说忘了，你说算了；
他说来了，你说晚了；
他说爱了，你说变了；
他说你说，他说你说；
最后他笑了，你哭了。

蒲公英漂流记

黄晓丹

我看透了这个世界，但我仍然热爱它。

——罗曼罗兰

乘着风，带着一颗年轻无畏的心，我踏上生命最初的旅程。

一路上风光无限，我走过"天苍苍，野茫茫，风吹草低见牛羊"的广袤草原，穿过"大漠孤烟直，长河落日圆"的漫天黄沙，看过"飞流直下三千尺"的白绸缎瀑布，忘不了"阡陌交通，鸡犬相闻"的世外桃源。我爱风，爱花，爱草，爱穿梭于林间的灵动麋鹿，爱成群的野象，爱面朝黄土背朝天却每天乐呵呵的朴实农民……

风吹呀吹，我荡呀荡，沿途的绿树稀疏了，草低了，花香淡了，路宽了，屋舍多了，人密了，鸟儿三三两两停歇在电线杆上，人们西装革履，风度翩翩，然而最初的那股劲儿不见了……

这个被称作"城市"的繁荣地带，人来人往，车流不断，高楼林立，灯火辉煌，飘荡在十字街头，我却看到了昌盛背后的辛酸与痛苦。近年来，悲剧在不停上演。为了生存、盈利，过度乱砍滥伐致使环境愈加恶劣，泥石流、地震、海啸、洪水等天灾接二连三地发生，人祸正是这一切不幸不可否认的祸首。当全世界在呼吁保护珍稀濒危物种时又能否意识到当初的过度猎杀是何等的愚蠢行径。在众人信心满满的牛市熊市中，多少股民深陷其中，负债累累，最终选择结束生命。和蔼亲民的官员背后敛财无数。医患关系紧张，暴力伤医事件频繁。在小小的摩擦、矛盾中恶言相向，大打出手，甚至闹出人命的新闻更是屡见不鲜。是什么让原本和谐的自然世界变得乌烟瘴气？归根究底，是人对生命的认识不够，对生命的领悟不够深刻。

正如诺贝尔所言："生命，那是自然付给人类去雕琢的宝石。"对待生命，我们需要抱有一颗赤子之心，用最纯真、最自然、最初始的态度去敬畏它，尊重它。无需小心呵护，但求不干涉不破坏，任生命在岁月的洗礼下洗尽铅华，熠熠生辉。然而，当舆论非议充斥生活时，生命的宝石又能否顶住种种磨难焕发光彩？

飘荡在灯火通明的广场上，我目睹了一颗宝石的陨落。巨大的屏幕上正报道着年轻男星乔任梁死亡的新闻，周围人议论纷纷，或震惊或叹息，但我听到更多的是偏见与歧视。最初的新闻报道，各大媒体捕风捉影，谣言四起，为博眼球用尽一切手段对事实真相添油加醋，字里行间更透露出对其从未卸掉眼线和偏爱粉红的癖好的嘲讽，甚至对其性取向的质疑。媒体一方面对乔任梁的逝世表示悲叹，另一方面又不断消费这个悲剧。各大明星也因此事被网友道德绑架，被痛斥，被侮辱。这难道是对生命该有的态度？事实上，所有对这件事的争论与非议都是对生命的亵渎。

对于这个逝去的年轻生命，我更乐意看到大家对生命的尊重，对生命的反思。乔任梁抑郁自杀，原本应是星途无限，前景光明的阳光男孩就此消失在大众的视线，他的人生结束了，生命的一切可能性荡然全无。在有限的生命里他再也不能为梦想发光发热，一颗宝石就此陨落，何其可惜。倘若我们在他最脆弱时能多给些鼓励包容，少些指责唾骂，乔任梁也不至于走到如此境地。因此，请为生命保留最后的尊严，安静悼念，停止窥探。

听着周围人对乔任梁死亡事件的饭后谈资，我恐惧，害怕，我不敢面对这个轻视生命，人情淡薄的市场主义，我不愿生活在这样的环境。我拼命挣扎，借着风，我努力往前飘，我要逃离这个可怕的地方。突然，我看到了一群为梦想领跑的人儿……

八月奥运，比竞技，比斗志，比拼搏。中国健儿带着国人的期许奔赴里约，为梦想而战，在那里，他们收获掌声、鲜花，收获奖牌、荣誉，尽管泪水与不公同程，但是他们为梦想奋战，为自己拼搏，他们都在实现自我价值。为中国赢得首金的张梦雪，双人3米跳板冠军吴敏霞、施廷懋，洪荒少女傅园慧，无缘400米自由泳冠军却在200米赛中扬眉吐气的孙杨，被裁判偷走"梦想"的吕斌，无论是否获奖，他们都值得我们尊敬，因为在追梦的路上，他们是真正的赤子英雄，汗水与泪水相伴，赞赏与斥责同行，顽强拼搏，勇往直前是他们的精神指导，生命在竞技中现出绚烂，在拼搏中现出真我。

尤其是"巾帼英雄"中国女排，时隔12年再次夺冠，演绎王者归来，这是一部励志大片，在短暂辉煌后颓靡不振，最后又重回世界之巅。中国女排向我们诠释"更快更高更强"的奥运精神，为我们展现生命不息、奋斗不止的生活理念。奥运，让她们在赛场上为梦而战，在为梦而战的过程中不断实现自我，超越自我。排球，是她们的生命，她们，就是这么一群了解生命而且热爱生命的人。

回归生活，我见过数不尽的坚持梦想的平凡百姓。爱唱歌，好跳舞，玩嘻哈，搞创作，一群为梦努力的年轻人在北上广颠沛流离，宁可住地下室、睡隧道，靠卖艺谋生，也要为心中所想所要而坚持，这是新一代人的生活价值取向，是他们的梦想追求。生活虽苦，但心之所向，甘之如饴。

看着这一个个可爱的人儿，我又对这个世界充满信心。诚然，世界上存在很多的不公与黑暗，但我们亦不能以偏概全，完全否定它的美好与光明。理性对待事物，我看到了这个世界的好与坏，善与恶，美与丑，有人在破坏，有人在维护。天灾人祸面前众志成城，暴力伤医后医护人员仍坚守岗位，贪官伏法也是清官护民的功劳。无需胆怯，更不用害怕，做自己，坚持自己，总有一天你会闯出属于你的一片天。

我不是鲁滨孙，我只是一朵蒲公英，我不爱漂流，但我愿意漂流，我不再抗拒，接受命运所给，我落地生根，绽放自己，在繁华的世间里生如夏花般灿烂，死亦如秋叶般凄美。

生当灿烂如夏花

——论积极心理学对生活质量的重要指导意义

林颖熹

著名大文豪泰戈尔说过，"愿生如夏花般灿烂，死如秋叶般静美"。每个人的生命历程是独特的，人从一生下来的那一刻起就注定了我们属于不同的个体，我们有着不一样的出身，生活在不同的国家和地区，活在不一样的年代，我们是不平等的。但是换个角度，我们都是这个世界上平等的个体，因为我们想要的，可以通过自己的努力得到。

不经历风雨，怎能看见彩虹。人的一生总会遇到这样或那样的困难，所以有一个良好的心态，在苦难面前有足够的抗压能力对我们来说是很有必要的。自然环境的巨变，社会环境的动荡，物质文化生活得不到保障，人类的居住生活时刻受到威胁。从1976年的唐山大地震到2008年的汶川地震，再到2011年的日本9级地震并引发海啸，造成严重的核泄漏，上述的种种灾难，都给当地人们以及当地的自然环境造成了不可逆转的伤害。面对突如其来的不幸，你是选择勇敢地接受生活对你的挑战，还是打算就此放弃？

每个人的人生轨迹不尽相同，但是面对波澜起伏的人生，我们都有一个共同的疑惑"如何才能幸福地活着？"随着社会的发展，人们的生活节奏加快，人际关系逐渐变得复杂，各种竞争加剧，高科技的发展、在提高人们的物质生活的同时，也迅速地给人们施加了心理压力。人们的物质生活有了保障，但是精神生活却受到了极大的挑战，这是一个极其需要重视的问题。

自然科学和人文科学从来都是相辅相成，共同促进的。从生物医学领域对生命进行解读，广义地说，只要有新陈代谢活动的一切物体都是生命；生命的本质是机体内同化、异化过程这一矛盾体的不断运动，而死亡则是这一矛盾的终止。从心理哲学领域对生命进行解读，注重有限的生和无限的死，重视生命的价值与幸福；一方面要珍惜肉体生命，另一方面还要完成精神成长，获得精神的超越。

臧克家在纪念鲁迅的时候曾写下"有的人活着，他已经死了；有的人死了，他还活着"这样的诗句。可见，从心理哲学领域来看，生命的终结并不仅仅是简单的心跳停止，生命机体的衰竭，而在于，超乎生命存在的人生价值。灾难每天都在这个世界上上演，生命在灾难面前显得尤为脆弱，但是在灾难面前我们也可以感受到生命的坚强和自强不息。当代医学的研究对象主要是人以及患病机体，其终极目的是为了人类更好并健康地活着。但是我们不难发现，仅仅有一个健康的身躯并不能使我们幸福地活着，因为心理健康与身体健康同等重要。这就要求我们用积极的心态，去过上幸福的生活。

一个人在生活中经历的各种事件一旦超过个体的承受能力，就会出现严重的心理问题。那么我们要怎么样去预防心理创伤？怎样保持生命的最佳状态呢？

为了解答上述问题，美国著名心理学家马丁·塞里格曼等人在20世纪末西方心理学界兴起了一股积极心理学的思潮。

在这里想引用一个小故事，有个叫黄美廉的女子，从小患上了脑性麻痹症，肢体失去平衡感，手脚不受协调，口里也会经常念叨着模糊不清的词语，样子十分怪异。当医生判定她活不过6岁时，她却靠自己的坚持和毅力顽强地活了下来，并考取了美国著名的加州大学，甚至获得了艺术博士学位。生活总是充满各种插曲和各种波折，我们一定要有足够强大的内心，去接纳生活中不如意的事物；生活中有太多不可承受之事，我们也不必为此而感到懊恼和沮丧，重要的是要把握好现在，计划好未来。你要相信，越过这道鸿沟，躲过这片黑暗，必将浴火重生。

　　生活就像心电图，一帆风顺证明你已经死了，积极的心理暗示，对提高生命的质量有举足轻重的作用。面对生命中遭受的种种苦难，我们要时刻保持乐观开朗的心态，接受面对解决遇到的一切困难，学会在患难与困苦中磨砺健全人格。苏格拉底说过，"苦难与困苦是磨砺人格的最高学府"，但事实上，并不是所有的苦难都能够使人发奋向上。正如巴尔扎克说，"世界上的事情永远不是绝对的，结果完全因人而异。苦难对于天才是一块垫脚石，但对弱者是一个万丈深渊"。近年来，大学生跳楼轻生的新闻屡见不鲜，层出不穷。每每听到这种消息都令人心头一震，不禁惋惜。正处于花季的他们，在这个风华正茂的年纪，怎么会如此轻易地就放弃自己的生命呢？

　　事实上，随着生活压力的愈加繁重，不少青少年都会有这样或那样的心理问题。良好的心理素质是人全面素质中的重要组成部分，还和生命的质量有着紧密的联系。因此，培养学生良好心理素质势在必行。

　　生活就像是一面双面镜，你给它一个微笑，它就会回报你微笑；有人说，生命不在乎长短，而在于生命所创造的价值。生活也是如此，我们应该时刻保持乐观积极的心态面对每一天，要相信明天会更好，只有这样，才能幸福地过好每一天，珍爱生命，彰显生命的价值。

生命的精致

吕敏怡

　　义教课堂上，一位小男孩拖着他的脚，一瘸一拐地走进教室。教室突然变得异常安静，孩子们的注意力都被吸引到那位瘦小的小男孩身上，因为不仅仅是他走路的姿势，更重要的是他脸上的一条长长的疤痕。

　　课上，我的眼光也多次不由自主地落在他的身上。他很乖，遵守课堂的纪律，但是他上课从来没抬起过他的头。"他是不是知道我一直在留意他，所以不敢抬起头看黑板呢？"我心想。

　　课下，一群孩子都围着他，和他一起玩游戏。他很受欢迎，尽管他们都是不同年级不同班级，孩子们都爱叫他"班长"。看到这样的情景，心里的疑惑让我不禁对这个小男孩充满了好奇。"为什么你们都喜欢叫那位小男生为班长呢?"一个小女孩举起小手,抢先地大声地说:"因为他是我们心目中的英雄!"随后,越来越多稚嫩的童声也应和着:"他是我们的好榜样!"

经过和孩子们课下的交谈得知这位小男孩叫石邓,今年三年级。在他刚出生的一个多月,2007年11月2日凌晨两点多,独峒乡林略村发生了一次严重的火灾,整个村子被一场大火烧掉了三分之二,一下子几乎化为灰烬!那是侗族人民的篝火晚会,村民喝酒不慎引发火灾,由于村里的木楼连成一片,这场发生在夜里的火灾很快蔓延,独具价值的历史建筑顷刻间化为乌有,孩子的父母也不能躲过那场灾难,所以石邓从小就和爷爷住在一起,一年三次火灾,是古村寨的厄运。

在石邓7岁的那个除夕夜,整个村子的侗族人民举行篝火晚会来庆祝新年的到来,村民们个个都高举手中的火把,欢歌载舞,他们围在中间的篝火台,郑重地将火把伸向柴堆,霎时间,一股明亮的火焰腾空而起,人群爆发出一阵欢呼声。火焰越燃越旺,像一个正在舞动的少女,活力四射;像一匹奔驰的骏马,飞驰腾跃;又像迎风飞舞的凤凰,展翅高飞。尽管是口述,我也可以想象到当时热闹、壮观的场面!村民们说那一把冬天里的火,驱走了严冬的寒意,也带来了光明和温暖;那熊熊的火焰,扫荡了旧年的沉积,也点燃了新年的希望。那红红的篝火,把每个人的笑脸都映照得热辣辣的、红扑扑的。村民们都被那热烈的氛围所感染。

而就当村民准备结束这场篝火晚会时,意外又再一次发生,烈火又不慎把村里的木房子一整片的点燃。石邓和他的同学刚好回家拿点东西,他们两个都躲不过这场熊熊烈火。那篝火化作火的巨龙,疯狂舞蹈,随着风势旋转方向,很快连成一片火海。人们滚滚爬爬,撕心裂肺,场面混乱惊恐。丈余长的火舌舔在附近的房檐上,又接着燃烧起来,只听得激烈地爆炸,屋檐急雨冰雹般地坠下,两个小孩子都被突然的事故吓到了,他们急忙向屋外跑去,可是屋檐上的横梁一个个无情地从上坠下,把他们逃生的道路堵住。他们小心翼翼地跨过坠下的横梁,这时候另外一条横梁重重地把两个小孩压倒在地,他们挣扎着。在困境中的石邓表现出了与其年龄所不相称的成熟与淡定,作为班长的他强忍着疼痛,主动安慰身边受到惊吓的同学,"不要害怕,坚持一下,爸爸妈妈很快就会来救你的!"石邓坚强地含着泪说着,并唱歌来鼓舞士气。经过几个小时的艰难挣扎,身材矮小而灵活的石邓爬出来了。然而他的同学仍被埋在废墟之下。7岁的石邓没有惊慌地逃离,而是再次钻到废墟里展开了救援!经过艰难的救援,石邓将同学背出了废墟,在救援过程中,身材瘦小的石邓由于力气不足,还不幸弄伤了脚。石邓身上多处受伤,脸上被划出一条深深的疤痕,鲜血直流。

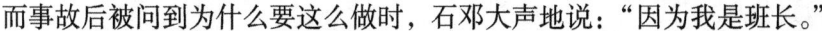

而事故后被问到为什么要这么做时,石邓大声地说:"因为我是班长。"

尽管从小就失去了爸爸妈妈,尽管从小就遭遇残疾的不幸,石邓并没有因此而放弃自己。林略村的侗族人民主要以种植茶叶为生,大人们每天都是4点多起床上山,晚上8点多才回家。石邓的爷爷年事已高,为了减轻爷爷的操劳,石邓利用不用上课的时间上山帮爷爷采茶叶。他平时走路都已经很吃力了,何况是上山呢?而石邓说:"我是家里的一分子,如果我自己都不能自强起来,我以后怎么能照顾好爷爷呢?我已经失去了爸爸妈妈了,爷爷就是我唯一的亲人,我一定不能让爷爷担心我,尽自己的能力去减轻家里的负担。"朴实的孩子,成熟的话语,深深地烙印在我的心里。

而在邻居眼里的石邓,是个乐于助人、有礼貌的好孩子。"有时候下山回家在路上看到石邓,他很主动帮我们拿茶叶。"老师也说,石邓很积极参加学校的志愿活动。

孩子从小对求生的欲望、热爱生命的精神,并为生命而大胆挑战的勇气、乐于助人勇于奉献的精神深深打动了我,因为他从小就活出生命的精致。"命运之神选择让你来到这个世界上,经历艰难困苦,承受挫折打击,品尝落寞无奈,但也让我们收获成功的喜悦,品尝快乐,感受温暖,体味世界的多彩与生活的精彩。"这是我在下乡后记录在日记里的一句话,每当我读起这段话,我都会想起石邓。是的,他比我们经历更多人生的苦难——出生不久失去双亲,小小年纪残疾,他脸上的疤痕诉说着他所经历的磨难,但小班长却感受到身边很多人带来的温暖,品尝快乐,因为他懂得奉献,他把别人的生命看得很珍贵,他乐于助人,他的生命被赋予特殊的意义。

生命是宇宙最伟大的杰作,万物的升华。然而,现在的大学生,受挫能力弱,一点点小事就想不开,一个个朝气蓬勃的生命就在一念之间陨落。当石邓小朋友在用自己的生命去救人的时候,大学生们却不能够认识生命、保护生命、珍爱生命、欣赏生命,并且探索生命的意义,实现生命和谐发展?

特别喜欢张宏和的《珍爱生命三乐章》中的"生命如小草,可以长立不倒;生命如油灯,可以长明不灭;生命如水流,可以长行不休"。人的生命好比小草,平凡普通,随处可见;可是平凡中的生命活出了不平凡的意义,面对暴风雨的洗礼,小草仍然坚强地挺立,根茎牢固地扎在土地里,笑傲芳菲;恰如世界给予生命许许多多的失败与曲折,让生命品尝到太多苦涩的滋味,让生命陷入深深的迷惘,但我们仍能坚强地磨炼意志,锻炼出能战胜困难险阻的钢筋铁骨。生命如油灯,照亮自己,同时也温暖他人。愿我们都可以成为自己的太阳,带上阳光,欢愉四周,前进!而生命,又如水流,一刻不停地流动,淌淌细水能滋润土地,我们在不停地向前流淌,不停地钻研与探索前方的路,让生命的价值越来越高。

给生命一个微笑，给生命带来一束阳光！愿我们的生命都可以被赋予更多的意义，活出生命的精致。

何畏生命

陈晓佳

生命，真是一种奇妙的东西呢。当婴儿呱呱坠地，当虫儿破茧成蝶，当草儿破石而出，那一刻，你的内心是否感受到极大的震撼呢？来到这个世界，他们就有了存在的意义，生命的意义，对于生命，我们珍惜着，并感谢他们来到这世界上，一花一世界，一树一菩提。开篇见宗，敬生命而不畏生命。

如易卜生说，人生犹如一条船，每个人都要有掌舵的准备。高考，让无数考生泪目，有人说，高考是人生的第一大转折点，一步走错，满盘皆输。我默然，内心却是无比辛酸。高考失利，让我暑假两个月浑浑噩噩，看着好友们在朋友圈发的捷讯，看着爸妈失望却又不得笑着安慰我，看着亲戚轻视并赶我去复读的表情，我绝望，一个人拖着行李踏上大学旅程。可是啊，在这里，我又找到学习的动力，这里有一群可爱的人，有青葱之景，有我爱的专业。在大学里，我过上了比高中更为充实的生活，掌握了更多技能，看见了另一个不同的世界，努力把自己变得更好。祸兮福之所倚，福兮祸之所伏。不是吗？

生命的意义在于经历，我不会否定失败，因为，我曾经也为其付出过努力，在高中3年，焚膏油以继晷，恒兀兀以穷年。与我的同伴一起笑一起哭，我为他们的努力得到回报而高兴，为曾经在学习上挥洒汗水而欣慰，也对自己的选择无悔。是的，或许我想过为自己的努力得不到回报而结束自己的生命，相信一步错步步错，但是，这何尝不是懦弱的表现？何尝不是畏惧生命的表现？患脊血管瘤的张海迪学成医术救死扶伤；中国残疾人艺术团团长邰丽华说："残疾不是缺陷，而是人类多元化的缺点。残疾不是不幸。残疾人，也有生命的价值，愈是残缺，愈要美丽。"视力为零的安阳女孩杨柳青金榜题名。自己四肢健全，有什么资格轻生呢？正如保尔·柯察金所说；"人，最宝贵的是生命，她，给予我们只有一次，人的一生，应当这样度过：当他回首往事时，不因虚度年华而悔恨，也不因碌碌无为而羞耻。"是的，人生在世。要知道珍惜生命，善待生活，我们来到这世界能认真生活过的不过是四五十年，在历史长河中不过是弹指一挥间。木已成舟便顺其自然。你无法摆脱恐惧，他就像大自然，你赢不了。也逃不了，但只要撑过去，你就会了解你的潜力。我始终坚信一个老道理，有志者事竟成。何惧生命？

有人说：世界上最美妙的声音，莫过于婴儿降生的啼哭声。6岁那年，我生日，拿着一个蛋糕，到母亲身边，母亲当时挺着大肚子，帮我切了蛋糕，我时不时小心翼翼抚摸母亲的肚子，嚷着让母亲吃蛋糕，别饿着娃了。巧的是，凌晨母亲羊水破了，被送去医院。一大早醒来，便听到妹妹降生的消息。我来到医院，看见妹妹的样子，粉嫩粉嫩的，小小的身子，就像个易碎的娃娃。当时想的便是，我当姐姐了！如今想来，这个小生命带给我们全家是怎样的感动。生命只有一次，存在便有了意义？我们不珍惜这个小生命，珍惜什么呢？

巴金说过："生命的意义在于付出，在于给予，而不是在于接受，也不是在于争取。"我的母亲，十月怀胎，忍着分娩的痛苦，为我的父亲诞下女儿。即使母亲因生女儿而受到冷落，坐月子过程还得自己替整个家族打理杂活。可是呢，我的母亲，也并不埋怨，她总是以"面向阳光，那就看不见影子"的态度生活，总是让悲伤时光随风而逝，让快乐时光坚如磐石。我心疼她，却也感动于她的胸怀，为整个家付出一切。母亲的行为，也正应了席勒那番话："生命的真正价值并不在人生的舞台上，而在我们扮演的角色中。"以媳妇的身份，母亲给整个家族付出劳力；以妻子的身份，母亲给予父亲精神的支持；以母亲的身份，母亲是我们温暖的依靠。"生命在闪耀中现出绚烂，在平凡中现出真实。"伯克如是说。虽然母亲很普通，很平凡，没有受过高等教育，没有拿着高薪聘酬。可是，她实现了生命的价值啊，她有她的快乐，有她的生活，有她的精彩。

人生似朝菌。在高二那年，我在校学习，忽然手机震动，是母亲的电话，我突然有种不好的预感。结果传来的是奶奶的噩耗。我头脑嗡的一声炸开了，一时间恍惚，也没有哭，拖着身体去搭公交车。刚到门口，传来的是父亲的嚎啕大哭的声音与其他人的啜泣声。我缓缓靠近，看见奶奶静静躺在那里，我蹲下，捂着嘴巴，痛哭失声，脚却是迈不进去。明明上个星期，奶奶还在给我织那条红色的围巾啊，我还没有戴上那条围巾，没见上奶奶最后一面，怎么就走了呢？爷爷在奶奶旁边低语：怎么就不带上我呢？你忍心看我一个人吃饭，一个人喝茶看电视，一个人睡觉吗？我的奶奶，为爷爷付出了整个人生，为爷爷生儿育女，得到了爷爷全部的爱。我想，奶奶一定是带着爷爷的爱，长眠了。她在她的人生中，得到了生命应有的价值。生命，是周而复始的，我们不应畏惧生命的结束，而在乎得过且过地过日子，不是吗？生命只有一次，但我们如能正确运用它，一切足矣。

人生天地间，忽如远行客。人生如白驹过隙，如能善于利用，生命乃悠长。在人生过程中，生命价值的实现不仅需要欢乐，也需要考验与困难。就像水果，不仅需要阳光，也需要凉夜啊，寒冷的霜能使其成熟。正如曾国藩所言："人初做事，如鸡伏卵，不舍而生气渐充。如燕营巢，不息而结构渐牢。如滋长之木，不见其长，有时而大。如有本之泉，不舍昼夜，盈科而后进，放乎四海。"人生的意义，就在这过程中，细细品味每一节，无论是一节黄金还是一节铁，我们，都要认识每一节的充分价值，实现生命的价值。生命，何畏！

敬畏生命

蔡少芝

穆罕默德说：假使你有两块面包，你得用其中一块去换一朵水仙花。

绝大多数人在庸庸碌碌地讨生活的时候，我们是不是应该为我们的生活品质感到担忧？生活品质不提高，思想境界没提升，道德品质就容易缺失。就现代人对生命缺少敬畏，漠视生命这一点来讲，足够让我们对人基本的道德品质质疑。

人心冷

几年前，佛山"小悦悦"事件在社会上引起广泛关注，讨伐声、谴责声一片混沌的时候，偶然在一本杂志上见到一段故事：有个人想知道小悦悦被车辆无情碾压的时候，是不是真的有18个路人袖手旁观、见死不救，于是他通过时光机回到案发现场，确认是真的，回来后却看到新闻报道称有19人漠视案发，无人援助……讽刺吗？无论你在看到有生命需要援助而不去帮忙的原因是什么，你的行为已经昭示了你内心的冷漠、道德品质的缺失！

孩子的生命逐渐流失，路人的良心难道也被死神挖走了么？竟然眼睁睁地看着悲剧发生？"各人自扫门前雪，莫管他人瓦上霜"的事情搁在平常也就算了，生死攸关时分还这么冷血真是让人寒心！那是一个活生生的孩子！

生命是需要敬畏、需要尊重的。生命是唯一的，不可复制，也无法重来。你不敬畏、不尊重别人的生命，还期望别人敬畏、尊重你的生命吗？期望他在你生命受到威胁的时候伸手拉你一把吗？

教育缺

前几天有条新闻说，有个老人骑着电瓶车带着俩孙出去玩，遇到熟人停下来说话，老人下了车，俩孩子还在车上，大人一个不留神，孩子就发动了电瓶车，车子一下子呼地窜了出去，不幸碰上了横向而来的卡车，俩孩子连人带车地卷进了卡车底下，非死即伤……扼腕叹息！这应该引起人们的思考。

是老人疏于照顾吗？是孩子调皮捣蛋吗？都有。但，追根究底，是大人平常对孩子疏于管教，还自以为是觉得安全，总以为一时不盯着不会坏事，结果

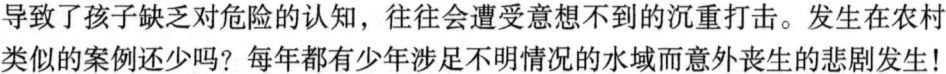

导致了孩子缺乏对危险的认知,往往会遭受意想不到的沉重打击。发生在农村类似的案例还少吗?每年都有少年涉足不明情况的水域而意外丧生的悲剧发生!

敬畏生命,孩子的安全教育要跟得上。再怎么爱,都比不上教给孩子规避危险的方法来得有用,受益一生。

世道乱

近十年间,医患暴力冲突呈井喷式爆发,医生普遍感到在执业中的人身安全和人格尊严得不到保障。

2013年1月,内蒙古一急诊科医生朱玉飞在出诊时,由于罪犯妻子被殴打后送医而迁怒医护人员,被罪犯预谋用菜刀砍死。

2014年4月,江苏南关医院一名男医生随同查房时,被患者家属以"老婆的肚子是不能随便被人看的"为由打到昏迷在地,全身多处骨折加脑震荡。

2015年6月,陕西榆林市第二医院耳鼻咽喉科副主任刘医师因制止患者插队而被殴打,致左眼球破碎而失明。

2016年5月,广东牙医陈仲伟被一名病人索赔不成,遭该病人尾随回家被残忍砍死。而原因竟是25年前做的烤瓷牙黄了。

多荒唐!多野蛮!这些仅仅是典型案例!类似的事情数不胜数。

我们管中窥豹:作为人的素质在哪里?作为人的基本道德在哪里?何况这么丧心病狂一言不合就开启杀人模式的人还来自"礼仪之邦"的中国!

救死扶伤是医生的天职,患者被送来理应得到治疗,医生施以援手还错啦?

老婆的肚子不给看,那为什么还要在医院生孩子呢?家属这么不可理喻,是哪个封建王朝穿梭来的吗?

有序就医是社会公德,是社会的基本法则。个人的道德缺失,插队什么时候变成了理所应当的事情?

烤瓷牙黄了,还是25年前做的!个人不讲究卫生,一年都可以黄掉牙了!

不可理喻的伤人理由,莫名其妙的血腥事件,让医生成为新的高危职业,而置其于危险境地的,不是职业本身的性质,是人良心的泯灭!是人基本道德的丧失!

生命需要敬畏,医生的生命更需要敬畏。任何人的生存,仅仅是生存,都需要医生,更需要好医生。没有人能保证自己一辈子不生病,而医生作为医学专业知识的实践者,掌握了过硬的医学技能,在某段时间内、在一定程度上就是患者的救命稻草。但是医生又不是神,怎么能认为病人出了差错都是医生的过失?凭什么所有的发泄沙包都由医生来当?医生的命也是命!迁怒伤医是多么蛮横而又令人发指的事情啊!

无论是冷眼旁观孩子数度被碾压，或是一不留神让孩子偷开车造成了悲剧，还是愈演愈烈的伤医事件，都是因为人们缺失了最基本的道德——敬畏生命。对于一棵大树，我们尚且知道敬畏，不可随意砍伐；对于路旁的流浪狗，我们会痛斥抛弃它、虐待它的人。为什么面对一条条鲜活的会唱会跳会说会叫的生命，会有人不加敬畏，而狠狠地残害和折辱呢？

　　高速发展的经济社会，让人迷了本心，重外在而轻内修，重物质而轻品质，不知不觉地，那个先人曾经期盼过的"大同社会"越来越远，孔夫子所说的"人性本善"也越发让人怀疑。连人命都能如此对待，还是人性本善吗？谈什么大同社会呢？那是永远到达不了的桃花源！

　　生命是宝贵的，每一条生命都来之不易，值得被珍爱和敬畏。学校里的横幅写着："敬畏生命，是医生的第一品格"。而我认为，这句话说的应该是所有人，是人性：敬畏生命，当是人性的第一品格。没有人能成为别人生命的屠戮者！敬畏生命，关注生命，珍之爱之，才能让一切蓁蓁向嵘，美好如初！

敬畏生命

陈文青

　　生命从来都是一段令人心生敬畏的旅程。最早把生命直接连在一起的是："万物各得其所，生命寿长，终其年而不夭伤。"这是出自《战国策·秦策三》里的一句话。这表明人们一面祈求长命终生，另一方面领悟到人的生命是天成的。一个人的生命终归是有限的，每个人都是这世上不可或缺的存在。

　　敬畏生命是平凡而不平庸地活着。从古至今，生命不断地延续着。生命只有短短数十载，有的人的生命闪闪发亮，有的人却碌碌庸庸，一事无成。有人视生命为宝物，有人却随意地践踏生命。清朝第一大才子——纳兰容若出生贵胄，又是康熙近侍。他的一生本该前程似锦，无限光明的，可却只活了31岁，便匆匆离世，空留世人一声叹息。有人说是天妒英才，可我觉得是他不够珍视生命。总是被儿女情长困得痛不欲生。对很多人、很多事都看不开，就连他的词也是愁心漫溢。人生不如意之事十有八九，何必总是放不下。多想想自己所拥有的，就会觉得生命是多么美好。至少我还活着啊。敬畏生命是不要像纳兰容若似的不能承受挫折，而是要向布衣终生的人一样，即使攀附不进那莺歌燕舞、灯红酒绿的世界，可仍然乐观地活着，平凡而不平庸地活着。

　　敬畏生命是拒绝冷漠。让世人无限愤慨的"小悦悦事件"的余波至今还未消散，年仅两岁的女童小悦悦走在巷子里，被一辆面包车两次碾压，几分钟后又被一小货柜车碾过。让人难以理解的是，七分钟内在女童身边经过的18个路人，竟然对此不闻不问。最后，一位捡垃圾的阿姨陈贤妹把小悦悦抱到路边并找到她的妈妈。经医院全力抢救无效，不幸离世。18个路人，无一不是漠视生命的存在。我们的社会不断往前发展着，而我们的道德却出现了短板。我们渐渐变得自私自利，害怕别人过得比我好，害怕自己与无关的人染上是非。于是便有了"事不关己，高高挂起"。难道是这个社会让我们学会了"自保"吗？所幸，这个社会还有像陈贤妹那样善良的人存在着。给这个社会添上一抹温情的色彩。敬畏生命不是一句口号，请用你的真心对待这个世界，用你的善良给这世界画上一道彩虹，用你的双手帮助那些需要帮助的人。

敬畏生命是对生命的珍视。弘一法师在圆寂前，再三叮嘱弟子把他的遗体装龛时，在龛的四个脚下各垫上一个碗，碗中装水，以免蚂蚁虫子爬上遗体后在火化时被无辜烧死。长养慈心，勿伤物命，充此一念，可为仁至。由此可见其道德的高尚。我们若没有大师那份对一草一木的悲悯之情，至少也应有对自己、对他人生命的尊重。那些坚强地与癌症做斗争的人是令人敬畏的。人人都谈癌色变，可当我们真正的碰上了，又该怎么办呢？总会报道出一些"抗癌战士"，他们的存在让那些身患癌症的人多了些与癌症抗争的勇气。我们要学会接受，接受癌症，并不代表接受死亡。生命只有一次，任何时候都不应放弃。

敬畏生命是用有限的时间创造无限的价值。大学之道，在明明德，在亲民，在止于至善。大学，就像是一个小社会，我们一边在里面学知识，一边与不同的人打交道，为我们出入这个社会做好准备。大学的社会是纯净的，是温馨的。可我们身边总会有一些同学，在大学里堕落了。大学的生活相较于以前的学习时光，要显得随意许多，没有上不完的课，做不完的作业。多了许多空闲时间。有的人利用这些时间充实自己，积极参加课余活动，锻炼自己的能力；有的人却用这些时间睡觉、玩游戏、煲剧……不知道这样的生活还有什么意义，不知道他们是否还记得"浪费时间就是浪费生命"。奥斯特洛夫斯基说过：一个人的一生应该是这样度过的：当他回首往事的时候，他不会因为虚度年华而悔恨，也不会因为碌碌无为而羞耻；这样，在临死的时候，他就能够说："我的整个生命和全部精力，都已经献给世界上最壮丽的事业——为人类的解放而斗争。"

生命说起来总是有点沉重。生命有时很坚强，有时却很脆弱。谁也无法预料到我们将会遭遇什么，什么时候会离开人世。当我每天睁开眼睛呼吸着新鲜空气时，我知道我还活着。我要做更多有意义的事情，我要让我的生命不因为我是它的主人而感到羞耻。即使我这一生不能成为像李白、张爱玲那样万众瞩目的人，但只要我活着，我便会珍惜生命。

我们敬畏地球上的一切生命，不仅仅是因为人类有怜悯之心，更是因为它们的命运就是人类的命运。如果你肯为一片落叶黯然落泪，那么请你一直怀着对生命的敬畏之心。

生命的尊严

梁丽霞

"我们都知道，生命在本质上是很脆弱的，生老病死是每个人都逃脱不了的命运。但遗憾的是，我们既没有选择生的权利，也没有选择死的权利。"生与死乃人生常态，但在生与死之间的过程该如何度过却涵括了各种选择。

章早儿出生于一个离异家庭，小时候她常痛恨别人问她："你为什么没有爸爸？"她讨厌回答这样的问题，她也一直责问妈妈："为什么爸爸把我生下来却不陪我长大"。如果当初妈妈选择了极端的方法去面对离异面对早儿，像大多数离异的女人一样将所有的不幸归结到那个近乎毁掉她一生的男人，在孩子面前痛斥男人的不好，或许妈妈就会一直扮演着怨妇的形象，早儿也会一直生活在单亲妈妈的两行清泪中，终生生活在阴影里。但是她的妈妈没有这样做，她只是安静地告诉早儿，爸爸妈妈是因为不再相爱才选择分开，但血浓于水，你究竟是爸爸的女儿，爸爸会一样爱你，妈妈也会给予你更多的爱，你得到的爱不会比别人少一分。正是因为妈妈的影响，早儿并不像其他离异家庭的小孩一样带着责难去生活，而是自信勇敢地去面对人生的所有磨难。

当噩梦重演，早儿也不幸成为单亲妈妈之后，她跟当初妈妈的做法一样。对于对方，没有辱骂，对于孩子，给予更多的爱与正确引导。她说："我们必须承认孩子爸爸缺席的事实，但我们绝不可以带着责难去生活，顾影自怜，如果我们学不会自信勇敢，这样我们的孩子怎么会在健康的轨道前行？"她不希望把自己的痛苦无限放大映入孩子眼中，让孩子觉得自己的出生是个错误。她允许孩子可以常常和爸爸通电话，这样孩子不会感觉到因为父母的离异而带来的不快乐。她跟孩子的相处方式并不像妈妈当初对她的百般宠爱，而是采取放养型，她喊她的小孩为"峻叔"，希望他像大男孩一样可以温暖别人。事实上，峻叔也成了这样的人，他身上完全没有愤怒自卑脆弱的影子，展现在大家面前的是幽默阳光与帅气。

早儿32岁的时候答应了小她9岁的男友的求婚，尽管是单亲妈妈，尽管是重症患者，尽管在她最需要的时候，她最信赖的人抛下了她，但她依然相信爱情，相信这世界的善意。面对随时可能到来的死亡，她站在《超级演说家》的舞台勇敢自信地跟全世界宣布：过了今天，她就度过三年生存期了，她开始去规划属于她们的未来，她愿意和她的小男友一起去面对所有的流言蜚语，一起面对难以抵抗的病痛。经历过父母的离异和自己的离异这两次打击，她依然相信爱情并坚信爱的本质就是单纯的两个相爱的人愿意执子之手，一起白头。

生命存在的方式很多，早儿的妈妈是不幸的，但她并没有把单亲妈妈的两行泪水留在早儿心里，这让早儿在成为单亲妈妈之后依然可以用正确的方法去引导孩子健康成长。早儿是不幸的，但即使是经历过背叛被弃，她依然选择相信爱情，这让她可以开始一段新的爱情，一段新的人生。活着的尊严是不管你经历了什么，不管你现在处于什么处境，你都应该积极努力坚强地活着，当生活给你以冰块与刺刀，你却用刺刀在冰块上雕琢出美艳的花朵。活着的尊严是哪怕生活艰辛，身心千疮百孔，你却没有郁郁寡欢，而是以更强大的自己去面对一切，勇敢追求自己的幸福，并以积极乐观的心态去感染身边的人，给他人更多生活的希望与勇气。

早儿妈和早儿是两位很传奇的女性，无论是对于活着的方式选择还是面临死亡的态度。即便在肿瘤科病房，即便每天接受着各种化疗的疼痛与各种药物的副作用，早儿妈依然喜欢每天把自己打扮得漂漂亮亮，出门一定穿高跟鞋，化淡妆，换漂亮衣服。就算是即将走到生命的尽头，早儿妈依然希望自己还是那个很美丽很坚强的女性，给大家展示自己最美好的一面，而这种美是由内而外的干净整洁大方自信。早儿说，为妈妈签字画押的时候感觉自己亲手把母亲推向了死亡，在爸爸插管醒来的时候，她说的第一句话就是"对不起"。因为对于早儿而言，为自己的家人做手术决定的时候，无论是生是死，她都将终生为自己做出的决定而感到后悔。一方面，她希望家人有尊严地活着，在生命的终点免于手术带来的痛苦，一方面她又觉得哪怕只是活着，也可以多些陪伴。于是，她提倡："自己为自己的死亡做决定"，当生命走到尽头，如果活着已经不能让自己感觉到轻松和愉快，请自己为自己做最后一个决定，不要让最爱你的人为他们所做的决定而感到终生痛苦。

有尊严地离开是死亡最后的尊严。在"生命文化概论"课上给我印象最深刻的不外是安乐死与临终关怀这两种死亡方式的选择。作为一名医学院的学生，我希望我能以自己所学为病人的生命保驾护航，救病人于生死之间，我希望病人都可以活着。但我们不得不站在病人的角度去思考活着的价值。对于患不治之症的病人在危重濒死的状态，由于精神和躯体的极端痛苦，在病人和家属真诚委托的前提下，经安乐死组织鉴定，法律认可，能否用医学的方法使病人在无痛苦的状态下度过死亡阶段而终结生命的全过程？如何把握安乐死的道德问题之争？对于更容易被人接受的临终关怀，我们如何更好地开展工作？我希望每一位医护人员在提高医学技能的同时，也可以多了解生命文化，多些人文素养，不仅仅是缓解病人身体上的疾病，同时兼顾病人内心所需，切切实实提高病人的生命质量，携手共创和谐温馨友爱的医患关系。

对于生命，活着不单单是活着，死亡也不单单是死亡，人的生命弥足珍贵，怎可没有尊严？而生命的尊严不外乎生如夏花之绚烂，死如秋叶之静美。

使生命固若金汤，坚如磐石

梁丽霞

神秘的大自然孕育了同样具有神秘色彩的生命。

生命是什么，是神奇和奥妙的存在，是生命，向着它周围的世界大刀阔斧、尽力延伸，才有了现今这个盎然勃发、绚丽多彩的世界。或许，每一种生命降临于这世上的时候，就具有了它必须去执行和完成的使命，而后，艰苦卓绝、荣辱与共，它将在这样一种历程中走完它的余生。因此，生命是神圣的，是不可亵渎的，在自身与万物面前，我们必须将"敬畏"二字始终牢记于心。

生命以其不可言喻的神秘色彩，令我们无力去参透，无力去触及，一切那么虚无缥缈，然而生命实在妙不可言，作为一个人，我们区别于世间万物其他生命，因为，人能感知生命的存在，并且，把这种感知运用于改变，这是地球前所未有的有思想的生命时代，这是属于我们作为人能努力去追寻，去改变，去创造我们价值的时代。未来漫漫人生路，我们必将面临各种挑战和抉择，有机会去追寻人生价值的时候，我们尽最大的努力去争取。没有办法继续向前迈进的时候，只需守护好自己的生命，将小事做好也使我们变得了不起。

总而言之，生命的存在，不一定是为了完成披有辉煌色彩的一生，但一定是在善待的基础上，努力活出属于自己的样子。生命宝贵，且行且珍惜。究其一生，生命于我们而言，有几载可谈，论时间，生命很短，但是论价值，生命很长。

由此，生命的深层内涵首先是接纳并且善待，而后才努力去探索生命本身能被赋予的价值并勇敢去追求，才不枉生命眷顾了我们。因而对待生命，我们要敬畏，要珍惜，更要使之坚不可摧，努力活出我们认为的生命的本来的样子，努力让生命的价值得以不断延伸和升华。

生命文化教育里面，生命价值教育提出人的生命是自然生命和价值生命的统一体，它强调自然生命是价值生命的载体，价值生命则是自然生命的灵魂。生命价值和价值生命的辩证统一关系，教会我们爱惜生命，弘扬生命精神。

就如生命价值教育所倡导的，即便你是上帝咬了一口的苹果，也要明白你还有鲜艳的色泽可以使得自己与众不同。例如，湖北男子郑苏洲12岁开始学习写字，如今用10年的时间，坚持创作诗文978篇，部分获国内著名报刊杂志发表。然而，他从小患有大脑运动神经系统障碍残疾，但是他没有选择怨天尤人，而是接受了生命的这种不足，爱惜生命并聚集更多时间和花费更多精力去揣摩其他作者的用笔，汲取更多精髓作为日后作品的根基。说到他的成长之路，必然比一般人更艰辛，写作的路上也并非顺风顺水，比如他刚开始创作去找老师指教时，就被泼了冷水。庆幸的是，一次次的挫折，只能使他更坚定写作的道路，如此，他今天才得以以一种励志的方式为大多数人所知。所以，我们接受命运的安排，但是我们爱惜生命而且不屈服于命运的打击。郑苏洲的身躯虽然残缺，但是他能够善待自我，不抛弃更是不放弃，实在令人敬畏。

郑苏洲有一首词《草》里面是这样写的：春意舒腰点翠峦，不嫌足底土渣残。狂风暴雨悠闲着，专把茎根地下盘。寓志于诗，表达了苏洲个人不轻易屈服于命运的顽强意志和昂扬向上的生活态度。说到底，人生短暂，不妨且歌且行，我们难以预测下一秒命运将抛给我们什么，但是我们只需要双手去接住命运的"圣旨"，紧紧把握住生命的转盘，无论多么痛苦、多么艰辛，我们毅然而然地向前行驶，身穿铠甲，带着我们的信念一路披荆斩棘，累了倦了，借一双依靠的肩膀，受伤了，别忘记我们还有温暖的港湾可以抚慰心灵，但就是不能轻言放弃我们的生命。

一个看不见光明的人，可以用耳朵和心灵更好地去倾听这个世界；一段平淡无奇的人生可以安静地体悟和参透世间人情冷暖。所以石头绊倒你不可怕，关键是你如何微笑地直面这样的遭遇，能不能起身拍拍手掌继续前行。事实上，逆境与顺境有时候并非不可逾越，只是因人而异，你坚持了，也许你胜利了，你看开了，也许你赢了，你勇敢了，也许你成功了。顺逆境的转变往往在一瞬之间，这个时候，要求我们恪守生命的箴言，守护我们的生命，用勇气和平常心去迎接一次次上苍的考验，或者咬紧牙关，或者含泪微笑，或者一往无前，奔向前方，带着生命的本来意念，带着自己肩负的使命感，毫不犹豫，直奔远方，冲向终点。最后，你发现你不仅始终牢牢地掌握着自己的命运，并且成功地向世人证明了你千锤百炼般的生命力之顽强。

生命首先是值得敬畏和珍惜的，然后生命才能尽力绽放，活出自己独特的绚烂，艰苦卓绝、永不言弃，把敬畏的气息磨炼出来。然而在看似太平的今天，局部地区的人们却在饱受着战争的苦难，苦不堪言的他们没有敬畏的生命可言，没有所谓的人权可谈，他们仅有的只是对枪林弹雨的投降和害怕以及对死亡的无尽恐惧。

一开始就失去了生命权可言的他们，生命遭受着迫害和蹂躏。例如，饱受战乱的叙利亚人民生活在怎样一个暗无天日的世界中，已经难以言述，但是我们不会忘记那个因为逃难死在冰冷沙滩上的三岁小男孩，那个以为摄影机是枪械而下意识举手投降的叙利亚小女孩，生命于他们而言俨然只是下一秒不知是否还会继续的奢侈品。对于这些苦难的人民而言,他们的生命仿佛没有了思考,只是任凭在风中随风摇曳,在悬崖边上摇摇欲坠,一触即破、残败不堪,没有意义可谈,没有绽放可讲,更不会有锤炼成钢的过程可期盼,有的只是随战争的葬送而葬送。假如全世界都陷入这样的局面,没有敬畏和害怕,没有珍惜和磨砺,没有希望和明天,那么对人类来说,太阳也将不会再有东升西落的可能了。

所以我们极力强调要尊重生命,敬畏生命尤其善待生命,严厉谴责和打击那些践踏和迫害生命的行为,特别提倡在生命能被赋予希望的情况下,必须咽得下苦难,趟得过泥泞,担得起重任,在负重中行走,在挫折中磨砺,在刚毅中崛起,保护好生命的颜色,传递出生命的真谛,使之屹立于灵魂之巅,处于不可撼动的地位,这样才能无愧于生命,无愧于自己。

接纳生命,善待生命,爱惜生命,锤炼生命,始终积极乐观、勇敢无畏迎接生命抛来的各种挑战,成功迈过那些泥泞和坎坷,生命的内涵终究得以展现。

每一个生命,都值得我们满怀敬畏之心去面对。珍惜并且呵护好生命是我们一生应该恪守的诺言,而使我们短暂的生命能活出属于自己的色彩,则是我们应该履行的职责。也许有的人生命天生不完美,也许有的人生来诸多苦难,也许有的人面临飞来横祸,但是从他们落地的那刻起,就没想过要向命运低头过,不论是先天的还是后天的磨难,他们每天都努力地呼吸着地球上的每一口氧气,努力地沐浴着太阳的光照,内心激起的则是无限希望。这些不同的人,尽管对生命都有自己独特的诠释方式,但是最后他们都延伸了生命的长度,升华了生命的价值。生命无差别,每一个懂得善待生命,力所能及地追求生命价值的人都值得我们致以崇高的敬佩。不以物喜,不以己悲,无论欢喜,对生命不轻言放弃,使生命固若金汤,坚如磐石,努力去活出属于自己的样子,就是不负生命。

敬畏生命,解放生命

陈文珍

提及生命,首先冲击你大脑的是什么?是产房里初生婴儿的第一声哇哇大哭?是嫩芽冲破土壤吐出的第一抹新绿?又或者是鲤鱼跃出水面划出的美丽弧线,飞鸟翱翔天际展现的自由浩荡……关于生命,我们总会有无限的遐想。然而,如何定义生命?科学上将其定义为:生物体所具有的存在和活动的能力,但这样冷冰冰的字眼无法真正而全面地诠释生命。与其说定义生命,不如说理解生命,生命的内涵是丰富多彩的,或炙热,或沉静,或纯洁,或浓郁……

毕淑敏在《我很重要》中写道：我们的生命端坐于概率垒就的金字塔顶端，两组生命基因的嵌合，充满了人所不能把握的偶然性，每一个个体都是机遇的产物。在毕淑敏简单的字句里，我们看到了生命诞生的来之不易、独一无二。在诞生的那一刻，生命要经历一个艰险的历程，当小生命要从母亲的子宫里出来的时候，她会努力地寻找出口，这时羊水破了，子宫也在有规律地收缩为小生命助力，小宝宝正在努力冲出生殖道，伴随着母亲一阵剧烈的疼痛，新生命终于从产道分娩出来！在这个过程中，稍有不顺生命就会面临危险！由此可见，来到这世上的生命是多么的幸运和顽强。

在电视节目《动物世界》中，我们常常看到一些让人紧张揪心的画面，鸟妈妈好不容易生出鸟蛋，然而它们还未破壳，就遭受到爬行动物的侵害；鱼妈妈生出一大群小鱼卵，鱼卵们在随激流飘荡的过程中，有的失去了生命，有的却坚强地存活了下来……这是自然界对生命的考验。在那些战争不断的地区，人们每天都生活在枪林弹雨，烽火狼烟当中，有多少生命埋葬在血腥的战场，又有多少生命，躲过了可怕的敌人，逃过了恐怖的枪弹，在战火中顽强生存引来了未知的明天。生命的珍贵与顽强让我们敬畏！

人固有一死，或重于泰山，或轻于鸿毛。生命总会有终结的一天，但怎样才能解放生命，实现生命的价值，让生命的离去如泰山之重？这个问题的答案，世间的生命都在探索。蜜蜂采蜜，在花丛中辛勤地贡献劳作；蚕虫吐丝，为人类衣物造出舒适的材料；鸡鸭鱼鹅，这些动物为人类的味蕾奉献了自己，养育着人类成长；兔子青蛙，在实验室里为生物科学的进步献出生命。而人类又当如何实现自己的价值呢？这让我想到了汪国真《热爱生命》中的诗句：

我不去想是否能够成功，
既然选择了远方，
便只顾风雨兼程。
我不去想能否赢得爱情，
既然钟情于玫瑰，
就勇敢地吐露真诚，
我不去想身后会不会袭来寒风冷雨，
既然目标是地平线，
留给世界的只能是背影。
我不去想未来是平坦还是泥泞，
只要热爱生命，
一切，都在意料之中。
……

"只要热爱生命,一切都在意料之中"。如果你认为你只是个平凡简单的人,不能像教师一样培育祖国的花朵,不能像士兵一样保家卫国,那你就平凡简单地热爱着生命吧,爱自己的生命,做好平凡的工作,过好平凡的日子;爱别人的生命,尊重和关心他人,保护小动物,做一个有爱心的人,这也能实现价值。如果你因为生活的变故变得不那么完整,失去了肢体或某些功能,又或者现阶段的你正处于焦头烂额的状态,就请安抚自己的心,冷静下来。"假如生活欺骗了你,不要悲伤,不要心急,忧郁的日子里需要镇定,相信吧,快乐的日子将会来临。"贝多芬双耳失聪,却依然成了著名的音乐家,在黑白键中弹奏着人生,谱写着生命的不平凡。霍金患上肌萎缩脊髓侧索硬化症,全身瘫痪不能言语,手部只有三个手指能动,却证明了广义相对论的奇性定理和黑洞面积定理,为物理学的进步做出了杰出贡献。回看以前,再看现在,放眼世界,再看身边,多少不完整的人却拥有一个完整的生命,他们努力开拓,努力创造奇迹,在所谓的"不可能"中实现了自身的价值。正如任文清的诗歌《致生命》中写道:虽然生命终有尽头,虽然时光不会倒流,但我坚信,春的后面,不是秋!生命存在本就不容易,生命也绝非只是一个简单的生与死的过程。就让我们活成冰心说的那样:走在生命的两旁,随时播种,随时开花,将这一径长途点缀得鲜花弥漫,使穿枝拂叶的行人踏着荆棘,不觉得痛苦,有泪可落,却不是悲凉。

生命是脆弱,也是坚强的

蔡秋慧

生命是脆弱的,要不为什么每天都有人意外死亡呢,生命是坚强的,要不为什么每天都有人在各种意外灾祸中坚强活了下来呢?生命究竟是脆弱的还是坚强的,至今也弄不明白。但可以确定生命不是单一的脆弱或坚强,只能说生命是脆弱的也是坚强的。

生命有来也有去,我一度对生命这词没什么概念,但却理所当然认为活着是常态,而死亡已被遗忘。直到有一天听到一位姨奶奶即将离世,她患上了肺癌,已是晚期,无药可救,只能苦苦地熬着、挣扎着,然后痛苦地死去。收到姨奶奶的死讯时,我简直无法相信,不断质问家人,为什么她会患上肺癌?得了这个病,亲人无能为力,她只能期望早早解脱。那时我才意识到原来死亡并不遥远,被刻意忽视的现实摆在眼前,离去几乎变成常态。

初中同班同学无证驾驶摩托车,与大卡车碰撞,惨烈死亡。正在上学的我听到死讯,不禁感慨又带点悲伤,他那么年轻,却因自己的轻率冲动而失去生命。

生命是脆弱的,它禁不起一点波折。在一个平常的夜里,一位同学突发急病，倒下再也起不来。那夜细雨纷纷，仿佛是在为他的离去而流泪。

生命如水晶般脆弱，稍微用力，它就会碎裂，疾病、意外或灾祸会夺取生命，也正是因此，更要珍惜生命。有时候生命的脆弱是人本身造成的，为了刺激去触碰生命的底线。

然而在我周围，也有许多人能表现生命的力量，我爷爷是其中一员。我爷爷是一个地地道道的农民，安心守着田地过日子。爷爷是个勤奋的人，在我模糊的印象里，爷爷与奶奶总是在地上劳作，种着黑豆、黄豆、番薯、玉米、木薯这些朴素的植物。他总是平淡又有滋味地活着，我以为他会一直这样平淡无奇活到生命的尽头，直到他再也动不了，可是天不遂人愿。

爷爷送姐姐上晚自习，在回来的路上与一辆摩托车相撞了，现在我仍记忆犹新，心里还残留着恐惧。爷爷坐在地上一动不动，旁边散落着几颗牙齿和血迹，看起来好像只是受小伤。我被奶奶嘱咐回家拿一双爷爷的鞋，年幼的我不懂内心混乱的感受，逐渐懂事后我才发现那是害怕，害怕爷爷离开，因为我从来没想过家人有一日会不在身边。除了拿鞋，我无能为力，或许还隐隐有一些对生命的脆弱的惧怕吧。

后来我曾回想怎样度过那晚的，不记得别的，只记得爷爷受伤的样子和内心惶恐。接着，爸爸带我去看爷爷，爷爷躺在床上，动弹不得，他对我们姐妹说了一句好好读书，考上大学，别的也没提，这话想来心还是酸涩的。爷爷没读过书，却认为我们读书才有好生活，他并没有抱怨生活艰难，也不说种田辛苦，他只是想我们过得舒服。在他看来他一生就这样过了，能活着就好。他的期望很简单。能够活着看到子孙们能有出息，生活好，他就满足了。

自从发生了车祸后，爷爷身体一直不好，他能干健硕的形象离我越来越远了。十多年来没停过吃药，因为爷爷一停下药，身体就不舒服。饭是一日三餐，药也是一日三餐，看得令人心酸。我们家的条件不好，爷爷大部分吃的是青菜猪肉白饭，但还是青菜白饭居多，唯一的营养品是瘦肉汤，最高级的还是几天一次的排骨汤。爷爷在医院吊液时，奶奶送饭，是青菜白饭，我看着爷爷大口地吃，不禁热泪盈眶，心有点难受，而我却无能为力。在这样的条件下，爷爷也只是有一年中几天十几天躺在床上，动弹不得，生活不能自理。

每次我都以为他挺不过去了，但他依然熬过来了。我为他熬过一个冬天而庆幸，因为他又能继续陪我们。爷爷是坚强的，整整十三年，爷爷与病痛战斗，从不抱怨，也从不曾有不好的念头，乐观活着。

在很多人眼里爷爷是平凡的，但在我看来他是不寻常的。在他身上，我看到他对生命的坚持。"生命是脆弱的，也是坚强的"。

生如夏花

付皓珺

大概每个爱过泰戈尔的人都曾吟唱过"生如夏花之绚烂,死如秋叶之静美"。无可厚非,我亦是这句话的发烧友,只是很遗憾,我并没有目睹过夏花之惊艳,可我猜,那也许是其穷尽一生都想要绽放的精彩。

人活一世,很多时候都喜欢问自己,活着究竟是为了什么。至今为止这都可称得上是世纪难题吧。然而于我而言,能在尘世走一遭,经历纷纷扰扰一番,已然是上天赐予的最大恩赐,既已生,便努力与夏花一样,活出魅力。

年少的时候,很偶尔的一次志愿者活动让我有机会接触到这个世界上离生死最近的人群——癌症患者,迄今为止让我为之动容的,当属那时正值青春年华的她吧。她是那所美术院校里一个美丽的女孩子,那只是很平常的某一日,照常的上课,突然间的天昏地暗,醒来时已经被送入了重症病房,接踵而来的便是被告知因白血病而被迫休学,无限期。听到这原本坚强的我潸然泪下,我害怕突如其来的意外而被迫改变一切人生的轨迹,因为我知道,现如今人类无法对抗的病魔实在太多,我们被派入凡间本该幸福不是吗?为何却要面临这么多我们来不及去思考的问题,我替她惋惜,替她愤懑。然而,她给我的却是属于那个年纪最纯真的笑容,同样,她告诉了我一句到现在我都觉得特别特别好听的话,她说:"活着的每一天,就是最好的礼物了。"我惊叹于她的乐观,也佩服她说出这句话时的勇气,大概是我看着她因为化疗而掉光的乌黑的长发,大概是因为治疗后遗症而无法下咽饭菜,即便最坏的一切都已然展现在她面前一览无遗,但一旦身体有所恢复,有了足够的力气拿起手中的画笔,她就会出现在医院不起眼的某个角落留下属于她的印记,画中的小鸟栩栩如生,画中的阳光熠熠夺目,画中展现的一切根本看不出她是一个可能已经没有办法根治的血癌患者。我知道她用着全身心的力气,想要为如今看似异于常人的生命留下点什么,她好像真的很快乐,可能她是真的很快乐,很多年以后的今天,我不知道她是否已经康复,但我祝福她现在依然活着,如花一般灿烂。

有的时候很想说,这个世界没有感同身受,这个世界在乎的仅仅是我们还能呼吸着同一片天空下的空气,我们就充满面对未知的期许和力量。不是每个人都会在有生之年经历生死,毕竟我们不会对着病人说你有幸经历生死,你重生之后会活得更真实,这样的有幸应该没有人会想要吧。但也许只有经历过生死的人才能真切地感受着,当导管插进喉咙的那一刻,他们努力地挣扎着,只是为了下一秒还能多呼吸一口气,他们很想活着;当针头注入脊髓的那一瞬间,他们痛苦得面目狰狞，泪水浸湿了白色的床单，可这些在死亡面前，渺小得可以忽视。我看着他们眼睛里投射出的是对生的渴望，是对生命的敬畏，而我，又何其有幸参与到他们如此不一般的生命里，见证着那一个个奇迹的诞生。

大概是真的数不清自己在那些病房里抹掉了多少泪水，大概是现在想起来也久久无法平复心情，我不对那些会选择自杀或者其他途径放弃生命的人做任何评价，每个人都有权利选择自己的生死，而旁人是无法给予所谓的标准评判。也许我宁愿相信他们经受了无法跨过去的挫折甚至是打击，无法面对自己惨败的人生，亦或是其他的种种。当父母决定把我们带到这世上的那一刻起，是他们给了我们生的权利，从小到大教科书都只是教我们如何珍惜生命，如何活得漂亮，却从来没教过我们如何直面死亡。我想大概是因为这个话题太过沉重了，没有人敢保证是否有这个心理承受能力去面对它，可是，我却想说，人都有离世的那一天，既然无法预知未来，为何不在仅存的时间里过得好好的呢？我们欢呼雀跃，我们策马奔腾，都是为了离去的那一天能够带走一点还能陪伴到最后的残存纪念，我们像张白纸赤裸裸地来到这世上，但是我们可以选择涂上鲜艳的色彩潇洒地离去。

也许啊，活着仅仅只是眷恋着世间的美好，不管风和日丽，微径清幽，还是疾风骤雨，断桥河边，闲看庭前花开花落，漫随天外云卷云舒，存在的、有鲜活生命的就是最好的。我也想带着远征的行装，漫步欣赏着一道道美丽的风景，拂面的清风，芬芳的山花，叮咚的溪流，鸟儿的歌唱。

听，生命之声

何远程

宇宙因为有了各种生命而变得绚烂多姿，瑰丽神奇，世界因为有了人类生命而更有生机灵气，诗情画意。

顾城曾说："黑夜给了我黑色的眼睛，我却用它去寻找光明。"而作为生命载体的我们，去寻找生命本身的意义，有着异曲同工之处。罗曼·罗兰说："人们总是崇尚伟大，但当他们看到伟大的真面目时，却却步了。生命，揭开面纱后是否让人蓦然惊心呢？"

听说过一朵金蔷薇的故事吗？一位夜里打扫街道的老人，悄悄收集垃圾中的金粉，每天小心翼翼地淘洗，最后用它们锻造成一朵小小的金蔷薇。《金蔷薇》的作者康·帕乌斯托夫斯基写道："每一分钟，每一个在无意中说出的字眼，每一个无心的流盼，每一个深刻的或者戏谑的想法，人的心脏每一次察觉不到的搏动，一如杨树的飞絮或者夜间映在水中的星光——无不都是一粒粒金粉。"

也许你没有留意，墙缝中嫩芽，不顾一切的响声，生根苗壮成长的一幕，但你肯定喜欢过参天大树的伟岸英姿，那是生命的力量，是生命的慷慨，生命的奇迹。正是因为生命之美，才有了这多姿多彩的人道世界。

你一定还记得汪国真大师在《热爱生命》中的经典语录，"既然选择了远方，便只顾风雨兼程"。生命究竟有什么值得我们去热爱，去拼搏呢？从文学上说，没有生命的绽放，陈梦家就无法在作品《一朵野花》中表达因个体生命的渺小而放弃追求生命永恒的人生主题；没有生命的消逝，也就无法理解到是枝裕和在作品《步履不停》中不断失去又有不断得到的人生感悟；没有生命的静美就难以有机会去欣赏朱自清的《荷塘月色》。正是因为生命之美，才有了这丰富传神的文学世界。而文学正是现实的真实面貌的缩影，有对生命的追求，对生命的渴望，对生命之美的欣赏。

生命如此美，我们是否都让他的美绽放得淋漓尽致呢？在动物世界中，《狼王梦》对高贵生命的热衷追求和虔心祈祷。《斑羚飞渡》对生命长存，后嗣永恒的渴望。《最后一头战象》是那丑陋与美丽，融为一体的原生态生命。在我们人类世界中，就是希望在自己的职位上能够尽到该尽的责任，希望我们能够有机会实现自己的生命之美。

卫斯理曾说：人一出生就走向死亡。是啊，说得很现实，很残酷，仿佛我们都是为了死而活着。在我看来，看成走向死亡的历程更加有意义，因为这样，每一个不曾起舞的日子就都是对生命的辜负，因此，在这个短暂而又有限的生命历程中我们更应有激情，有动力，有信心去接受生命，承担生命，实现生命。

活着，真好！

然而人不可能永远活着，生命从它诞生的那一天就开始走向死亡，就开始与死亡做一生的搏斗。所以活着，真的不是一件容易的事。生命只有一次，要真实地活着，且活得尽可能地精彩和珍惜生命的人为数不多。每一次风雨之后，让心灵感受生命拔节的人更寥寥无几。生命对于我们每一个人来说只有一次，而生命一旦来到这个世界上，便负有严肃的生命使命。

人从出生就在向死亡迈进，但是，在这一过程中，我们还要生活，我们还要书写我们的人生，我们也总想着怎样来延续我们的生命，可是人的生命只有一次，绝无可能用实验来证明假设。因此我们永远不知道自己被情感左右到底是对还是错，所以，我们一直都在与挫折、死亡做斗争。就是希望我们的生活能更美好，希望我们的人生能更精彩，希望我们的生命能更长些……

泰伦斯·马力克在《生命之树》中写道：生命之路有两条，一条是本性之路，另一条是慈悲之路，你必须做出自己的选择。

想做那棵树,站成永恒,没有悲欢的姿势:

一半在土里安详,一半在风中飞扬;

一半洒落阴凉,一半沐浴阳光。

从现在起,我必须开始谨慎地选择我的生活,不再轻易让自己迷失在各种诱惑里。我心中已经听到来自远方的呼唤,再不需要回过头去关心身后的种种是非与议论。我已无暇顾及过去,我要向前走。

当谈论生命时我们可以谈什么

谢逸芳

在我小的时候,对生命、人生这类词就有些敏感,上小学的时候,不知自己从哪看到的一句诗:"人生自古谁无死,留取丹心照汗青",只觉得这句诗句特别大气就喜欢得爱不释手。那时班上流行"同学录",在那些递到我面前的本子里边,总会有类似个性签名一栏,而我总会不假思索地写上"人生自古谁无死,留取丹心照汗青"。直到上了中学,学了整首诗,才知道这是文天祥的一首爱国诗,我在想,如有一天,小学同学翻开同学录,看到这样一句话,可能会满脸疑问,疑惑当时小小的我爱国热情怎么这样高涨呢。

回归正题,说到人生,我们首先会想到生命,是生命赋予人生价值,生是一切的希望。谈及生命,总会有些许伤感,因为把生命放在宇宙中,那它就是一粟啊!那份伤感却不会阻碍人们对生命的探索,从古到今各路人士对生命的诠释已经十分透彻了,但基于每份生命诠释的角度不同,就如那句一千个人眼中有一千个哈姆雷特,在这里我也想凭着自己的感悟与诸位分享对人生的看法。

在百度百科里,它这样定义生命:生命是要经历出生、成长与死亡的。

我同意这种说法,如花草的生命,有萌芽就会有凋谢。秦始皇在皇宫搭炉炼丹求长寿,求三世至万世而为君,可他最后也敌不过死神。哲学家说,人从出生那一刻开始就走向死亡了。至今也没人能够逃出死神的魔掌,没有一个活了几百年的人还存在现世。承认吧,我们都有逝去的一天,万物灵长有生命者皆有那一天。世间的动植物,因没有人类繁复的大脑,所以它们接受生命的来临,也接受生命的逝去。在发达的现代科技下,人类的寿命得以延长了,人类的精神却更加空虚,这是一种悲哀。生命从来就不在乎长度,它更需要宽度,而且高质量的生命要比粗制滥造的生命保持得长久,它曾活在人们眼中,更活在人们心中。

生命可以短暂,却不可以虚度。

我钟爱的一名作家三毛,一位傲世独立,却又融入俗尘的女子,虽然相貌并不属于那种让人一眼就感觉明艳的，但她的气质却是清新、独立、仅有的。为了梦中的橄榄树，她不远万里奔赴西班牙；追寻前世的乡愁，她踏上荒芜的撒哈拉，将自己的爱毫无保留地撒给撒哈拉威人；接受她深爱的丈夫荷西去世，她本着对生活的热爱四处漂泊旅行，又着手创造《万水千山总走遍》《梦里花落知多少》《谈心》等佳作。可是谁也不会想到这样活得有声有色的她，48岁是她的全部。有人说，三毛的一辈子活出好多人的十辈子，我深深赞同。诚然三毛的生命是自己结束的，但是她说过这样一句话："如果有一天，我选择了结束生命这条路，你们也要想明白，因为在我，那将是一个更幸福的归宿。"我们也不好责问她的离开，而是拱起双手，合十，闭上双眼，祝福这位知性的作家。在我看来，生命可以短暂，但却必须精彩度过，否则枉来人间一趟。若干年后，我们会变成族谱上的一个名字，桌前的一个牌位，后代供养着我们，我们却没有给他们留下一个值得称颂的故事，这岂不是个遗憾。反思吧，当我们的寿命延长了，我们是用它来聊微信、刷微博、打游戏、逛淘宝，沦为不折不扣的低头族呢？还是用自己的信仰和毕生的努力给生命交上一份完美的答卷呢？

  生命的快乐足以弥补它的难过。

  当我们带着满身自我保护的棱角降临到这个世界时，我们很纯真我们也很幸福，但是渐渐地，我们对生活开始感到力不从心，成长的痛苦是不可避免的，我们的棱角慢慢被磨平，我们趋向圆润以达到与别人和平相处。以前我总在想，可不可以不要长大，长大好累，活得像小时候一样简单快乐我就满足了。甚至经常幻想自己躲进深山老林过陶渊明式的隐居生活，一个人也可以潇洒自在，可是我打心里明白自己在逃避这社会的现实。现实的残酷总能打碎梦想的丰满，而这已经不是第一次了。不忍心自己处在这矛盾的夹缝中，我把问题交给各类书籍，企图从中获得答案。终于，周国平大师的文字启发了我对人生的另一个认识。他说，随着童年的消逝，倘若没有一种成年人的智慧及时来补救，几乎不可避免会失去童心，所谓大人先生者不失赤子之心，正说明智慧是童心的守护神，凡童心不灭的人，必定对人生有着相当的彻悟。

  那么我们可不可以将追求智慧索取学识与承受痛苦并谈，可不可以将追求幸福快乐与守护童心并论？一个手段一个结果，我认为是可以的。磨平棱角带给我们的痛苦是常有的事，就像那句"生活中不如意事十之八九"，可是每件事过后我们总会学到一些东西，"但求有一颗征服它的心"这种思想可以引领我们走过生命的各个过渡阶段。古人言，吃一堑长一智，那一堑究竟要承受多大代价才能换取智慧啊，但是我们假装潇洒先不管它的承受，想想最后我们学会坚强、独立、从容淡定和乐观等，并且我们守住了童心，真正感受简单的快乐，若是我，我愿意去"吃那一堑"，不管它要承受多少。我希望自己是童心尚存的或是一直走在追寻童心的道路上，为了生命中短暂的快乐我愿意承受痛苦，因为就像那首歌唱的一样"快乐的一刻胜过永恒的难过……"。

生命是脆弱的，却时常滋生出爱。

生命如鲜嫩的花儿，死神动一根手指就可以把它折断，似乎生命总是无法抵挡死神的洪荒之力。可是还记得那众人手挽手做成的肉墙抵挡住了洪水，消防员手持水枪不顾火舌舔舐救出淹没于火海中的民众，母亲用瞬间的爆发力猛地抬起1吨多重的轿车救出孩子，生命那么脆弱却拥有那么强大的力量，这要归功于饱含正能量的爱。生命让爱存在，爱也反哺着生命。在儒家思想"己所不欲，勿施于人"这样换位思考的思想影响下，生命真的很脆弱却很容易滋生出世间最美的花，爱能量的爆发也只在一念之间。爱能温暖人心，激励人们面对困境，又一次次地拯救生命，没有什么是爱融化不了的。所以传递爱永远是主题，敬畏生命永远是真谛。

生命是无常的，我们都要珍惜它。

早时看《死神来了》，只是惊恐地看着影片里汽车掉出的一个零件，浴室里的铁线，失控的摩天轮，就可以成为杀死一个人的凶手，那么形象科幻却又那么逼近生活。现实生活里一次突如其来的地震就吞没了无数生命，也听说过被楼上突然跌落的花盆砸死的人，新闻里播报走钢丝的人蓦地从高空中掉下摔死，还有坐飞机的乘客的归路变成了死路。数不清的意外昭示着生命的无常，我们无法估计生命的长度，但是我们千辛万苦地来到这世界，面对只有一次的无常的生命，难道我们只能选择怯弱而止步不前吗？不，我们要做的是珍惜拥有的，活在当下，用现有的资源去创造未来，去推动社会进步，去改变这个世界。无论怎样，我都要宣布一个好消息：没错，我们还活着。如霍金所说的，活着就是希望。生命是无常的，所以我们要珍惜每一次活着的机会，用心去感受花开花落，就算剩最后一个小时，也要活出最漂亮的自己。感恩母亲将我带到这世界，赋予我前世渴望已久的生命。

对生命所领会到的东西是写不尽的，只要生命还在，种种感悟就会绵绵不断地涌现。生命之中，丑陋与美好总是并存，但是我并不嫌弃那抹丑陋，如同那滴白纸中的黑墨，正是有了它的映衬，白纸才显得如此洁白，生命才显得如此美好。

生命多么美妙

黄烯桐

我一直都不懂生命。准确地说，我也不知道生命是否有确切的含义，是指有生命力的植物？动物？还是指有思考能力的人类？如果要去深究生命的本质，未免太过于较真了，但我总能够从生活中找出一点一点生命留下的蛛丝马迹。

义务教育中的生物课本说，生命是从细胞开始的，由单个细胞进化到多个细胞，再由多个细胞进化到成千上万个细胞……但我不是生物学家，对于我来说，我想探究的生命仅仅是我，仅仅是与我相同的70亿人类的生命的意义。

这一切从高中时我做的一个有关死刑存废的课题开始，在此之前，我从不知道这个世界上居然会有那么多的国家没有死刑，我的常识告诉我杀人偿命天经地义。现在发觉，那时候认为的生命是那么轻薄，因为个人的仇恨轻易断送他人性命，也因为常识我们认为那个人的性命也应该被剥夺，生命的价值在我们的常识中似乎仅仅因为一瞬间的愤怒便可剥夺。为了打破我的常识，我开始四处寻找答案，最终知道了在西方国家的观念里以人为本的理念，也就是说，每一个人，从出生开始便是一个个独立的个体，每个人的生命都是同等价值，每个人都应该被尊重，无论任何人在没有经过自身的同意下都不可以伤害他人。也是从此，我开始意识到，我，是一个独立的个体，我，与这世界上的70亿生命一样，我们的生命都同等珍贵。

可以说，要是抛开从小生活的这座城市的生活常态，我对这个世界一无所知，但这并不代表我不热爱与我同样生活在地球上却大不相同的生命。当我在杂志上看到 Jimmy Nelson 拍摄的一组名为 Before They Pass Away 的照片时便被那美丽的灵魂吸引。

如果将他们带到我们的现代社会里，他们可能一无是处。但在属于他们自身的地球净土上，他们有自己的语言、自己的信仰，他们澄澈的双眼无需多言就饱含力量足以将我击溃。我看到的是同样身为人类他们眼睛里对自己生命的自豪，我看到的是同样身为人类的他们对同样身为人类的 Jimmy 视为绝对的平等，我看到的是他们对大自然的热爱与崇敬。在不远的将来他们可能一个一个部落会永远消逝在这颗星球上，带着他们澄澈的目光，带着他们的信仰，带着他们无与伦比的美丽在这片土地上化为灰烬，如果没有这位了不起的摄影师用现代技术将他们记录下来，或许我永远都不会知道这个世界上会有这么美丽的灵魂，但他们的眼里没有恐惧也没有沮丧，只是固执地重复地坚守着现有的信仰与生命。

我对这个世界一无所知，所以才如此困惑。当我一旦开始去了解这个世界的时候才发现自己多么渺小，以至于未曾敬畏生命。

　　当我完完全全意识到自我并且以自身的生命为骄傲后，我又开始思考，我们的生命意义何在？特别是在看完余华的《活着》之后很长时间里我都完全不能理解为什么福贵经历了这样坎坷悲惨，孤身一人，最后还与老牛相依为命？我不懂这样的生命还有什么意义，会呼吸就是活着吗？余华在他的序言中写道"人是为活着本身而活着，而不是为了活着以外的任何事物活着。"我依旧困惑。小时候曾看过非洲的动物大迁徙，在记录片的镜头里成群的野马、大象、羚羊争分夺秒朝着目标前进，然而也有少数的动物不幸被隐藏在深处的猛兽攻击丧命，或者因为自身的原因掉队再也没能回去。镜头里能够留下的只有那些飞跃的动物与他们扬起的尘土。所以，生命的意义只在于生命的延续吗？沮丧地说，是的。

　　那少数的个别的动物的生命就如同镜头中再也看不到它们，消失了，没有任何意义。人生的旅程就像是动物大迁徙一样，只是为了活着本身才拼尽全力。有段时间，我一直都挺沮丧。在教室课间，在拥挤的地铁上，我看着那些打闹嬉笑的同学，为成绩伤心的同学，地铁上为生活奔波的陌生人，想着，我们最终都会化为灰烬，没有谁会记得谁，现实是多么无力，一切都是徒劳。甚至有科学家提出仿真理论，我们是生活在一个巨大的仿真体中，它由比我们更智能的文明所创造，是一个巨型的电脑游戏，甚至我们都没有意识到。这似乎很荒唐，虽然没有科学家肯定这个理论但也没有科学家否认。我很困惑也很难过，但生活还是要继续的，一切照常，只是偶尔独自思考的时候还是会烦恼。

　　后来我的老师在课堂上让我们看了由已故的罗宾·威廉姆森主演的《死亡诗社》，我找到了我的船长。"Capie diem. Seize the day. Make your life extraordinary."这句话我总是牢记。他饰演的基廷老师在电影中说到"我们读诗、写诗并不是因为他们好玩，而是因为我们是人类的一分子，而人类是充满激情的。没错，医学、法律、商业、工程，这些都是崇高的追求，足以支撑人的一生。但诗歌、美丽、浪漫、爱情，这些才是我们活着的意义。"是啊，我多么愚蠢，去想那遥远的不知在哪里的未来，去想那消逝的世界却不知道生命此刻才是最真实的，我们最终都会消逝，可那多么遥不可及。此刻发生的一切才是生命的意义所在，此刻的欢笑嬉闹，痛苦烦恼皆因我们是人类啊，因为我们会思考，有感情，每一刻的感受都是真实且珍贵的，我试着去感受这一切并且享受它，希望在这一生中勇敢地不断地去尝试从未尝试过的东西，无论痛苦与幸福，它都是生命中的一部分。

　　湛蓝天空中飘着的朵朵白云，冬日里照到毛衣上温暖的阳光，跑步时拂过脸上的微风，微风拂过树叶发出的"沙沙"响，雨天里清脆的雨声，夏天的冰镇西瓜，冬天的热可可，七月的花香，小女孩的笑声，还有和喜欢的人相遇的那一瞬间，这些瞬间都确切地在我的生命中发生又给我带来微妙的幸福，生命为什么一定要有意义呢，能够遇见这些美好的事物已经是奇迹了。

我生存的这颗蔚蓝星球在我出生以前就已经存在 45 亿年了，还有 1000 亿人类曾经在这颗星球上活过又死去，剩下与我共存的 70 亿人类，那些活过又死去的人类除了爱因斯坦、奥黛丽·赫本等享誉世界的伟人留下智慧的精髓与美丽的画面以外都无一不随时间消逝了，大部分的人都会如此。但这并不代表他们从未活过，又或者说，为什么他们一定要证明自己活过呢，为什么一定要给这颗星球留下什么呢，毕竟爱因斯坦是这个世界可遇不可求的 1%。

梭罗曾写过一首诗：

我步入丛林
因为我希望活得有意义
我希望活得深刻
并汲取生命中所有精华
然后从中学习
以免让我在生命终结时
发现自己从未活过

小说 The Fault in our Stars 中两个身患癌症且不知生命会不会在下一秒结束的少男少女彼此相爱了，但聪明的少女 Hazel 却认为两个人都不知自己是否能够活到明天，万一其中一方离开了对另一方都是悲惨命运中的又一大挫折，生活本就如此痛苦，不能因一时的幸福而为以后的痛苦留下可能。直到他们一起去阿姆斯特丹参观了安妮的小屋，才知道对于以后的死亡来说此刻的时光比任何结果都要重要，于是他们相拥热吻。后来英俊的少年 Gus 还是因癌症去世了，对于 Hazel 来说，她依旧不知道自己在哪天的夜里突然就病发，Gus 的死亡也令她难过，但她的生命里却有一段浪漫的爱情。也许像她最喜欢的小说《庄严的痛苦》中说的一样 "Pain demands to be felt." 即痛苦值得被感受。

《心灵捕手》中的天才 Will 也是因为害怕破坏自己在心爱的女孩心中的完美形象而选择离开她，而他那已经失去妻子并且因此痛苦的船长 Sean 告诉他，他从不后悔与他妻子 18 年来度过的每一个瞬间，即使他亲眼看着爱人在癌症的折磨下痛苦地离开自己，那 18 年来与她相处的每一个幸福瞬间才是他的生命所在。我总觉得自己很聪明，什么事情都会事先考虑到前因后果，跟 Hazel 一样害怕结束而不愿意接受喜欢的男生的追求，却没有想到自己失去了曾经能够享受恋爱的时光，因为觉得这个世界太危险而不愿意出行，却没有想到自己失去了享受这个美好世界的机会，其实我很愚蠢，总是事先去考虑那些还未发生的事情而放弃了当下的时光，现在我知道了，也许不晚。

Sean 有一段话让我触目惊心"问你艺术，你可能会提出艺术书籍中的粗浅论调，有关米开朗基罗，你知道很多，他的满腔政治热情，与教皇相交莫逆，耽于性爱，你对他很清楚吧？但你连西斯汀教堂的气味也不知道吧？你没试过站在那儿，昂首眺望天花板上的名画吧？肯定未见过吧？如果我问关于女人的事，你大可以向我如数家珍，你可能上过几次床，但你没法说出在女人身旁醒来时，那份内心真正的喜悦。你年轻彪悍，我如果和你谈论战争，你会向我大抛莎士比亚，朗诵"共赴战场，亲爱的朋友"，但你从未亲临战场，未试过把挚友的头拥入怀里，看着他吸着最后一口气，凝望着你，向你求助。我问你何为爱情，你可能只会吟风弄月，但你未试过全情投入真心倾倒，四目交投时彼此了解对方的心，好比上帝安排天使下凡只献给你，把你从地狱深渊拯救出来，对她百般关怀的感受你也从未试过，你从未试过对她的情深款款矢志厮守，明知她患了绝症也在所不惜，你从未尝试过痛失挚爱的感受……"

我敏感而又脆弱，因此给自己铸造了一道高大坚固的城墙来保护自己，却没想到把自己也跟这世界的美丽隔离了。

"我们永远不可能拥有永恒的快乐，若是为了避免痛苦而放弃快乐，我们只会迷失在冷漠之中，成为这个永恒的混沌世界一枚精致的镜像，赤条条来去，不留一丝痕迹。唯有接受这片刻的幸福，以及随之而来的痛苦，才算是真的活了一遭。"

生命的足迹

陈飞婉

生命就像一条奔腾的大河，时而风平浪静，时而波涛汹涌。在汇入无边无际的大海之前谁也无法预料未来的路上会看到什么样的风景。或许会撞到妖魔鬼怪阻断我们前进的路，或许会遇上雨后的彩虹；或许会碰到分岔路口不知道要怎么走；或许能邂逅生命中对的时间对的那个人。无论如何，我们依然要相信这世上总有不期而遇的温暖和生生不息的希望。

今生不相负，来世长相忆的幸福

我喜欢张爱玲，更喜欢她和赖雅的爱情。张爱玲和赖雅相遇在文艺营，并不是一见钟情，而是每一次的小聚闲聊使他们彼此更熟悉。当时赖雅 65 岁，张爱玲36岁，这是一段幸福并心酸着的爱情故事。张爱玲和赖雅喜欢去电影院看最新上映的电影，电影结束后，两个人在霓虹交错的深夜中依偎地走着，两人的背影被月光拉长。她喜欢挽着他的手臂，像小姑娘一样倚在他厚实的肩膀上。也喜欢听他说不知讲了多少次的段子，每次赖雅讲完，她都会露出可爱的笑容。在她的生命里，把最美好的青春给了胡兰成，却把最真挚的心给了赖雅，赖雅更是她最完美的情感寄托，也成了谁都无可替代的独一无二。在现代生活中我们习惯用"请"字表示礼貌和客套，张爱玲对赖雅说话也总是那么"客气"，每次开口，必然要加一个"请"字。也许我们会觉得若他人对自己客气，定有疏远彼此关系的意思。但张爱玲与赖雅恰恰相反，因为她太爱赖雅了，以至于讲每句话都要小心斟酌。也不知从何时起，最风流、最逍遥的赖雅变了样。他不再是一位世人谣传的花花公子，反而是担当起家里的所有杂事。但相较以前，他不知要快乐多少。或许是张爱玲的到来，才让他渐渐懂得了情为何物。故事的结局，赖雅因为年纪太大而中风，每次都因为舍不得离开张爱玲而坚强地活着。但最后一次中风就再也没有睁开眼睛过，他离开的那一刻心里是多么渴望能再活久一点。有时候，能活着就是幸福。

只身一人，北国奋战

高考承载了多少人的梦？有的人在高考这场没有硝烟的现场中凯旋而归，有的人却因为高考失利而一蹶不振，整天无所事事地混日子，也不知道活着是为了什么，更不知道生命的意义何在，像无头苍蝇一样到处乱撞。但热爱生活，憧憬未来，心中有梦的人不会这样。我有个朋友高考成绩不如意，就选了一所名字听起来很高大上的大专学校。然而，这所大学在哈尔滨，一个我们做梦都没想过要去的遥远的冰天雪地的城市。孤身一人去到学校，初来乍到人生地不熟，看到的只有覆盖着万物的皑皑白雪，听着北方人说话浓重的口音，吃着从没吃过的馍馍和大饼拌蒜，过着一周才去大澡堂洗一次澡的生活。她花了一个月的时间去适应北方的生活，想到自己最初的梦想，知道自己该开始行动了。她利用课余时间去派传单，做兼职来赚取零花钱。还加入了学校的创业园，自己开了间小小的印刷店，生意还不错。做各种计划书，参加创业培训和向有经验的成功人士取经成了她日常生活中最重要的事情。当然，她的学业并没有落下。她说过，生命不息，折腾不止。现在她每天都过得很充实，尽管冬天还是那么寒冷。人生在世，并不是为了活着而活着，生命的意义在于追求自己的理想和实现自己的人生目标，但前提是你要有一个明确的梦。更要坚信，那不是一个梦，只要你肯努力，肯付出。愿你眼里有光芒，活成自己想要的模样。

若别离，尽伤悲

躺在床上对着天花板发呆的时候情不自禁地会想到人类为什么要用生命孕育出一个新的生命，周而复始，无穷无尽呢？因为我们是有感情的高级动物，生命里蕴藏着浩瀚宇宙间里最温暖感人与独一无二的情愫。或许我们天不怕地不怕，却很害怕失去亲人。暑假在家过得很满足也很有口福，因为奶奶经常做各种好吃的给我尝，我觉得很幸福，奶奶也因为我感到幸福而幸福。可有一阵子奶奶的牙齿痛，大家都知道牙痛起来要人命。头几天不是很痛的时候带奶奶去看医生，可是她坚决不去，嘴里嘀咕着自己去买药吃很快就会好的。万万没想到有一个晚上我和妈妈吃完饭去散步，回家的时候发现奶奶痛倒在地上打滚，我冲过去坐在奶奶身边，看她用手捂着脸，眼泪都从眼角沁出来了，一边呻吟着。看着奶奶痛得那么无奈，我没忍住湿了眼眶，伸手去抚摸奶奶的脸颊，把她扶起来抱着她，想替她承担一些痛苦，我哭着叫奶奶去看医生不要再那么倔强了。真的好害怕奶奶会突然离我而去。生命真的很宝贵，我们一定要好好爱惜自己的身体，小病小痛不能拖，及时去看医生。因为活着，才能享受天伦之乐；活着，才能欣赏这五彩缤纷的世界；活着，才能聆听大自然美妙动人的歌声。

我们经常会听到身边有人说："已经晚了。"实际上，"现在"就是最恰当的时候。对一个真正有追求的人来说，生命的每个时期都是年轻的，及时的。一辈子很短，我们要在有限的生命里活得兴高采烈，万物才值得眷恋。

倾听生命最深处的声音

音 奕

生命的声音有千万，从婴儿出生时的啼哭，到花开的声音，每一个都值得去倾听，但我认为这其中最不容忽视的，是心灵的声音。

何为生命？佛教说，一草一木，皆生命，而关系到我们最深的生命，恰是我们自己。

心灵则是生命最深处的存在，是你的灵魂，触不到，却至关重要。

至于声音……

从广处说，声音，有很多形式，可能是语言、文字，任何一种明确的表达，都是我们的声音。声音是沟通我们内在世界和外在世界的通道，也是我们内在体验的表现，我们的生命故事如何被讲述，以什么形式被别的人听见。

我们听着清晨的麻雀欢啼而清醒，也听着乌鸦悲暮而昏沉，朝朝暮暮，日复一日；我们听见父母的谆谆叮咛，也在耳畔时常响起同伴的鞭策，道阻且长，不可自满；我们听见遥远的古代传来嘱咐：千万年的历史，百年的荣耀，需要你去继承；亦听见不远未来的急切召唤：无限可能的世界，一切更美好的源泉，等你来开创……这些都可算作声音。

但是忙碌的我们，往往忽略了一个微弱的声音，如果你细听，会听它说："虽然我晨起暮归，热爱自己所从事的事业，深知自己所担负的责任，立志做继往开来的那个，但是我……累了，我需要休息……"

再简单不过的一句话，却被很多人，一再地按捺，忽略……

我们听到远处落水者的呼救，却听不到自己心口的沉吟。

多讽刺啊。

但是曾经的我，十五岁的我，就是这么一位内在的失聪者。

记得当时刚升入高中一个月，我就在食堂对当时的好朋友（现在是我的闺蜜）说："一个人要是讨厌自己怎么办啊？"话还没说完，眼泪就下来了。

那时课业很忙，我又在实验班，争强好胜地想弥补自己初中时的遗憾，活出不一样的样子。但是当我发现自己做不到时，心里是何等的失望。周围的同学都和我一样有野心，但可能比我要聪明，比我要努力，还可能更有魅力。做错一两件事后，感觉自己被嘲讽。其实很可能别人压根就没心思关注我，但在那个敏感的青葱年华觉得真是天大的事情。周围都是新的事物，我迟迟调整不好状态，一时压力山大，却又固执又倔强得无法宣泄。

于是一再地愚蠢失误过后，我想逃避，哪怕短暂地逃避也好。但是就这样突然脱离了正常的轨道，平时不关心我的人开始找我，他们急，怕我永远这样，问我为什么会这样。可是我要怎么说得出口，是因为我讨厌自己吗？当下的我明明该背诗却怎么也背不下去，只能在课上焦酌，明明该去写好多的作业，却偏花一个小时读报，然后写到深夜，也写不完，第二天在收作业时战战兢兢……但是这些我都说不出口。甚至我当时自己都不知道，自己忧伤与绝望的原因。直到如今我才渐渐知晓，压倒我的都是小事，背后是，不愿面对那个说"其实你没那么好"的自己。我其实只是在逃避自己。

当时我一心只想逃避，不知什么原因乱了自己的方寸，"让我独处一阵子就好了"，我是这么想的。但是后面的事情渐渐无法控制……

我像在沼泽中不知方向地挣扎，能想到的唯一办法就是去找心理医生。

在被病人挤得水泄不通的三甲医院，从挂号到填心理量表和拿报告经历了漫长的等待，只是没想到等来的是不到15分钟的问诊和诊断：轻度抑郁症。五个字模糊而清晰，第一次进入我的生活，而且从此和我相关。走出医院我还没缓过来，"我要的不是药，起码不是这种吃的药，我想要人帮我听听我心底的声音啊"。可惜依然没有人听到，甚至包括……我自己。

去看过医生后，我一反往常的行为似乎有了解释，妈妈不听我的劝阻把它告诉了关心着我变化的"大人们"，他们一下慌了，这是他们第一次接触这个陌生的名词，和我一样。我上网搜索抑郁症的信息，一条条比对，我更困惑了：我真的是抑郁症吗？之后相当一段时间我深受其扰。

现在的我在大学攻读心理学，很大程度上是因为，我希望像当时的我一样，在二八芳华的年纪迷惘忧伤的少年啊，能听到自己的内心真切的声音，不要像我听懂得那样慢，即使听不到，也有一个愿意去倾听你的人。经过专业的学习，我终于对抑郁症不再那么陌生，有了比一般人更深、更科学的理解。

心理学家说，在心理咨询的过程中有一个重要的概念叫作"言语化"，是指把曾经内心里一团迷雾状的东西，无论是感受、认知、经历、反思，变成"能够被说出来"的话语。这样那些东西给我们的影响，才从一团黑色迷雾中显露出形状，我们才有机会去重新看待他们，或者挖掘他们对自身的意义。对于休学的那段过去我一度遮遮掩掩，连想都不敢想，更不用提谈及了。如今我仍无法做到《肖申克的救赎》所说的，把曾经让我痛哭的事"笑着说出来"，但是我愿意时刻做自己的倾听者，忠于自己的声音，接纳声音背后不够完美的我的生命。

最近一天早上，我起得出奇早，想着不用上早课，我就做起了瑜伽，然后我做着就想起来自己前一天在图书馆看书时冒出的一个声音：

"对不起啊，成长得这么缓慢。"

几乎同时，又冒出一个声音，

"但还好，总算还在成长。"

我听到了！

用了六年，我终于听到，我内心深处发出的声音：

原来我的心不是坏了，而只是累了。

但还好，我总算听到了。

我愿是那个倾听你生命最深处声音的人。希望你也是。

生命不能承受之轻

方 赢

当我提笔写下"生命"二字，已然走过四分之一的韶华。生命到底是什么样子的？我是否读懂了生命？我常常这样问自己。我低下头看着手腕清晰跳动的脉搏，看着窗前慢慢多出年轮的树木，也看着午后的阳光一束束洒落在旁人的悲欢离合中。我不得不承认，我，不曾历经沧桑，我，不曾读懂过生命。

庆山在《彼岸花》中写道："人的生命应该是丰盛而有缺陷的，缺陷是灵魂的出口。"每个人只能独自面对生命的黑暗深渊、断崖绝壁、风声呼啸。我们越长大，就越不擅长顾及灵魂的感受。皮囊负重前行，灵魂掩面而泣。但是，即便沿途处处可见迷雾断崖，你还是要往远方去，即使江面渡口渺茫，你还是要到对岸去。

当生命的姿态一道道被镌刻进岁月的斑驳城墙中再被无情剥落，高贵的绝唱也好，卑贱的匍匐也罢，都令人肃然起敬。如果你见过西藏途中的朝圣者，寺前的青石地板被他们的身躯磨擦，那道道等身长头的深深印痕将他们的灵魂在诚恳中引向天堂，他们的生命沾染着虔诚的信仰；如果你读过张爱玲，那个19岁就写下"生命是一袭华美的袍，爬满了虱子"的女人，用诡谲的笔调为其他人指点一段迷津，她的生命贯穿着自我的审判；如果你认识王德顺，那个用尽五十年才站在T台上的男人，在旁人本该拖着残败身躯和衰老面容的年纪里完成了自己的承诺，他的生命透露着不屈和奋斗。

一段生命，总要奋力完成些重要的东西，才算没有被辜负。即使代价是忍受常人惧怕的孤独，哪怕是要付出全部生命。爱，信仰，梦想……都是生命的底色。是五百年不染风霜的笑容，还是明天就过期的凤梨罐头，我无法回答。但是年轻时，就应该找到生命的意义，尽情游向所爱，哪怕大雨浇湿了热情，哪怕在漫漫的长夜里痛哭，不过为了一段生命的不辜负。

站在历史的海岸慢溯那一道道历史沟壑，我想，生命，也许是在执着中永恒。

我想起了九死不悔的屈子。笑傲人世是一份何等的情怀，众醉独醒是一种怎样的悲哀。固知謇謇之为患兮，忍而不能舍也，宁溘死以流亡兮，余不忍为此态也，虽体解吾犹未变兮，岂余心之可惩？天地有情，有情的天地倾听你泣血的呼唤；黎民有爱，仁厚的黎民发出一声声叹息；汨罗有幸，有幸的汨罗收留了你无所栖息的灵魂。

我想起了穷尽半生的苏武。他用睿智铭记下对大汉忠贞不渝的信念，在漫天风雪中且行且歌，把那光秃秃的旄节升华为一段千古传奇，谱写了一曲名垂千古的悲歌；他用勇气，忘却了单于荣华富贵的引诱，在大漠黄沙中渐行渐远，把那群枯瘦的羊群定格为一段不朽的历史，挥洒了一曲可歌可泣的壮丽诗篇。

穿透民国的风情细品这一声声唏嘘，我想，生命，也许是在痛苦中开花。

我想起了沈从文。这个世间只有一个沈从文，天分过人，外表温和，内心倔强。当年郁达夫好心劝慰这个在小旅馆流着鼻血写文章、几近饿死的文学青年放弃文学之路时，年轻的沈从文带着湖南人的"一根筋"和走投无路的无奈坚持了自己的选择，当鲁迅在报纸上痛斥他时，他保持了冷静与克制，仍不改文风，当郭沫若代表一种新环境否定他，他差点放弃生命，但重新站起来研究中国古代服饰，哪怕1949年自己快被这个强势的人逼疯了。呓语中，他说："翠翠，你在一点零四的房间里酣睡，还在想着我吗？我死了你也想着我吗？"我不由得吃了一惊，原来小说中"也许明天回来，也许永远不回来的"人正是他自己，斯人可贵。

我想起了木心，他说"我养我浩然之气，这股气要用在艺术上，不可败泄在生活、人际关系上。"他少年时受了文学启发，向往丰富的人生经历，于是背起行囊，把几年的人生过得跌宕起伏，所有的跌宕又成了篇章，成了写作题材。一生由文学出发，最后又回到了文学。"文化大革命"时期，所有文章被没收，二十年后只剩下一本《文学回忆录》，这个写着《从前慢》的老人，被文革囚禁十八个月，在白纸黑色的钢琴键盘上无声弹奏莫扎特和肖邦，在理应写交代材料的白纸上写诗。对于"文化大革命"他从未在文章回忆，只留下一句淡淡的徘句"我白天是奴隶，晚上是王子"，但他临终前，时常认不出人，陷入谵妄，也说不出有条理的话，他对陈丹青说："你转告他们，不要抓我……把一个人单独囚禁，剥夺他的自由，非常痛苦的……"并非"文化大革命"不恐怖，也并非他已用强大艺术修养打败，他只是用自己的一生去克服这梦魇。

当日出东方，薄雾被光线照得四下散开，安静的大街开始被喧闹的人群填满，不远处的小店伙计，揭开水面翻滚的锅子上的锅盖，把清晨第一把拉面倒进锅里。这是每天一场场生命的开始，平淡的底色，都在等候书写，待到夜幕降临，大门隔绝了每户人家的喜怒哀乐，灯光从分割的小块窗户透过未拉严密的窗帘，每个人开始细数着一天中的记忆。

是的，有人会问，生命如此短暂，你该如何耀眼？多少人，纵其一生，概括观之，少年贪玩，青年迷恋爱情，壮年汲汲于成名成家，暮年安于自欺欺人，人寿几何，顽铁能练成的精金，能有多少？我不知道。但是我知道，无论如何，每个生命都在以某种方式度过一生，都有在看不见地方的小确幸，都有所被忽视的只属于自己的精彩和奇迹。

我，不曾历经沧桑。但我，如此地热爱每个生命。

爱自己，爱生活

苏文凤

在课堂上，老师开课时的第一句话是：生命是什么？你们知道自己活在这世界上的意义吗？那时的我有点发蒙，想不出这两个问题的答案。这是多么的悲哀啊？我们已经活了十几年，但是却不知道我们生下就拥有的生命是什么以及自己活着的意义是什么。

在《生命文化概论》书上，对生命的概念的解释有两种，一种是广义的，另一种是狭义的。"广义上我们指一切具有新陈代谢力、繁殖力、生长力和环境适应力的动植物和有机物，都确认为生命的存在，生命表现为无数种植物和动物的形态，人的生命也只不过是'芸芸众生'的一种而已。""狭义生命特指人类生命，是指人具有的、不断与生态环境进行物质和能量交换、创造价值和意义、在现实实践中持久生成的动态生态系统。"除此之外，国内和国外有很多人对生命的意义展开了调查研究。其中，在国内一位华南师范大学应用心理学的学生的硕士论文答辩中，以主题为《大学生生命意义问卷修订》向我们展示了大学生生命意义的 10 个因子：成就、人际关系、公平、追求、信仰、家庭、亲密关系、自我超越、自我接受、快乐。他在文中也提及了国外一些研究者的结论，如 Viktor Frankl（1963）在对存在意义的研究上得出这样的结论，人类有求意义的意志，并且在生活中努力去发现意义是个体生活的首要动机。幸福感，一种现代社会所渴望的存在状态，仅仅是在追求意义的过程中所得的一种副产品。

现在的我，对生命的意义和自己活着的意义的理解是：爱自己，爱生活。爱自己，即是爱自己的身体，爱自己的亲人，爱自己的朋友，爱自己所拥有的一切。爱生活，则是指爱自己所经历的事，爱做自己想做的事，爱去为实现某一个目标而努力。这实际上，也是幸福感的一种体现。如果我们缺乏爱，我们只是一个行尸走肉的人；拥有爱我们才是拥有生命的人。

生命是来之不易的。拥有生命原本就很难，拥有健康躯体或心理的生命更难。世界上有很多不孕不育的夫妻，为了能生出一个健康孩子，他们拼尽全力也没能如他们所愿。世界上有许多家庭里，虽然有一个出生的小孩，但是孩子出生时便因为一些的遗传病等的影响，而带有身体残缺或心智发育不全。这些孩子无法像正常人般思考和生活。生命是我们的父母给予我们的，这是他们对我们的爱。所以我们要好好地珍惜我们的生命。

我们只能拥有一次生命，一旦失去便不会重来。而生命通常在我们不经意间消失殆尽。

在我的身边，曾经有一对夫妻，妻子患有乳腺癌，他们为对抗病魔，拼尽了全力。那时的我对这个病的了解不太深，我只记得在放学回家的路上，偶尔碰到丈夫用自行车载着患病的妻子，妻子面色苍白，身体瘦弱，看得出来，她被病魔折磨得苦不堪言了。随后，在一个周末她丈夫来敲我家的大门，我开门才知道，原来是妻子做完手术了，身体康复得不错。她丈夫便提着一篮子的点有红点的包子，每家每户地派送，为妻子祈福，那时我也衷心地祝福他妻子能早日康复。我以为他妻子的病已经根除了，谁知道在某天，我听到了她逝世的消息，甚是悲痛。她是一个多么和蔼可亲的人呐。还有一个实例，那时我的初三化学老师，那时我是他的课代表。在上晚自习去问他问题，他都非常耐心地辅导我。有一次碰巧在八点半左右，外面还下着倾盆大雨，他表现出一副着急和想我快点结束提问。我问他是不是有什么急事要做啊。他说，是啊。他在读小学的女儿下晚自习了，他要去接她回家。他跟我说明理由的时候，我能深刻地体会到他对女儿的爱。之后，我便考上了县里的一所高中，很少和他联系了。在高一暑假时，我听到初三同班的同学说，我们初三的化学老师已经去世了。我那时惊呆了。怎么可能，那个老师是如此的好，为何就这样离我们而去了。我详细询问，才知道，老师在我上高一升高二的那个暑假，参加教师游泳培训的时候，不小心溺水而过世了。我的心顿时一阵抽痛。人的生命怎么那么的脆弱。生命是如此的珍贵，值得我们好好珍惜。

现今的社会，到处都充斥着智能化的气息。在大街小巷里、交通工具上、餐馆里、马路上等，无处不见低头玩手机或平板电脑的人。这不仅会损伤思想，更会损伤你的身体，即在慢慢地损害你的生命。除此之外，不良的生活作息对你的眼睛，也对我们的生命损伤极大。随着经济负担的加重，人们的压力日渐增加，以致每天晚上熬夜，把自己的身体熬得状况百出。除了经济压力外，学习压力也是一个原因。还有为了打游戏或娱乐而通宵。这些对身体健康的消耗，也是对生命的一种消耗。不注意饮食，喜欢吃垃圾食品。在不健康的饮食方面，我有着亲身的体验。在我初一的时候，因为父母不在身边，没有人管我，加之学校饭堂的饭菜难吃，所以我几乎在留校期间没有认认真真去过饭堂吃过一顿饭，每一餐都是去小卖部解决的。经过初一一年，我的胃出现了问题。时不时胃痛，煎熬得很。随后几年里，我调整了自己的饮食习惯，但是那时造成的胃创伤一直遗留到现在，不时仍然承受着胃痛。所以，我们应尽量减少这些对生命造成的损伤。

好好对待生命的重点在于：爱自己，爱生活。爱自己，爱生命，爱我们拥有的东西，感受生命的美好，体验生命的精彩。

第七篇　生命进行曲

浅谈生命

刘　冰

　　有人说，生命是一朵花，艳过知情重，醉过觉岁暖。有人说，生命是绿叶上的一滴露珠，来也匆匆，去也匆匆。也有人说，生命就是一次历练，从鲜衣怒马，到银碗盛雪，从青葱岁月到白发染鬓。而我，却始终说不清道不明生命的定义，但时常能感受到她的高贵与美丽，让我对生命充满了感激。

　　关于生命的起源，国际生命起源学术会议提出了宇宙胚胎说、化学进化说。而人类的产生，历史学家认为人类是从猿猴进化而来的，但无论是哪一种观点，现存生命都需要亿万年甚至更久的时间演化，让我们地球上从只有原始生命进化到最高级哺乳动物——人类的出现，共同构成了这个绚丽多彩的世界。然而在进化过程中，人类作为蓝色星球上智力最高的动物，逐渐地成了这漂泊在浩瀚宇宙中孤零零小岛上的主宰，掌握着任何其他物种的生杀大权。人有时候比饕餮更加贪婪。动物美丽的皮毛，人类用它裹着自己孱弱的身躯；动物强壮的身体，人类用它填满自己臃肿的肥肠。

　　有这样一句广告词"一杯牛奶强壮一个民族"，牛奶被人们称为"白色血液"，因其营养丰富，成为人类广泛生产与利用的食物。但在一次"生命文化概论"课上，我得知牛奶的来源，竟是一个充满血腥的生产过程。很多农场大量养殖乳牛的目的是供奶，而为了让乳牛持续泌乳，就必须不断让它怀孕产子。乳牛一年之中，有9个月是在怀孕。在小牛出生两天后，就从母牛的身边带走，不能得到母牛的哺育，因为母牛的乳汁要供给人类。许多母牛会连续好几天日夜呼喊，有的母牛会停止饮食。她们会疯狂地寻找，反复回到小牛被带走、现已空荡荡的地方，有的则蜷缩在角落里悲伤落泪。强迫受孕、痛苦生产、无情取乳以及使她们崩溃的母子分离……这是牛奶生产背后人类的残忍。也许有人会说，奉献牛奶不正是奶牛生命价值的体现？然而，每个生命生而平等，奶牛存在的意义，并不是为了无条件地满足人类的欲望，不是吗？

　　一花一世界，一树一菩提。弘一法师在圆寂前，再三叮嘱弟子把他的遗体装龛时，在龛的四个角下各垫上一个碗，碗中装水，以免蚂蚁虫子爬上遗体后在火化时被无辜烧死。弘一法师对生命的怜悯与敬畏，为古今人们所感动，也引发了人们深思。

　　人类生命的开始源自一个受精卵的形成。在此之前，亿万个精子展开了激烈的角逐，争取得到这个万里挑一的机会。正因为有了这个亿万分之一的可能，世界有了你我。这足以说明"生命诚可贵"，说明每个人来到世上是多么不容易，多么幸运。然而不可否认的是，社会上不乏轻生者，并有年轻化和愈演愈烈的趋势。更有认为"爱情价更高"的年轻人，因为感情，葬送了自己的青春年华。从他们身上，我看到了生命是那么的脆弱，那么不堪一击。生命弥足珍贵，如此亵渎，那么当年最开始的那场比赛，你就不应该拿第一！相比之下，癌症母亲林茹的形象就愈为高大。

　　林茹是一位癌症患者，在发现自己怀孕之后，因为割舍不下腹中的小生命，毅然冒着孕激素会使病情恶化的风险，生下孩子，为我们的世界带来了新生命、一个新的希望。尽管林茹在病魔面前无能为力，只能默默承受疾病带来的莫大痛苦，但每当看到孩子，她脸上总是洋溢着满足与欣喜，这大概就是生命的力量吧。

　　生命在展现其美丽的同时，它有限的时间往往让人感到遗憾。我在伯母临终前，真切地感受到她对这个世界的眷恋，对生命短暂的无奈。有人做过一个粗略的计算，一个人如果活到80岁，也就2万多天。所以人们说生命历程是在做减法，感慨"盛年不重来"，光阴似箭。虽然我们不能决定生命的长度，但生命的宽度我们可以无限延伸。正如29岁的北大女博士娄滔，患上"渐冻症"后，清醒时留下的"遗嘱"："一个人活着的意义，不能以生命长短作为标准，而应该以生命的质量和厚度来衡量。"这位灵魂被囚禁在身体里的美丽女孩，最后的愿望是把自己的器官捐献给医学研究事业，诠释生命别样的风景。

　　作为一名医学生，我在第一次接触人体标本时，并没有想象中那么恐惧，取而代之的是对大学老师油然而生的崇敬。该是多么的无私，才促使他们做出如此伟大的决定。尤其是在看到从胎盘到儿童不同阶段的人体标本时，内心更是百感交集，既为这些还没来到世上或者还没领略到世界的美好，就到遥远的天国的小生命感到痛惜，同时也不禁感叹生命发育历程的奇妙。尽管他们生命短暂，却为医疗事业做出巨大贡献。对于器官捐献者，当他们的器官植入一个新生命，便成为一颗新的种子，在另一个生命中生根发芽。从另一个角度说，这让他们的生命在世上得到了延伸，在他们的身上，我看到了生命的耀眼光辉。

　　生，需要一世的信心，死，却只需一时的勇气。萧伯纳说："人生有两大悲剧，一是万念俱灰，另一是踌躇满志。"生命短暂，然而其迷人之处，也许就在于，我们可以在有限的人生旅途中，珍惜每一寸光阴，风雨兼程，让它迸发出不一样的火花！所以，切不可猥琐偏狭。愿我们在尝遍人生的酸甜苦辣，看过世间百态后，对生命仍心存感激，并且努力为我们的生命开拓一番新境界，赋予生命更多的意义，为自己的人生画上浓墨重彩的一笔。

生命的境界线

赖展鹏

生于世，为命。在学习了"生命文化概论"后，我有感而发。生命的意义不在于你创造了多少财富，而在于你为世界奉献了什么。从前，我认为，努力学习仅仅是为了能找到一份称心如意、羡煞旁人的工作，但今天，我认为，努力学习应该为了改变世界，奉献世界。

每一个生命的诞生，都是上天的恩赐。虽然我们不可以选择自己诞生的时间、地点及家庭，但是我们可以选择如何活出生命的光彩。在强烈的求知欲驱使下，数千年来人类锲而不舍地探索生命。

种子在和煦的阳光照射下生根发芽，鸟儿在丰满的羽翼抚摸下探出脑袋，婴儿在柔软的襁褓里发出哭声……来到了世上，我们属于这个世界，但是这个世界不属于我们，所以许多人认为生命的意义就是创造属于自己的世界。站在科学的角度，生命的起源是受精卵，生命都是平等的；站在人类的角度，生命源于偶然，但并不平等，因为人类已经自认为站在了食物链的最顶端，我们正在想尽一切办法让人类这个物种发展得更好。于是乎，我们向森林索取更多的木材，为经营钢筋森林而奋斗；我们向河流排放更多肮脏的污水，企图洗清自身的罪恶；我们向天空"呼出"取之不尽而无所用处的颗粒物，以为能够事不关己，高高挂起。终于，科技的进步，让我们可以创造出不属于自然界的分子，于是我们以为创造了属于自己的"世界"，一个看似能胜过自然的世界，这是何等的鬼斧神工。在如此急功近利的行为下，自然界的不少物种正以肉眼可见的速度灭绝于世。但是这并不足以引起我们的注意，为了争夺日益稀少的资源，无论是从经济上还是军事上，各国政府"积极"备战。随着电子通信和娱乐的发展，文化战争也逐渐登上国际舞台，成了所谓"不战而屈人之兵"的重要手段。生态环境与社会变革之间的矛盾愈发尖锐。

我认为，人的生命的宝贵性不只在于无法 game over 之后重来，更在于吾日三省吾身。昔日因为围湖造田衍生的长江流域洪涝灾害似乎还历历在目，自然环境的污染导致各种疾病还让我们心存恐惧。随着科学发展观、可持续发展战略的提出，保护自然的观念逐渐回归国民心中。其实，道家早就提出顺其自然、天人合一等观点，只是没被我们重视罢了。为了纠正错误，政府建立了自然保护区、经济转型、限排等一系列措施。生命的意义绝不是只为了造福人类本身，而是与自然共存，在反思中进化，在行动中升华。

春去春又来，花谢花又开。随着时间的流逝，每一个生命机体走完生长、发育、衰老一系列过程，最终面临的都是死亡。尽管现今医学昌明，但人也无法逃脱死亡，也不应该逃脱死亡。因为生命的短暂及意外，才会让人更加珍惜生命，更想用有限的生命焕发无限的光彩。落红不是无情物，化作春泥更护花。赤裸裸地来了，总该留下点足迹吧。想想每天吃的东西，不知道你有没有悟出生命的延续是通过剥夺其他生命实现的道理。世上之所以有鬼神一说，我认为这是人对生命敬畏的一种重要表现。或许是因为人对生命的进一步探索，逐渐人对生命的敬畏已不像从前，逐渐地我们试图不通过受精卵来创造生命。然而直至目前，也只有科研团队成功创造出活病毒并非活细胞。自然选择必然导致进化，很久以前，狗是没有唾液腺的，后来有人把狗当宠物并用米饭饲养，以至于现在部分狗长出唾液腺。倘若有朝一日，基因工程真的可以治疗遗传病，那么那些致命的遗传病基因就会继续遗传下去。难道这不是违背了自然选择吗？人类真的可以逆天改命？生命的平衡是否可以打破？或许我们应该少一点套路，多一点真诚，把握眼前，向往未来。

每当我看到"生命地理解人，人文地认识生命，生命地善待生命"一句时，我都要反思"光阴是否虚度，生命是否白活"。

静默的树

张正艳

人永远都不知道自己该要什么，因为人只能活一次，既不能拿它跟前世相比，也不能在未来加以修正。

——米兰·昆德拉

在这个忽冷忽热的秋季，不经意抬眼间尽是校园的紫荆花慢慢飘落，突然间想到了三毛的诗：如果有来生，要做一棵树，站成永恒，没有悲欢的姿势。一半在土里安详，一半在风里飞扬；一半洒落阴凉，一半沐浴阳光。非常沉默，非常骄傲，从不依靠，从不寻找。

是啊，要做一棵树，只是静默地站立在天地之间，仰望蓝天白云，俯看青青大地。也许，在这不分昼夜地站立之余，只是一棵树，却也是造物主惊心动魄的壮举，只是静默地扎根在土地之中，蔚然成荫，却也有着对生命的诠释。

老子的《道德经》有言："天之道，损有余而补不足；人之道则不然，损

不足以奉有余。"人类打着万物中最高贵生命体的旗号,却往往忽略了生命的鲜活,忽略了所有的生命本身就是一种馈赠,一种幸运。

生命总是如鲜花那般,盛开的时候无论繁多抑或是简单,总是那么绚烂,一旦凋落,带给人的总是无尽的悲伤。不久之前,很开心地跟家人通电话,总感觉这是一件平凡无奇的事情,谁知在通话快要结束的时候爸爸告诉了我一个难以接受的消息,曾经和我一起上学、一起玩耍的小伙伴出了车祸。曾经的笑容还那么记忆犹新,生命的星辰却就此陨落,此刻我才恍然发现,能与家人说笑的我是如此的幸运,而于陨落的生命或其家人而言,此刻一切都成了奢望,如何不让人感叹生命的脆弱与无助。生命是单程路,不论怎样转变,都不会走回头,难道只有与生命拉开了距离,才懂得扼腕叹息,才感叹生命无常吗?趁着生命的年轻,为何不让人生简单一点!

都说太多的忙碌淡忘了久违的问候,也会问闲置许久的友情是否已经生锈,蓦然回首,不知曾经的笑容是否依旧。敬畏生命,珍惜生命,不仅仅在乎生命的长度,更应该关注生命的宽度。我们在不断地行走,也注定我们要不断承受。

"人生旅途我们也跌跌撞撞,都说我们是年少轻狂,却也会像迷路的孩子找不到回家的方向,然而正是这份孤独让我们学会了坚强。在阳光下,我们更加丰满,在风雨中我们更加茁壮。"以前看到这段话只是感觉很有味道,却不能真正读出其中的韵味,直到自己亲身经历过才明白其中的含义。

前几天在路上,听到身后有一个小女孩不停地叫姐姐,回过头才发现原来是在叫我。她有点羞涩地跟我说:"姐姐,我可以跟你借……"听到这个"借"字,我顿时心生戒备。前几天刚听说了一个借手机而被骗走的例子,又瞬间联想到自己以前在车站多次被人拦住要借钱的经历,此时的我已经有点草木皆兵了。然而当小姑娘羞涩地说出要借我一块钱的时候,我有点自嘲地笑了笑。或许是小姑娘真挚的言语和眼神,亦或许是不经意间瞥见她手提袋里的几本书,让我恍然忆起,曾经我也有过那么一刻,带着羞涩与不安的开口。突然间才发现,不知曾几何时,我已被种种骗局蒙蔽了双眼,牢牢锁住自己的心扉,而信任已经变得如此脆弱不堪。

不知道你们是否曾经被最相信的朋友欺骗,是否曾经有过在一个陌生的城市独自飘荡,是否体验过兜里的钱都不够你乘坐一次公交,是否有过明明难过的流泪却努力装着微笑跟父母说我很好的悲伤。曾经的我在挂了父母的电话的那一刻泪如泉涌。生活的路途中,总有那么一些事,不是你不想说,而是不知道怎么开口。曾经天真的我以为很多人、很多事都会在原地等待,却不曾想总有人是会变的,伴着欣喜而去,带着失望与悲伤归来,体会到的不仅仅是世事无常,明明眼中充满了泪水却假装坚强地说"我很好"。过了这么久,我突然很庆幸，我经历过的不是生死的考验，或许是已经释怀，或许是要学会忘记，才能坦然面对曾经的过往。在行走的路上，学会坚强，学会珍惜，在生命的途中，多一些笑容，少一些泪水。都说生命如逆旅，我亦是行人，行走，不仅仅追求的是长度，也应该时刻关注宽度。

曾经听过这样的一段话："开辟鸿蒙，谁为情种？都只是风月情浓。生命，终究不过是一场穿越。然而，有谁，不是心带惆怅的过客？怎奈何，烟花易冷，人事易分。一思量一回首，往事红尘，早已是，一抹浮华，半世苍凉。"或许这只是一段抒情的文字而已，却值得我们在此刻深思，当对生命的长度产生敬畏，对生命的宽度理应珍惜。

霓虹灯装载的是世界余下的孤独，不断走过无数个春夏秋冬，多么希望生命也像一棵树，安详在土里，飞扬在风中。

生命的殇，生命的美

刘小花

什么是生命？对于正处于青春年华最绚烂时刻的我而言，着实是个突兀的问题，以至于我未曾思考过。后来，《生命文化概论》让我略有所感悟：生命——从不是一个问题，只是一句不需要答案的感叹句：生命是什么啊！

生命的恩赐，绝对公平

普通的午后，一段简单的视频引发了一场激烈的争论。视频内容是一只野狗咬伤了一个小孩，画面血腥。期间，已为人母的舅妈责骂狗为"畜生"，争论由此爆发。大体上存在两种观点：（1）狗本畜生，自然不能与人相提并论；（2）即使是畜生，既为生命便应平等对待，它与小孩从生命的层次而言是无异的。若暂且放下狗咬伤小孩这一事实，单纯看待狗和小孩的生命时，你会给出怎样的答案呢？而我，时刻惊叹生命的慷慨大方，对这世间万物"雨露均沾"！其实，生命的公平远超于我们的高考制度，它绝对的无私，绝对的公平。人类十月怀胎而生、小狗六十四天的妊娠产下幼崽、蛹经历两个月的痛苦破茧成蝶、种子汲取几天到数月不止的雨露破土而出、大海接纳千百条河流成就其深邃、山峰经过无数场风吹雨淋打造其姿态……万物均在时间的见证下，经历重重考验得以诞生，再来一场岁月的旅途，终回归大地，这是生命共同的历程。或许你会认为，人类的生命里因为有爱所以更高级，可是高尔基说过"爱孩子，这是母鸡也会的事"。不同的生命承载体都有着自己的世界，一定程度上互不干扰，更不需要跨界的理解，只是都在用着他们独特的方式，完成着生命的轨迹。

正如《生命文化概论》中所述，立足于现代文明基础上，我们应该看到每一个生命体的诞生到终止，都有着共同之处，一样的来之不易，去之可惜，一样珍贵，一样值得尊重。

生命的绽放，光彩夺目

生命虽赋予个体同样的恩赐，但他们却用着独特的方式去绽放生命的火花，开垦生命的荒田。

2015年10月5日，瑞典卡罗琳医学院在斯德哥尔摩宣布，屠呦呦荣获2015年诺贝尔医学奖，因为她发现了青蒿素，有效降低了疟疾患者的死亡率，拯救了无数的生命。在这最高荣誉的背后，是她耗费半生心血，度过了无数不眠之夜，尝试过380多次，最终如愿以偿。她的伟大，根本不在于她获得了诺贝尔奖，而是因为她拓宽了生命的经纬度。而在我们的生活中，屠呦呦的精彩无处不在。

医生，选择了救死扶伤，在与死神的争夺战中燃烧着生命的火焰。他们的夜晚可能就是在急诊室那张冰凉的椅子上蜷缩着，他们的佳节可能就是在高度灭菌的手术室中站着，甚至他们的晚饭可能就是一片干涩的面包配上一杯开水凑合着。可是，无怨无悔的他们，所有的劳累与辛酸在看到患者恢复健康的那刻便值了。老师，选择了教书育人，在三尺讲台上耗尽了生命的能量。他们总站着、总说着、总看着，长年累月，腿部静脉开始曲张，腰椎开始疼痛，喉咙开始沙哑，视力开始下降。可是那句"春蚕到死丝方尽"是他们的座右铭。军人，选择了保家卫国，在最危险的前线付出了生命的全部。他们有着铁一般的意志，钢一般的军规，却不能有任性的情绪，不能有过多的儿女情长。他们只知道要保护好自己的家园，这里有着他们千千万万的兄弟姐妹，哪怕自己没有了明天也无所谓……

生命的色彩没有统一的标准，更无级别之分，只需尽力去活，便是同样的精彩。

生命的脆弱，触手可及

虽然生命来之不易，我们亦拼尽全力；但是有时仍无可奈何。

曾目睹一场车祸，一位大叔仰卧在马路上，双眼紧闭，周围的人来来往往，他头部的血液在慢慢地流淌，仿佛是生命无声地哭泣。他是如此的孤单无助，兴许他不过是出门为亲爱的孙女买颗糖果罢了，但意外却是不近人情的。若意外错落在你身边时，或许冲击会更猛烈。广东医科大学的校园内近日便弥漫着一股忧伤。一位12级的师姐被诊断乳腺癌，23岁的年龄，正是活力迸发的时刻，正在医院实习的她还怀揣着美丽的医学梦，渴望着学有所成，救死扶伤，而疾病却来得让人措手不及。每一天，这个地球上，过往的人儿，下一秒的命运将会如何？今天的再见是否还能再见？约好的未来能否如期而至？生命太过于脆弱，如手无缚鸡之力的婴儿，天灾人祸随时可轻而易举将其夺取。而留下的我们，更多的是悲伤同无可奈何。

然而正是这触手可及的失去，让生命变得更加宝贵。所谓"得不到的永远在骚动，被偏爱的都有恃无恐"，有多少人在该奋斗的年龄荒废岁月，拿着父母亲的血汗钱过着悠然自得的生活，追求着奢侈的品牌满足可笑的虚荣心；本该用双手创造更加美好的未来却手捧手机无法自拔……这是多少所谓当代大学生的生活写照呢？如此浪费生命的做法如同笑里藏刀，杀自己于无形。

天地之大，生命终结的形式有千万，土葬、火葬、天葬、海葬或树葬，但倘若荒度了余生，任何一种归宿怕都是满怀愧疚的。

生命不易，且行且珍惜

或许，生命的本质我是如何也参不透的。但时常的思考，却让我对生命多了份敬仰。它来得那样任性，走得那样傲娇，容不得我们不自量力地干预。而我，你，还有他，该做的，能做的便只有在它还停留的时刻倾尽所有去珍惜，才能让它离开时不至于那么空虚。

珍惜生命

陈婉玲

在茫茫宇宙中，有一颗星球有一个物体，正在蠕动着……

——题记

每个人自呱呱坠地起，便获得了生命，获得一次感受世间的机会，在这段时间里，我们不断学习不断成长，乞求宽广的平原上能够有自己伫立的一角。与此同时，我们开始在探寻生命的真谛，生命到底是什么东西？

泰戈尔曾说过一句话：生如夏花之灿烂，死如秋叶之静美。夏花的"灿烂"，不仅是其外在的华丽，实质上是其内敛的修为；而人的生命之夏花，在于积极向上、在于坚强不屈……但是曾经如夏花般灿烂的生命，也终会消散于空中。听过许多因为生活中的某些不如意的事而自杀身亡的人的故事，我不能理解他们为何如此看轻生命，每个人的生命只有一次，生命如此短暂脆弱，而为何不加以珍惜呢？我恍惚畏惧。生命是短暂的，是一去不复返的，人的一生就如白驹过隙，时间不可能倒转，我们只能珍惜有限的生命，善待生命。记得小时候，一旦有小朋友说不害怕死的，那么将会得到其他人的敬佩，但我没办法说出口，因为我真的是怕死亡，我对生畏惧对死同样恐慌。

当然，死亡虽恐惧，却是不可避免的。林宥嘉有一首歌叫作《早开的晚霞》，这首歌是林宥嘉为了纪念他的一位女歌迷在父亲节时为了给父亲买礼物而不幸出车祸去世，里面有句歌词："天要黑了吗，要告别了吗，能不能多留一下别管那晚霞"，简单的语句，道出了白发人送黑发人的悲痛之情；花样般的生命，就这样提早结束，留给世人的只能是无尽的惋惜。芸芸众生，有谁能提前预测自己死亡的时刻？而又有谁能够躲避即将到来的不幸？

对每个人来说，都希望自己能远离世上的"定时炸弹"，希望能够活久一点，快乐一点，但是这些都仅仅是期望。我们都会有那种不想面对的可怕瞬间，而在遭遇可怕瞬间之前，会作出一些造成这些瞬间会发生的微不足道的选择，而这些选择会改变事物的发展方向，甚至是生命。中学时，身边有位同学得了血友病，当时对于这种病了解不多，以为是寻常疾病，等到这位同学的噩耗传来时，我才惊讶于自己的无知，再次对死亡感到恐惧。而每当回忆起这位同学时，脑海中呈现更多的不是忧愁而是她的满脸笑容。有人说她结束了自己的一生，但真的是这样吗？我觉得这位开朗的女孩还活着，一直活在我们心中，她倔强地用剩余的生命告诉我们白血病固然可怕，但是仍要积极面对。

"天地不仁，以万物为刍狗"，每个生命体必然依赖与其他的个体生命才得以生存下去，甚至意味着某些生命的"生"必然以某些生命的"死"为前提。在这颗旋转不止的星球上，万物生灵都有自己的生命延续方法，而人类通过薪火相传来延续着自己后代。韩剧《请回答1988》第十九集中，德善爸爸成东日对李一花说过："我以为叶子掉了，就完了。可是，叶子掉了之后，又结果子。我一时忘了那个，只顾可惜我的叶子掉了。我，我没有看到那一点，虽然被公司辞退了，但养子女，真的是，真的是很成功。"作为父母，孩子的降临，无疑是给予他们最好的礼物。作为生命伟大工程师——父母，不仅给予我们生命，而且还教会我们成长路上的道理，教会我们如何在这个社会上生存，然后又匆匆地离开我们。生命是生命的原罪，又是生命的救赎，既伟大又渺小……

人生是一个从生到死的生命存在过程，人类社会的延续，无一不以人的生命的存在为前提条件。但人的生命存在不仅是指人活着，更是指人以人的方式存在，而生命的精彩之处在于能够将自己的价值得以实现。史铁生，中国著名的文学作家，小时候因为意外事故导致其往后岁月于轮椅上度过，曾经一度想自杀的他，在家人的陪伴与支持下，开始重新站起，在文坛上挥洒毫笔，留下了许多不朽的作品。在《我与地坛》中，他在不断地描绘着地坛周围，在理解地坛和母亲的同时,也感受到了生命的本真,对自己的生活重现生机而奋斗向前。他虽已离开人世,但留给世人许多积极向上的精神源远流长,延续不断。

生如夏花,绚烂美好。生命是脆弱的、顽强的,是渺小的、伟大的。我们渴求活着,不停地奔跑着,追逐着,渴望有更加精彩的人生,渴望能够昂首向前地迈步,希望能够长久不衰,排斥死亡,却不知生命的全部奥秘在于为了生存而放弃生存。对于每个人来说,都希望自己能够有如"重于泰山"般的价值,而茁壮成长,奋斗向前。生命,对每个人都是公平的,每个人只有一次。当它属于我们的时候,我们应尽己所能去诠释它的意义与价值所在。我们无法选择生命,无法得知我们将要遇见什么,但我们可以用身躯撑起未知的明天。

宇宙宽广无垠,我们只是其中渺小的粟粒,于无声中生长着,于无形中跳跃着,我们只有一次生的机会,但却能创造许多新的生命,不断延续繁衍,传播着属于人类的灯火,将人类特有的精神继续蔓延整个地球。

生命如烟火

李燕玲

漆黑的夜空,烟火灿烂。一束束流光随着一声声巨响,绽放出五彩缤纷的火花,形成一朵朵美得让人惊叹的花朵,却以稍纵即逝的速度一声不息地燃尽、散落。

朋友还在一片热闹下欢喜地看着天空绽放的烟火,"快看!好奇特呀!"朋友在喊着,还没等我抬头,天空又恢复了宁静。"人们都喜欢把事物比喻成烟火,你说那烟火像什么呢?"这时,我看着远方宁静的天空,不急不慢地吐出两个字:"生命。"

童年时期,若你要问我生命是什么?在我脑海里便会出现这样一副场景:一望无垠的田野,沉甸甸的稻谷,金黄金黄的,犹如书上的黄河一般壮观。风起时,沉甸甸的稻穗发出清爽的欢歌笑语,我以为,黄河的波涛也是如此。灿烂的阳光下,一家人在田野收割稻谷,偶尔有几只馋嘴的老鼠出来偷吃。于是,姐姐们追着老鼠跑,我跑得慢,只能跟着姐姐跑,但是我跟她们一样开心。小时候的生命是完整的,没有离别,没有遗憾,尽管生活过得相对贫困,或者说,我根本不知道什么是高楼大厦。心里就一个念头:好好学习,等我长大了带爸妈和姐姐去很多地方,给他们买很多他们想要的东西。于是,我从小"两耳不闻窗外事,一心只读圣贤书",希望在爸妈年老之前,自己可以变得强大起来。可是,我从没想过,她会缺席我的未来。

2016年初,永远忘不了那个下雨天,灰暗的天空,潮湿的天气,令人窒息的空气弥漫着沉重的悲哀。我在大学过得很好，无意中看到朋友圈里大姐在祈祷，似乎有人生病了。我打电话过去询问，才得知是怀孕七个月的二姐生病了，现在在广东省人民医院治疗。我家在广东的边远山区，到省医就医，病情应该挺严重的。但是大姐说没事，就是咳嗽，叫我别担心。第二天，我怕二姐在医院孤独，便打电话想跟她聊天，是妈妈接的电话，说姐姐不方便接，也没告诉我原因。直到晚上，一个平时不怎么联系的朋友，突然跟我说：没有生活费的话可以借给你。我当时觉得可笑，虽然我生活比较拮据，但是我经常去做兼职，也能养活我自己啊。原来，他以为我知道：二姐病重，已经进入 ICU 三天了，靠种菜为生的家庭已经花光积蓄了，医生预计至少还要十天才能转到普通病房。我知道后，忍不住哭了，这么大的事情，作为妹妹的我竟然毫不知情。但我不怪家人，他们一直都希望保护我，不让我难过，不让我受伤。

　　进入 ICU 第四天，她的病情恶化，家人告知"肺裂开了"。当时我对肺炎并不了解，也不知道这叫张力性气胸。从那时候起，我整天以泪洗脸，很想很想去广州陪她。可是妈妈说，去了也见不着，还是等她出来再看吧，很快就可以好转了。还叫我好好学习，别想太多。我相信了，毕竟课程太多，周末过去看看吧。第五天晚上十一点三十分左右，爸爸打电话叫我明天跟叔叔一起过去看二姐。我有点不开心了，因为明天有实验课，是静脉注射。作为一名护士，静脉注射是必须要掌握的。我说后天有空再去吧。刚挂电话，爸爸又打电话过来，很平静地说："不用过来了，她走了。"我不敢相信自己的耳朵，我怀疑是不是我刚才不听话爸爸故意捉弄我的，可是我明明知道他不可能开这样的玩笑。瞬间，爸爸的话如暴雷霹雳穿透我的心，我忍住，没哭，以平静的语气却难以掩饰声带的颤抖，说了三个字："知道了。"是的，我们都害怕听到彼此的哭泣，我们都不想打破盛满水的堤坝。安静的校园，黑暗的走廊，我撕心裂肺地痛哭，哭得很惨烈。

　　那一夜，我没睡，就等着天亮。回想起这么多年来，二姐虽然只比我大 2 岁，但是她就像妈妈一样疼爱我，保护我。每次回家都给我做吃的，无聊就找我聊天。在她第一次住院的时候，是因为车祸，做了手术不能洗头，头发都是血，出院的时候是我帮她洗的头。在她第一次生孩子的时候，我守候在手术室，等她平安出来。可是这一次，在她无助的时候，我没有守候在她身边。从小到大，她受太多苦了。我才刚学会疼爱别人，我才刚学会赚钱给她的宝宝买衣服和玩具，我才刚上大学，我还没毕业，还没带家人去很多地方玩呢，我没在她需要我的时候出现，甚至，还没见她最后一面！这一个星期过得太快了，一下子，我失去了生命里最宝贵的东西。为什么不等等我？

　　原来，生命是不等人的。

生命如烟火，顷刻间即便烟消云散，来不及抬头就错过了。不用妄想生命会等你，不要把想做的事情放到以后再做。谁又知道，下一秒会发生什么？

生命是短暂易逝的，珍惜现在所拥有的，做自己想做的。

似乎一切都风平浪静了，太阳依旧东升西落，我却不再是那个活在诗和远方的我了。我迫不及待地邀请爸妈来东莞玩，来看看我的大学，我现在生活的地方。我怕他们还没看过我的大学，我就毕业了。也借此机会，一家人聚聚。每隔几天，我就会给家里打个电话，聊聊天，只是少了一个人的电话了，不时还会失落。每天上完课，我会给亲人讲一些日常护理知识，帮助亲人呵护自己健康。

从小爱到大爱，地球上的所有生命，我们都应该好好珍惜，怀着敬畏的态度看待生命。生命宝贵，失去了就不可能再拥有，所以生命是严肃的，由不得儿戏。作为医学生，我们以后工作面对的是一条条活生生的生命，没有牢固的医学知识基础和娴熟的临床技巧以及认真的工作态度，也许，宝贵的生命就在我们的手上流失。因此，我更加认真学习，脚踏实地地学习。

宝贵的生命，也由不得犹豫。

当公共场合发生意外，如有人晕倒昏迷或者受伤，你选择救人还是路过？面对这个话题，我想不仅是医务人员，包括每一个公民，我们都不该有半点犹豫。我们知道，心跳停止30秒以上则呼吸停止，3~5分钟可能死亡，4~6分钟以上出现脑死亡。生命，是否永久逝去，就在于这短短的几秒钟、几分钟。因此，我们要珍惜生命，敬畏生命，在面临着别人生命遭到威胁的时候，伸出援手，便避免了一个家庭的灾难发生，同时提高了自己的生命价值。于是乎，就有了安徽的扑向引爆油桶嫌犯的民警张劼，下江救人的李小化、牛作涛，还有穿着婚纱做心肺复苏的护士姐姐。这些勇敢的英雄告诉我们，面对生命，不能犹豫，没有等待。也告诉我们生命的意义不在于生存，而在于有所贡献，造福社会。

最后，请好好地珍惜自己的生命。

经历过亲人的痛失，我看到所有亲人沉重的表情，那灰霾始终笼罩着的心，那撕心裂肺的痛，那无助与无奈的悲伤，那心里滴血的声音，足以把一个人折磨得很惨，我们宁愿离开的人是自己。所以，不要把悲伤留给那些爱你的人，不要伤透了他们的心。请好好爱惜你的生命。

生命如烟火，短暂脆弱，请好好珍惜。

生命如烟火，稍纵即逝，一去不复返，值得敬畏。

生命如烟火，绚丽是烟火的价值，有价值是生命的辉煌意义。

生命是一棵树

温嘉倩

生命,是有灵性的一种反物质结构。生命的反物质结构不改变,生命的属性就不会改变。对有形生命而言,生命是 1+1=1,其生命由两部分构成,一部分是无形灵体,另一部分是有形物体。无形灵体主要指意识、思维、精神、灵感、心念等,我们统称为灵魂。有形物体主要指灵魂所依附的躯体,比如人的肉体。

一个人的生命有多长,我们无法判断与决定。人来世上是偶然的,而走向死亡是必然的。谁都知道生命是宝贵的,但善待生命的人少之又少。生命是什么?多少人拥有生命却不善待生命。有人说生命是婴儿的空白,童年的纯真,少年的成熟,中年的练达,老人的淡泊;也有人说生命是母亲的慈爱,父亲的严厉,爱人的温柔,朋友的关怀,是世上一切情感的结合体;还有人说,生命是帮助他人,实现梦想,追求光明,是实现自我价值的机会。其实,我们无法给生命一个准确的概念,就好比我现在正在写这篇文章一样,是我还活着的证明。

我们经常能够看到新闻报道,风华正茂的少年因为车祸火灾等意外丧失生命,这些因人为事故或天灾人祸而就此离开世界的人数不胜数,我们为此伤心难过痛哭,只能通过捐款哀悼这些往生者,却对于自然灾害的到来束手无策。生命就像一棵树,与环境息息相关。蒙田曾说:"我们的生命受到自然的厚赐,它是优越无比的。"如若环境险恶,那么存活下来的树也寥寥无几;如若环境适宜,那树就有更多的机会在这一带繁衍茁壮生长。人也一样,因为人与大自然生死共存,大自然灭亡,人类也灭亡。如今我们却不断破坏大自然,难道一棵树的生命就不是生命了吗?一只蚂蚁的生命就不值得珍惜吗?我们崇尚人道主义,人是高级的有智慧的动物,但并不是万物之主,我们无权决定任何事物的生死,我们不能违反自然的规律,一旦违反,那么迎接我们的将会是人类的灭顶之灾。肆无忌惮地去破坏自然,杀害动物,甚至有些丧失人性的人类竟然还残害自己的同胞,无情地夺走他们的生命,这些做法无法原谅,人神共愤。

我总以为,生命很长还有时间留给自己挥霍浪费,看到新闻报道上那些无辜丧失生命的人,会感到同情与伤心,似乎觉得那些灾祸永远不会发生在自己身边。可我错了,生命是短暂的,是一去不复返的,人的一生就如白驹过隙,时间不可倒转,我们只能在有限的生命里绽放无限的光彩。当我发现自己的爷爷的生命已经所剩无几时,我才意识到原来一晃眼爷爷已经到了生命的末尾,生命的源泉快要枯竭。我的爷爷在这几年频繁的住院急救，医院早已成为了他生命中时常光顾的一个场所。甚至在前年，幸好邻居发现爷爷身体不对劲，及时送到医院抢救才挽回一条生命。生命真的很短，短到你在不知不觉中发现原来已经没有多少可以消耗了。想起小学的时候，爷爷经常骑着摩托车载着我跟妹妹每天去上学，走路时爷爷的步伐总是让我们追赶着。如今，爷爷已经失去当年的活力，每天被病魔折磨得不成人形，如今我只希望那拿着镰刀的死神能够慢一点到来。

　　生命是一棵树，有时候可能会遇上几个月没有雨水滋养的季节，有时候会遇上狂风暴雨电闪雷鸣的天气，也许会因此折断自己的树枝，甚至连根拔起被卷走到不知何处的沙漠中。我们无法控制自然的力量，无法改变自然规则，但这并不意味着我们就要坐以待毙，绝处逢生，祸中求福往往是我们需要相信能够做到。

　　生命最苛刻之处，在于它会死亡。只要有死亡，再长久的生命也显得短暂，辉煌尽头终归是永恒的黑暗。我们不要心存侥幸地认为死亡离我们很远，有时候可能是身边的一个简单电器或者一把小刀就能让我们永远地闭上双眼离开人世。生活中总有意外，我身边的闺蜜的亲姐姐，一个正值青春年华的21岁姑娘就在今年得知自己得了尿毒症，记得自己还在这几年见到她健康快乐地生活着，从未听说过得过什么重病的消息，但毫无征兆的病魔就这样残忍地降临到她身上。我陪着我的闺蜜一直在为她姐姐筹款，不断地鼓励她支持她，哪怕是一点点希望都不放过。幸好社会上的许多爱心人士愿意奉献自己的力量帮助我们得以凑够手术费用。那一段时间我极度担忧闺蜜的姐姐会因此消极痛苦，病魔虽然剥夺了她的健康，但却永远消磨不了她的勇敢与乐观。几个月来她用自己的微笑传递正能量，相信自己能够战胜疾病延续生命。最终我们找到了合适的肾源，成功地完成了手术。我相信未来的她一定会活得更加快乐。生命是脆弱的，但，如果我们把阻碍我们前进的一切困难消除掉，那么这种坚强的勇气能让生命更加光彩和有活力。

　　生命是一棵树，那棵树能够健康地茁壮成长直到自然衰老，也有可能在它正要发育的时候被人砍掉当作木材或者废弃物。我们身边总是充满意外，可怕的意外，车祸在全球每天都发生，火灾、煤气中毒、食物中毒、谋杀等都在我们身边潜伏着，一不小心就永远离开这个世界。

　　活着，要有意义地活着，这才是生命原本就该有的价值。没有什么比生命更珍贵了，一个人一生只有一次生命。我们不知道这个世界上有没有轮回，但我们只要知道我们只能活一次就够了。更何况这个唯物主义的世界是不存在上帝的。

　　生命很珍贵，不要浪费。

子宫是倒放的梨

冯文静

子宫就像一只倒放的梨，在未成熟的子宫中孕育了一个生命就像是尝了一个未成熟的梨，味道是苦涩的，这样的感觉，会伴随着一个女孩一辈子。

我是一个来自农村的女生，在那样一个贫困落后的地方，大多数女孩子读完初中或者初中未毕业就出去工作了，大概是因为这个原因，早婚早育的人特别多。当然，害怕被家里人发现、怕被骂或者是不敢承担起一个母亲的责任，在怀孕后选择做人流的人也特别多。前年我的闺蜜说："我现在19岁，在我的村子里呀，比我年轻的都已经结婚有孩子了，我是村里年纪第二大的未婚女生，还有一个是26岁，天天被她家人逼着去相亲。"感到很震惊吗？仔细想了一下，我也很震惊，但是可能是身边发生类似的事情多了，也就看习惯了，平时却没有感觉到有什么不妥。而现在想起来，身边发生了这么多可怕的事情却习以为常，归根结底是对生命的认识不够，如果能够在早期的教育中加入一门关于生命文化的课程，让我们认识到生命的来源与意义，或许可以纠正一些错误的思想，有一个正确的生命价值观。

高中时候有一个要好的同学，学习成绩很好，平时大大咧咧，没心没肺的，充满了活力，由于性格好、各方面也优秀，追求她的人特别多，后来她就谈恋爱了。

大概一年多以后，有那么一段时间，她沉默寡言，无论做什么事情都心不在焉，简直就是变了一个人，我很想问她到底发生了什么事情，但是我不敢，我怕我的询问会让她更加伤心。

就这样浑浑噩噩地陪着她过了几天，不知不觉就到了周六，大部分同学都回家去了，我家离学校远，便没有回去，留宿在学校。那天晚上，去完图书馆后的我发现她在宿舍里哭，虽然她极力地压抑住自己，让自己的声音尽量低，但是在如此静谧的校园里，她的哭声还是很明显的。我打开门，走到她身边，给她递了一张纸巾，然后对她说："晓晓，我不知道你怎么了，但是你有什么事情请告诉我好吗？我们是好朋友。"她一把抱住我，抽泣着对我说："我……我怀孕了，怎么办？"我当时听到这个消息，整个人都懵了，我不知道用什么样的语言去安慰她，只是傻傻地愣着，抱着她，让她哭，我不知道她告诉我这件事情之前内心挣扎了多久，但是我知道，那时候的她最需要的是陪伴，无声的陪伴胜过一切语言。那天晚上，她说得最多的一句话就是"我真的好后悔，我以后绝对不会这样了"。后来，因为学习的关系，她把孩子打掉了。到现在，我还清晰地记得她说后悔的样子,但是后悔有什么用呢?事情已经发生了,那样的一句话是那么的苍白无力,就像是垂死的挣扎。我觉得,这一句话,应该在夜深人静的时候说给自己听,然后放在心里,记住"未成熟的梨的苦涩",从此以后好好生活,好好地爱自己。

  我不知道她是否已经从那个阴影里走出来,但是我相信,这个记忆一生都不能磨灭,因为她伤害的是自己的孩子,而每一个女人都有母性,孕育一个生命却不能迎接他的到来是世界上最残忍的事情。之前看到一篇文章,是关于做人流的,里面的描述,让我毛骨悚然。医生把一些冰冷冷的剪子、钳子伸进母亲的子宫,探索着胎儿所在的位置,然后把胎儿分解成几块,一点一点地夹出来,直到拼凑成一个完整的胎儿为止。我仿佛看到了胎儿在面对着那些伤害自己的"凶器"时所表现出来的恐惧、委屈与无力地反抗。我无法想象,一个母亲,如果看到自己的孩子,血肉模糊地被拼凑在一起,会是什么样的感觉。生命的起源来之不易,我们不能因为自己年少轻狂就去扼杀一个即将出生的宝宝,我们不能以生命作为代价去弥补青春的过错。

  《子宫日记》是我看过最具震撼感的纪录片,我想这就是最好的生命文化教育内容,自己真真切切看到的东西才是感受最深的。当我看着一个小小的受精卵在母亲的子宫中慢慢变成胚胎,形成小人儿雏形时,我无法压抑自己的喜悦感,也很佩服大自然对生命的构造,一切都那么完美。随着胚胎发育,慢慢地会形成自己的各种感官知觉,慢慢地会打嗝、会笑、会做鬼脸,多胞胎的胎儿互相之间还有一些类似触摸、亲吻的动作,这些手足间的互动,将会成为他们从今往后情谊的开端,为他们人格塑造提供慰藉和鼓励,此生不渝。作为母亲,看到这些,真的感到很幸福。并且我相信,不管是谁,只要看到这么动人的一幕,都希望每一个小生命都能够平安地来到这个世界上。所以,让我们保护好那个"倒放的梨"吧,在它成熟的时候,孕育一个生命,迎接它的到来,看他第一次呼吸、第一次哭泣、第一次笑,享受那甜甜的感觉,享受成为母亲的喜悦,耐心的等待才不会让青春留下苦涩。

  人们常说生命就像是握在手上的细沙,总是在不经意间悄然滑过指尖,一点一点地流去,而青春是人的一生中最灿烂的时候,我们应该要在这个充满阳光的日子里尽情地疯狂。我们很幸运,能够拥有青春,可以选择疯狂与叛逆,但是在作出选择之前,我们一定要问问自己,能否承担得起往后的责任。母亲给了我们生命,给了我们孕育生命的能力,我们应该好好地把握,让自己的孩子也像我们一样茁壮成长,可以把握好自己生命中的每一分钟,而不是还没出生就被扼杀了。世界上最神圣的一刻,莫过于"生命的诞生",从受精卵发育成一个完整的个体,每一步都那么的完美、那么的精确,让人不禁产生敬畏之心，作为女孩，我们都应该保护好自己的子宫，保护好孕育生命的地方，在成熟的时候绽放出最绚丽的光彩，否则，我们的青春不仅没有阳光，而且还会让自己掉进无尽的深渊。我们的所有行为，都会牵动着母亲的心弦，而我们的心，同样与自己未来的孩子相连，一旦选择错误，伤害的不只有自己，还有我们的母亲，还有等待降临的生命。

子宫，倒放的梨；母亲，生命的载体。待梨成熟之时，就是生命绽放之日。

生命极脆弱，请惜之

何玉芬

回想2014年，那是黑色的一年！关于生命的结束，我第一次如此近距离看到，那一刻只有心里无限的悲伤。我也是第一次这么真实地感受到生命的脆弱，很长一段时间挥之不去。

生命消逝得太容易了。

2014年6月28日早上，我突然接到我妈妈打来的电话，妈妈叫我从家里到档口看铺，声音很低落，我预感到有不好的事情发生了。后来，我打电话给妈妈，妈妈在电话那头说，舅舅从三楼摔下来了，瞬间我整个身体都在发抖。摔到厚硬又无情的水泥地上，瘦小的舅舅该有多痛，头部摔得最严重，鲜血从耳朵流出来了。过了一段时间，我怀着忐忑的心情打电话给妈妈，妈妈声音更低地说，舅舅估计不行了，即使救回来，也只是一个植物人。我再次整个身体都发抖了，抖得比上次严重。傍晚，舅舅回家了，躺在冷冰冰的硬床板上，插着用于呼吸的管子，头发被剃光了。亲友陆续赶来，进去厅房看舅舅，到我进去看的时候，我不太敢看，这一切都太残忍了。舅舅的女儿在旁边哭着并一直在握着她爸爸的手，家人一直陪在身边，但呼吸的管子还是要撤下了。对三个孩子还在读书的农民家庭来说，手术费用首先就是一道坎，后续的费用更是一座大山般庞大，所以选择是无奈的。过了一段时间后，舅舅睁了一下眼，但又闭上了，这一闭是永远。听说这是人知道自己要走了，要睁开最后一眼看看自己的家人。这一天是2014年高考放榜的第三天，舅舅的女儿考了全年级理科第一名。舅舅还没看到自己的女儿上大学，上天就带走了他，这一切太突然太悲伤了！第二天舅舅就变成了一抔灰，被葬于冷冰冰的泥土之下。

记得舅舅是一个爱笑而且很淳朴的人，生活很节俭，也是这一个"节俭"让自己的生命断送。那天早上舅舅去市场卖东西后买了一包大米回家，但舅舅没有直接回家，而是去了还在盖着的新房子，因为第三层的楼面刚铺了混凝土，为了防止混凝土开裂，舅舅上去浇水了，结果因为没吃早餐导致身体晕乎，一个错脚就摔了下去。

生命消逝得太容易了,厄运就这么悄然地降临在你的头上,上天就是要带走你了,由不得你挣扎,由不得你挽回,因为一发生了就无法挽救。生命太脆弱了,如同一根新发芽的小树枝,轻轻一折,生命便会从此逝去。所以我们要珍惜自己每一天的生命,把每一天当作是人生的最后一天来过,或许某一天突然就真的成了最后一天,或许人生的遗憾没那么大。

有的人的生命无法挽救,而有的人生命得以挽救。得以挽救的生命,是上天给多一次重生的机会让你好好活着。有些生命的脆弱是源于一些人不爱惜生命,时间长了,生命总有一天也不会眷顾你,让你受一个大大的教训。

爸爸爱喝酒,而且爱喝高度的白酒;爸爸爱抽烟,而且抽的数量很多。长大后,我非常不赞同那一句"以后我要以我爸爸的标准来找老公",倘若我以这个为标准,那我以后的生活该有多累,因为我看到我妈妈的样子。其实生命已经给我爸发出了警示,但他无视,结果出事了。有一天不怎么生病的爸爸突然头痛了,躺在床上休息,以为自己没什么大问题,休息一下就好。妈妈劝他去看医生,不肯去,因为爸爸的脾气很倔,劝不了他。姐姐也劝了,他还是不肯去。哥哥回来了,爸爸终于肯去了。去了小诊所,一量血压,血压超高。立即去了医院,打了点滴,血压还没降下去。转去了大医院,这时脑部有血管已经小量出血了,爸爸住院了。在病房里,我第一次看到爸爸弱小的一面,这么强的爸爸怎么就在病床里了。出院后回家,情况更糟糕,爸爸连走路都没力气,需要人搀扶着。而我当时在学校,妈妈让我好好学习,不用担心爸爸,我心里难受又很无助。

两年过去了,爸爸再也没有喝过白酒了,烟也戒了,经常去锻炼身体了,爸爸身体恢复得挺好的,这说明他受了教训之后意识到生命是要爱惜的。然而,不是所有事情都变好了,爸爸的心里似乎没法接受自己变成这样子,经常因为一些小事就对妈妈大发脾气,又事事过分依赖妈妈。妈妈对爸爸十分好,无论发生什么,都不离不弃,而且对爸爸付出了好多,而爸爸却这样子对待妈妈。我们跟爸爸心平气和地谈过,但他就是这么无理。这样的日子不知道什么时候才能有变化,希望爸爸各方面都能够变好。

生命其实真的挺脆弱的,不能放纵自己去消耗自己的生命。毕竟生命不只是关乎一个人,是关乎一个家庭。活着不只是要对自己的生命负责,也要对自己身边人的生命质量负责,或许因为你对生命的任性,下一秒你就会变为煎熬亲人的人。

生命的消逝来势汹汹,就这样没了,一切都好突然。

生命的消耗日积月累,就这样垮了,一切都好痛苦。

对待生命，我们时刻要有保护生命的意识，因为生命的消逝太随时了，你无法预知厄运什么时候会降落到自己的身上，所以唯有时刻保护生命。

对待生命，我们不能存有侥幸心理。生命真的要靠自己好好爱惜，你以为自己做的事情不会对生命造成威胁，但其实那是在燃烧生命，生命总有一天会让你对曾经的任性付出代价。

生命很宝贵，亦很脆弱，请爱惜我们的生命吧！

后　记

　　《倾听生命之声》的出版初衷是让更多的人懂得生命的珍贵，探寻生命的意义，思索生命的价值。这本书从 2016 年到 2017 年，历时两年，经过广东医科大学东莞校区生命文化学院与生命文化研究社联合举办的倾听生命之声征文大赛，最后在广东医科大学东莞校区和湛江校区收集了 124 篇文章。这些文章经过王梓流、潘碚彬、张秋梅、苏文凤、李美莹、廖洋洋、陈晓玲、温颖、陈锋、何艳冰、曹天寿、区柱涛、陈雨田、丘洁、钱鑫、黄清衡、彭志港、曾小敏、高钰清、郭燕、郑洁璇等人的后期处理后，由贾栗老师负责出书的相关工作。期间原本打算在 2017 年出版的，但由于某些原因，推到现在才出版。这 124 篇文章的作者有些已经毕业了，但是这本书为我们留下他们在广东医科大学学习期间对待生命的态度。